全媒体实践实验教学系列教材

创意文案

策划、制作与营销

朱 冰◎著

中国传媒大学出版社
·北京·

图书在版编目(CIP)数据

创意文案:策划、制作与营销 / 朱冰著. -- 北京 : 中国传媒大学出版社, 2019.6 (2020.12重印)
全媒体实践实验教学系列教材
ISBN 978-7-5657-2325-4

Ⅰ. ①创… Ⅱ. ①朱… Ⅲ. ①广告文案-教材 Ⅳ. ①F713.812

中国版本图书馆 CIP 数据核字 (2018) 第 083936 号

创意文案:策划、制作与营销
CHUANGYI WEN'AN:CEHUA、ZHIZUO YU YINGXIAO

著　　者　朱　冰
策划编辑　张　旭　王雁来
责任编辑　赖红林
特约编辑　陈　默
装帧设计　拓美设计
责任印制　李志鹏

出版发行　中国传媒大学出版社
社　　址　北京市朝阳区定福庄东街 1 号　邮　　编　100024
电　　话　86-10-65450528　65450532　传　　真　65779405
网　　址　http://cucp.cuc.edu.cn
经　　销　全国新华书店

印　　刷　北京中科印刷有限公司
开　　本　787mm×1092mm　1/16
印　　张　19.75
字　　数　376 千字
版　　次　2019 年 6 月第 1 版
印　　次　2020 年 12 月第 2 次印刷

书　　号　ISBN 978-7-5657-2325-4/F·2325　定　　价　69.00 元

目录

序章

创意文案：一种跨界和动态化的视角

融媒体时代，创意日益成为内容产业的引擎。从跨界传媒到广告，创意文案系统无疑在引领着从作品到产品的全流程。

创意学是一门发端于创意产业领域的新兴学科，它的理论与传统意义上的理论有着鲜明的不同，涵盖当代诸多相对独立的学科，具有极强的跨界色彩与实践品格。创意学的源头是文化艺术，终端指向市场产业，最终将融入社会系统的大循环中。创意学的兴起，同时提升了创意写作的格局，上海大学教授葛红兵在《创意写作：基础理论与训练》中指出：创意写作不仅培养作家，还更多地着力于为整个文化产业发展培养具有创造能力的核心从业人才，为文化创意、影视制作、出版发行、印刷复制、广告、演艺娱乐、文化会展、数字内容和动漫等所有文化产业提供具有原创力的创造性写作从业人员。在创意写作的

领域，“文案”属于生产类创意文本。与传统的文案写作相比，新媒体文案写作更趋于制作化，它是一项技术与艺术的复合工程，根据内容发布的终端平台，在数字生活空间中完成制作和发布。再生产性、交互式与碎片化等特征，标志着技术创意成为新媒体文案的主要驱动力。

基于新兴跨界学科——创意学与创意写作学，遵从新媒体写作学的规律和要求，为创意产品全流程提供创意支持（文字）的全系统文本，即创意文案。创意产业本身就是以文化为核心，带动相关产业整合的新型产业链方式，它的终极成果就是创意产品。创意产品的生成分为三个阶段：策划阶段、实施阶段和推广阶段。先确立概念，再编写策划大纲，继而进行生产流程设计、生成制作手册，最后进入营销推广，实现价值变现。概念文案的发明与发现、操作文案的整合与分切、营销文案的创作与制作，为创意产品的全系统提供了全方位的文本。

创意产品的策划——概念文案

↓

创意产品的生产——操作文案

↓

创意产品的销售——营销文案

高阶创意产品，无论是超级IP，还是各类爆款，它们盛行或衰落的密码，都隐匿于创意文案这个由概念到营销的神秘通道中。

以一种动态和跨界的视角观察日新月异的融媒体时代，创意阶层强势崛起，正在缔造着一个生长中的伟大创意系统。

本教程基于案例群与方法论，结合实践与练习，以创意思维引领策划、制作与营销三个阶段，让学生体验“策划人→制作人→营销者”的多重角色，从而完成文案系统的全流程学习。

上篇

概念文案——微风格

引言

大创意依然坚挺，微风格已然复兴；只是创意的体制不再那么专制，成本不再那么昂贵。创意阶层的崛起，让概念家与符号师跃动于线上与线下的互联空间。

?

什么是概念文案

◉ 创意文案系统的顶层设计部分

◉ 操作文案与营销文案依据的母概念

第一章 微风格的形式与边界

第一节　品牌介入——20 世纪 90 年代

20世纪90年代，是品牌、策划、创意等相互关联的概念相继进入现代中国的时段。从这个时间点开启对创意文案的观察与研究，可以建立一个从传媒界到广告业跨界视角的节点。

立足此时间节点，再回溯半个多世纪，至20世纪30年代——这是品牌策划与设计诞生的时代，这一概念的源点在欧洲和美国。

CIS（Corporate Identity System）策划指的是企业形象的整体策划，也就是企业的统一识别，由企业理念识别（Mind Identity，简称MI）、企业行为识别（Behavior Identity，简称BI）、企业视觉识别（Visual Identity，简称VI）组成。郭玉良在著作《CIS品牌策划与设计》中指出：关于西方设计历史的研究论著，大多将发起成立德意志制造同盟的德国著名建筑设计师、工业设计师、“德国现代设计之父”彼得·贝伦斯（见图1-1）在1907年为德国通用电气公司（AEG）下属的一个无线电器公司所做的视觉形象设计规划当作统一视觉形象设计的CIS的起源。[①]从CIS理论的提出和推广来看，美国当属最早。1930年左右，美国设计师雷蒙特·罗维和保罗·兰德等人就提出了CIS这一用语。

---

① 郭玉良.CIS品牌策划与设计[M].北京：中国电力出版社，2015:2–3.

图1-1　彼得·贝伦斯及其设计制造车间外景

视觉设计师们以自己特立独行的探索开启了企业品牌个性时代。当品牌系统的缔造从设计领域延伸至广告业，从视觉层面的“标志”到理念层面的“名字”，共同构成了广告文案人的创意冲动和创作内容。

图1-2　克劳德·霍普金斯

克劳德·霍普金斯（见图1-2）是现代广告的奠基人，也是杰出的创意文案人。他在著作《科学的广告》中特别强调了“名字”的重要性：通过名字传递想法，这有很大的优势；好的名字自然带来好的利润。霍普金斯曾经为固特异轮胎撰写文案，当了解到推广的轮胎是直边轮胎、永远不会断裂，而且可以多承受10%的空气压力时，他将这款产品命名为“永固轮胎”，并在每个广告中都使用了“轮胎永固，10%增容”的宣传语。这则文案使得固特异很快在轮胎行业中以个性化的竞争力脱颖而出。“产品的名字通常都在广告中显示出来，因此对于那些整天忙碌的人来说，恰当的名字就是一个完整的广告。要做好的广告，取一个好的名字通常是关键的一步。不用怀疑，这样的好名字往往有着事半功倍的效果。”[①]霍普金斯关于品牌命名的阐述成为文案人坚守的信条。他的《科学的广告》一书对广告人影响深远。“这本书读7遍，你才能去做广告！”——这是大卫·奥格威的忠告，也是这位文案大师为前辈著作撰写的最佳营销文案。“比如品牌形象的概念，我在1953年推广的这个概念并不新鲜，克劳德·霍普金斯在20年前就已经介绍过了。所谓的创意革命经常被归功于20世纪50年代的伯恩巴克和我，其实同样可以归功于30年代的纽约艾尔

① 霍普金斯. 科学的广告[M].李宙，章雅倩，译.长春：北方妇女儿童出版社，2016:88.

公司和扬罗必凯广告公司。”[①]被称为“品牌之父”的奥格威（见图1–3）在《奥格威谈广告》中如是说。

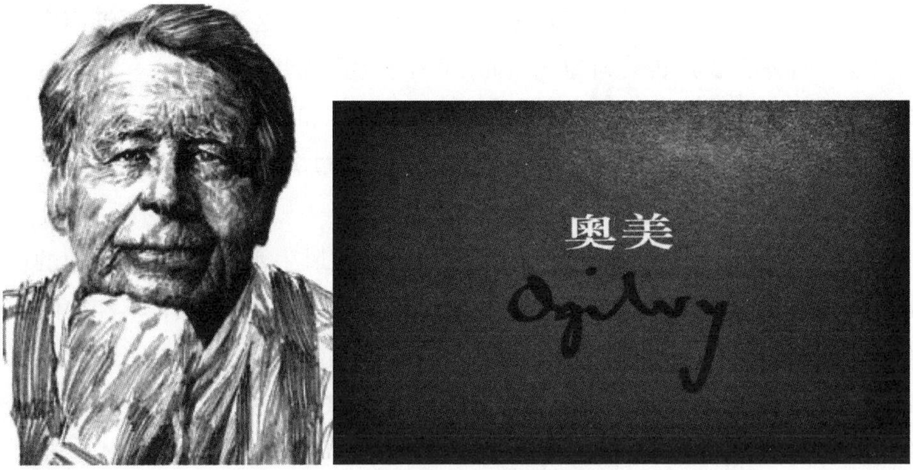

图1–3 奥格威及奥美logo

“不同的行业有不同的英雄。”无论是广告公司的老枪，还是专业科班出身的新丁，都称大卫·奥格威为“首屈一指的人物”。提及他，不得不提他的公司——奥美。

作为一家创立于1949年的专业广告公司，奥美公司的首要理念便是“品牌管理”。在这个品牌操控一切的时代，作为一种符号和现象，品牌正在被进行各种各样、纷繁复杂的解释，而奥美公司创始人奥格威只用了一句话就奠定了他“品牌形象之父”的地位——“品牌指的是个性。”这句话形象、透辟，直指人们消费品牌的本质。基于这种个性对一个产品所具有的长期稳定的价值，奥格威将广告从帮助增加销售量提升到帮助建设品牌的高度，他提出“每一个广告都是为建立品牌个性所做的长期投资”。这不是理论，而是最有效的操作指南。奥格威与他所领导的奥美帮助众多全球知名品牌，包括美国运通、福特、多芬、麦斯威尔创造了无数的市场奇迹，[②]而奥美本身也成为一个著名品牌。奥格威的思想融入奥美的概念中，使得奥美成为一家以创意、品牌管理和企业文化著称的巨人公司。

霍普金斯和奥格威的品牌探索之路，不仅开创了广告人的黄金时代，更缔造了用以捍卫文案之“创意”品质的专业规则——4A。

4A是什么？

4A是“美国广告协会”（The American Association of Advertising Agencies）的缩写，

① 奥格威.奥格威谈广告[M].曾晶，译.北京：机械工业出版社，2016:2.

② 奥格威. 一个广告人的自白[M].林桦，译.北京：中信出版社，2010：XX1.

源于19世纪末的美国。当时，美国的广告界人士在发达地区成立了广告业同人联谊会性质的组织——广告俱乐部，而在1914年，广告公司一方整体脱离，成立4A——全世界最早的广告代理商协会。之后，由于美国4A广泛的影响力，4A这个名称便逐渐演变为全球范围内具备专业水准的广告公司的代名词，也有了国际通用的名称——“合格的广告代理商协会”。而4A也逐渐从具体的公司抽象为专业标准和业务能力的代名词，它代表着广告行业的专业性和高水准；它强调从消费者出发，通过塑造强有力的品牌来带动企业的营销活动。①

在20世纪六七十年代，4A与品牌联袂在欧美国家风生水起，但中国内地的社会、经济和媒介的发展几乎停滞。80年代初期中国实行改革开放，经由日本和中国台湾等国家与地区的营销学者和设计师的推介，CIS品牌的概念才辗转进入中国大陆。从进入到蔓延，品牌影响力几乎是在被神化的过程中被超速推进。这是中国商品经济飞速发展的时期，这是企业开始谋求生存竞争力的时期，这是跨国4A广告公司相继进入中国市场的时期，这是中国媒介发展由宣传品、作品进入商品的时期。两个与“太阳”相关的概念文案（见图1-4）的诞生，恰是20世纪90年代中国内地创意文案的先声。

图1-4　CCTV《东方时空》logo与广东太阳神集团logo

广东太阳神集团的企业形象识别系统是中国第一套企业形象识别系统，图像（红色的太阳，APOLLO的首字母A，象征“人”字的造型）和文字（太阳神：健康创造未来）共同构成了一个企业的概念文案。虽然这个设计系统被专家评议为“史料价值大于艺术价值”，但这个诞生于20世纪90年代的品牌概念却通过广告的方式进入千家万户，引领太阳神集团实现了巨大的商业成功：1990年太阳神产值4 000万元，1991年攀升到8亿元，1992年达到12亿元。②

① 丁俊杰，陈刚.广告的超越：中国4A十年蓝皮书[M].北京：中信出版社，2016:30.

② 陈刚.当代中国广告史[M].北京：北京大学出版社，2010:45-46.

在社会变革与经济发展的潮流中，广告主、广告公司和媒介的关系也在不断地变化和调整。郭镇之在《中外广播电视史》中将1992年之后的几年称为中国广播电视发展的巨大“转型时期”：1992年，中央发布《关于加快发展第三产业的决定》，广播电视成为除工业、农业之外的“第三产业”，[①]在政策鼓励下，电视台开始积极与企业和广告公司合作。同一年，中央电视台成立经营开发部。1993年，中央电视台《东方时空》与《夕阳红》开始试行专栏承包制，栏目承包人的官方名称为制片人。比“制片人承包制”更早一些，“收视率”和“节目包装”的说法已经出现在中国电视界。这些在计划经济时代和宣传品时代绝无可能出现的名词，在为一个传媒领域具有革命价值的概念文案进行着积极的造势。

既然只能依靠广告创收养活一个栏目和一群人，那么就要勇敢地去冒创意之险。《东方时空》的制作人孙玉胜在《十年：从改变电视的语态开始》中回忆说：

> 突破是从检索当时的电视栏目还缺少什么开始的，这在后来成为一种习惯，成为创办新栏目时首先考虑的问题。[②]

当时的改革气氛影响到新闻领域，新上任的杨伟光台长在国外考察之后，在中央的支持下启动了早间节目计划，致力于做一档全新的中央电视台的早间栏目。

品牌栏目如同品牌产品，在整个CIS系统中，MI（理念的命名）决定着概念文案的走向，这个过程往往是集体“烧脑”的痛苦过程。面对这样一档在早间播出的节目，孙玉胜首先想到的一句话是他曾经看到的一句广告语：太阳每天都是新的。于是，孙玉胜确定了新栏目的名字——《新太阳》，但这个创意很快因为“政治的敏感”被杨伟光否定。在经历了至少20个名字的反复淘汰和筛选之后，杨伟光看中了其中的一个名字——《东方时空》：“东方”象征着中国这个文明古国，“时”有一种历史感和纵深感，“空”具有一种非常阔大、宽广的感觉。1993年5月1日，杂志型新闻栏目《东方时空》开播，播出伊始就产生了广泛而巨大的影响，它不仅改变了中国观众早晨不收看电视节目的习惯，更以其独特的概念文案——“东方时空：真诚面对观众”，引发了一场崭新的电视语态的革命，被誉为“开创了中国电视改革之先河”[③]的栏目。同时，在中国媒介策划历史上，《东方时空》因其在社会改革潮流中所铸造的个性创意，留下了鲜明的品牌“印记”。

20世纪90年代，对创意文案人来说，是阳光灿烂、创作自由的日子，是可以通过广告看到一个国家梦想的岁月。

在中国电视进入品牌时代的同时，奥美的“360度品牌管家”理论也传入中国。1991

① 郭镇之.中外广播电视史[M].上海：复旦大学出版社，2008:286.

② 孙玉胜.十年：从改变电视的语态开始[M].北京：生活·读书·新知三联书店，2003:14.

③ 360百科“东方时空”词条［EB/OL］.［2017-06-10］.http://baike.so.com/doc/4798673-5014880.html.

年，奥美广告公司与上海广告公司合作成立上海奥美广告公司，开启了国际4A公司与中国本土广告公司的较早合作。

在一份20世纪90年代上海奥美公司的招聘广告（见图1–5）中，奥美用六种动物比喻创意文案人的职业精神：彬彬有礼若企鹅，不怕熬夜似猫头鹰，脑筋灵活像猴子，口齿伶俐赛鹦鹉，追求美感类孔雀，工作勤奋似黄牛。无论什么样的花式表达，在通往品牌系统和概念文案的道路上，“美术”（要求有很好的绘图基础）与“完稿”（要求从字意到字体都要通晓）一定是文案人的重要职业功夫之二。

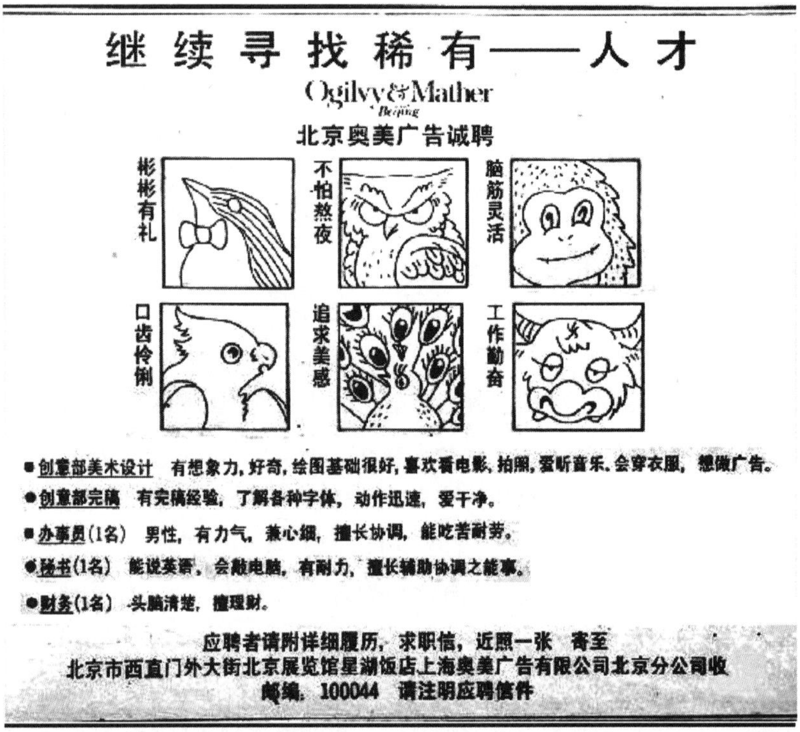

图1–5　20世纪90年代上海奥美公司的招聘广告

在由亚洲区奥美公司总监们编撰的《360度品牌传播与管理》中，有一个激动人心的发问：名称意味着什么？

通过可口可乐和索尼识别消费品品牌；通过运通和柔佛酒店识别服务品牌；通过迪士尼可以识别娱乐品牌；通过BBC和星空卫视可以识别媒体品牌；通过迈克尔·乔丹和罗纳尔多识别名人品牌；拉尔夫·劳伦、克里斯汀·迪奥通过服装成为品牌；撒切尔夫人、马哈蒂尔依靠政治成为品牌；爱因斯坦和诺贝尔因为科学成为品牌；甚至连奥林匹克和世界杯都是品牌，国家也可以成为品牌……

是的，品牌是动词，而不是名词。在伟大的品牌系统CIS构成过程中，一定是由伟大的概念文案去完成命名的。

第二节　IP当道——90后时代

20世纪末是发达国家将创意产业升级为国家战略的时期。从欧洲的英国到亚洲的韩国和新加坡，《英国创意产业路径文件》和《创意新加坡》的出炉，预示着世界经济的态势由工业经济向知识经济转型。创意产业在国际上崛起时，中国经济已经经历了20多年的改革开放。上海戏剧学院教授贺寿昌在《创意学概论》中特别指出：创意的归宿是产业化，但创意的核心一定是文化。文化体现为人类智能力量的持续开发状态，其生成基础是社会人迭代相继的物质生活探索和精神生活升华。文化的生成现象表现了社会人的感性物质生活和精神生活在文化中的沉淀与积累，这对于后续时代具有与时俱进的应用价值（见图1-6）。与创意产业同步兴起的，是由数字技术推动的互联网革命。由文化艺术与新兴技术共同推动的创意进阶与90后一代的物质生活与精神发育实现了全方位的同步。

图1-6　北京朝阳区大悦城创意广告

当格林兄弟将《小红帽》（见图1-7）改编为19世纪维多利亚时代的儿童故事时，女主角已变成纯洁的化身，完全脱离了早期法国版本所描述的那种淫秽气息。[①]

---

① 奥兰丝汀.百变小红帽：一则童话三百年的演变[M].杨淑智，译.北京：生活·读书·新知三联书店，2006:85.

图1-7　奥兰斯汀笔下的“百变小红帽”

从童话到舞台剧再到恐怖电影，文案森林中的“小红帽”从乖宝宝到失去贞洁的女孩再到向狼宣战的女勇士，甚至又以“现代女性”的形象进入美国《时尚》杂志上某个口红品牌的平面文案——搽上小红帽口红，冒个甜蜜的险……我们警告你，你将被追逐！

“To bring the wolves out”，广告的左侧是几个在森林中出没的色眯眯的帅“狼”，稚嫩的小红帽终于在文案中成熟，到了可以招来“野狼”的年龄。

“小红帽”的概念变迁和演绎（见图1-8），揭示了创意产业化的发展路径：通过文化与商业的链接，完成创意产品生产的全流程——从策划流程起步，经过工程流程，最

图1-8　各种文案版本中的“小红帽”

后是商务流程。这个创意变现的复杂过程，随着互联网、全媒体时代的到来，进一步推动创意产品实现了从品牌力到IP化的跨越。

IP英文为“Intellectual Property”，其原意为“知识（财产）所有权”。从商业和资本的角度看，其内涵已经有了无限的外延，IP已被引申为“可供多维度开发的文化产业产品”。在《超级IP：互联网新物种方法论》中，吴声给予了这样的观察与总结：持续的内容能力、自带话题的势能价值、差异化和人格化演绎、新技术的整合善用、更具流量的转化能力和内容标签……超级IP所具备的特性，使其从泛娱乐表达扩展为商业模式的进阶与新要素，乃至不同行业基于互联网的连接方法，IP时代已经到来。①

如果将创意产品与创意文案系统连接起来，呈现的是图1-9所示的关系网络。打造超级IP——可供多维度开发的文化产品，对于策划阶段的概念文案来说，无疑是决定文化产品是否可以得到多维度开发的顶层设计。

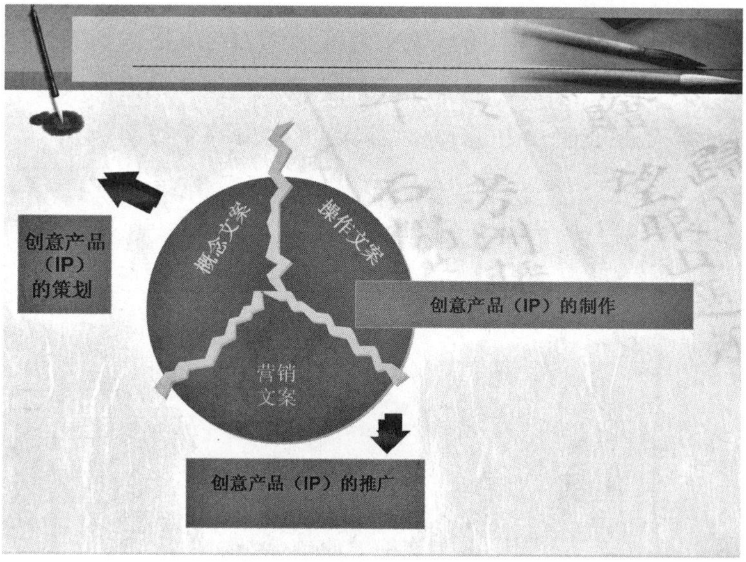

图1-9　创意产品IP的生成路径

一、向历史深处寻找有内容发酵力的原生概念

朱门巍峨，飞檐耸天。近600年的历史文化沉淀令故宫显得既神秘又威严，让人感到难以亲近（见图1-10），但故宫商品却在一瞬间拉近了人们和历史的距离：淘宝上的故宫商品自带“萌萌哒”的气质，却又不失厚重的历史气息，微信、微博上的宣传文案幽默诙谐，精美的App让人爱不释手。

---

① 吴声.超级IP：互联网新物种方法论[M].北京：中信出版社，2016.

图1-10　故宫一角

“故宫淘宝”其实已是淘宝上的“五年老店”，有着与端庄肃穆的故宫博物院截然不同的气场，店铺头像是呆萌的Q 版皇帝，页面设计则是清新的漫画风格（见图1–11），就连产品价格前都有迷你金元宝的图标，可以说是“卖了一手好萌”。

图1–11　“故宫淘宝”店铺截图

《三生三世十里桃花》的创作者唐七公子更是将笔触伸至“上古”，以《山海经》（见图1-12）为创意的发端，描摹青丘帝姬白浅和九重天太子夜华的三生爱恨、三世纠葛，打造出古装玄幻仙侠风格的个性剧作（见图1-13）。

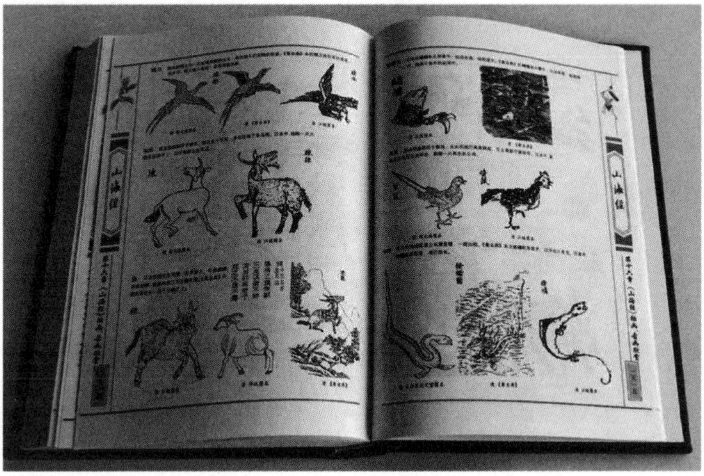

图1-12 《山海经》

图1-13 “三生三世十里桃花”IP改编版本

二、向未来时空寻找有流量转化力的爆款概念

Marvel Comics（见图1-14）最初以漫画书的形式问世，Marvel因为有“惊奇”之意，曾经被翻译为“惊奇漫画”。直到2010年，它才宣布以“漫威”为自己品牌的中文名称。

漫威旗下拥有蜘蛛侠、钢铁侠、美国队长、雷神托尔、绿巨人、黑寡妇、金刚狼、蚁人、黑豹、奇异博士、惊奇队长、超胆侠、杰茜卡·琼斯、卢克·凯奇、铁拳、惩罚者、恶灵骑士等超级英雄和复仇者联盟、X战警、神奇四侠、银河护卫队、捍卫者联盟、光照会等超级英雄团队（见图1-15）。

图1-14　漫威logo

图1-15　漫威旗下的超级英雄

曾经有人专门统计过，漫威共创作有数千个超级英雄角色，他们以个体或团队的形式，共同构成了爆款级的概念王国“Marvel”。哈佛商学院教授安妮塔·埃尔伯斯对互联网时代下的IP运营公司进行了前瞻性的研究，她在著作《爆款：如何打造超级IP》中，以漫威为案例阐述了何为IP打造的“爆款策略”：10年间，漫威高层将公司最初的漫画出版重新打造成赚钱利器，玩具和授权业务也再获新生。另外，漫威还将蜘蛛侠、绿巨人、X战警和惩罚者等20个角色分别授权给索尼、环球影城、20世纪福克斯等公司，制作了20部电影，仅在美国市场就创下了14部1亿美元、2部过2亿美元和4部过3亿美元的票房佳绩。令人瞩目的是，漫威的续作甚至比原作更高一筹。一路走来，漫威10年间全球收入已直逼70亿美元大关。除了电影，漫威还针对视频游戏、服装、食物等进行了一系列授权交易。[①]一位漫威高层告诉安妮塔·埃尔伯斯：漫威塑造角色、编排剧情、谨慎地选择合作伙伴、提供质量无忧的产品，但不提供任何资金。漫威的首席执行官铂尔马特更是坦言：漫威只负责收账。漫威是座金矿，有丰富的宝藏可以开采。

2009年8月，迪士尼宣布以40亿美元收购漫威娱乐。高调的收购凸显的正是对这个爆款级创意概念商业前景的无限信心。数量众多的漫画角色似巨大的宝藏，它们蕴藏的是不可预估的内容流量和粉丝流量，这正是爆款IP可以带来巨大商业利润的秘密所在。

三、基于当下寻找差异化、人格化的自品牌概念

《罗辑思维》由罗振宇和申音于2012年共同创办，节目以“知识分享”为中心，根据指定主题，比如“权力之下无真相”“民意真的可信吗？”“迷茫时代的明白人”等，寻找破题依据，提出解决方案或证明主题正确。在这个选题、破题、证题的过程中，节目还为观众提供了一系列较为小众、新颖的看法，奉上了一味知识的营养鸡汤。除了每周五准时上线的脱口秀外，《罗辑思维》的团队每天清晨还准时在其公众号上“自虐”推送罗振宇本人60秒的生活感悟语音，启发听众对生活的感知和思考。

图1-16　罗振宇和他创办的“罗辑思维”

罗振宇（见图1-16）把自己视为“手艺人”，而《罗辑思维》则是一个为大众提供“有种”看法，搬运“有趣”知识的“有料”节目。节目的话题从历史、经济、政治到社会、人文、两性，幅度广、跳跃度大，每期讨论都能带给观众一种“醍醐灌顶”的感受，满足观众在21世纪知识荒野中对精神安慰的渴求。引用一段罗振宇对《罗辑思维》的诠释：

① 埃尔伯斯.爆款：如何打造超级IP[M].杨雨，译.北京：中信出版社，2016:41.

希望成为大家的疯狂书童，每天趁热端上三段读书心得，保证给得比盒饭多，营养比蒙牛强。感谢优酷和众位兄弟。各位转发赏看，都是客官；吐槽热捧，莫非厚恩。涕零顿首。

《罗辑思维》堪称罗振宇话语权的诞生地，也是他建立社群的入口和名片。通过《罗辑思维》的大范围传播，与罗振宇持有相同价值观的人在微信上迅速聚集。不到三年时间，《罗辑思维》仅靠一桌、一椅、一个“歪嘴胖子”的娓娓讲述，就发展成为一个播放量累积超过2.9亿次，微信订阅号用户突破530万人，微信群超过两千个的互联网第一知识社区。罗振宇本人也连续两年（2014年、2015年）获得中国互联网年度人物奖提名，成了一个著名IP。[①]

罗振宇和《罗辑思维》的成功是自媒体的一个标志性成就，罗振宇不是单纯地借助自媒体营销，也不是一个固定的自媒体终端，他本身就是一个自媒体，他将终端、人和内容都结合起来，形成一个自媒体和自媒体运营平台的协作系统。人格化的概念文案在互联网时代的创意时空中更加自由和不羁。

所以，什么是超级IP？它是万物互联时代个人化或个体化的“新物种”，是由系统方法论构建的有生命周期的内容符号，它可以是具体的人，可以是文学作品，可以是某一个具象的品牌，也可以是非物质文化遗产的继承人。它在故事和话语体系中具有稀缺价值，也代表了商业价值的稀缺性和可交换性。[②]这是吴声在《超级IP：互联网新物种方法论》中给出的一个具有开放色彩的定义。

在一个具有无限可能的创意时空中，IP化是互联网+概念文案的复合集成系统，更是在创意产业化的过程中，助力创意产品实现价值变现的顶层方法论。

第三节　超级创意层——概念家与符号师

“英雄就潜伏于我们每个人之中，只是我们不知道而已。”[③]美国著名作家约瑟夫·坎贝尔是神话研究领域的顶尖学者，其无与伦比的跨界研究和整合能力使得他的著作具备人类学、生物学、文学、哲学、心理学、宗教学、艺术史等多领域的复合能量。从《神话的力量》到《千面英雄》，他为我们开启的是非同凡响的英雄之旅、冒险之旅、灵

① 搜狐资讯.罗振宇：自媒体创业的探路者[EB/OL].(2015-12-31)[2017-10-17].http://roll.sohu.com/20151231/n433091047.shtml.

② 吴声.超级IP：互联网新物种方法论[M].北京：中信出版社，2016:33.

③ 坎贝尔.千面英雄[M].黄钰苹，译.杭州：浙江人民出版社，2016.

性之旅、发现之旅、开悟之旅。

在《千面英雄》一书的“最初的英雄与人类”一节中，坎贝尔这样描述：这些宇宙力量的特殊携带者构成了精神和社会的贵族阶级。他们充满了双倍的创造能量，他们本身就是启示之源。在过去每个传奇年代的开始阶段，都会出现这类人物，他们是文化的英雄，是城市的创建者。坎贝尔的预言力与洞察力，使得他成为西方创意英雄们追随的一代精神导师。

20世纪60年代，从披头士到猫王，坎贝尔成为嬉皮士风格艺术家获得内在体悟的源泉。20世纪70年代，太空史诗电影——《星球大战》系列的第一部上映，导演乔治·卢卡斯将灵感的获得归功于《千面英雄》：“我为这个作品写过很多草稿，后来无意中看到了《千面英雄》，我第一次真正开始有了焦点。”除却音乐界和电影界，商业领域的革新家史蒂夫·乔布斯也是受坎贝尔的精神浸染而诞生的伟大人物。作为第一位“写”出来的亿万富翁，英国女小说家J.K.罗琳的创作风格也受到了坎氏格调的强烈影响（见图1–17）。

图1–17　各个领域的创意英雄

图1-18　哈利·波特画像

图1-19　美国知名时事节目《60分钟》截图

心理学大师弗洛伊德和荣格对坎贝尔的启蒙，让他认识到神话与心理学的关联，让他发现神话能够激发和活化人类的心灵。这种神话与人类心灵的互动贯穿于J.K.罗琳对《哈利·波特》的创作中。在整整七部、前后跨越了十余年的成长故事里，出现于那个阴郁的星期二并时常浮现在哈利（见图1-18）脑海中的“一道刺眼的绿光”贯穿始终，它使哈利成为唯一逃脱阿瓦达索命咒的巫师；它将哈利与伏地魔联系在一起，使哈利有了额头上那道著名的闪电形伤疤，也因此永远地成了孤儿。在很多很多的场景里，哈利都不自觉地或者被迫想起这道他还在襁褓之中时就影响了他一生的“绿光”。这道绿光是哈利童年里最重要的东西，它被写成小说，拍成电影，成了全世界90后童年的重要组成部分。

Let the magic begin（让魔法开始）.

“他们充满了双倍的创造能量，他们本身就是启示之源。”在坎贝尔神话体系概念的影响下，创意英雄们的创造能量被无限激发。坎贝尔不仅是卓越的作家，更是伟大的概念家。

2016年11月11日，特朗普在赢得美国大选后首次接受电视媒体采访，他挑选了美国哥伦比亚广播公司（CBS）的知名时事节目《60分钟》（见图1-19）。这档开播长达40年的节目能持续成为杰出人物发布观点的权威舞台，与它无可替代的精良的专业母本气质深度相关。

与其他新闻栏目不同，《60分钟》有四大专业特质：（1）新闻杂志板块；（2）主持人与记者的职业角色合而为一；（3）深度调查，权威发布；（4）影像语言精到纯熟，擅用特写镜头。在新闻业界实务者和学界研究者的标准体系中，《60分钟》是新闻品格的象征，是客观立场的代表。当中国电视新闻人在20世纪90年代初期拉开改革的序幕时，《60分钟》给以中央电视台时任台长杨伟光（见图1–20）和“东方时空七君子”为首的创新团队带来了从形式到内容的多重启蒙。所谓“七君子”，指的是《东方时空》的研发创办人：孙玉胜、梁晓涛、童宁、王坚平、时间、孙克文、张海潮七人（见图1–21），他们主要来自当时中央电视台的新闻中心和总编室等部门，是《东方时空》最早的灵魂人物。

图1–20　中央电视台前台长杨伟光

图1–21　《东方时空》七位研发创建人

正是在“杂志结构”母本概念的启迪下，“七君子”突破了思维定式：《东方时空》先后确定了人物专访栏目《东方之子》，现场报道栏目《现代时空》，生活服务栏目《生活空间》，点歌栏目《东方时空金曲榜》。它没有局限于服务性节目，而是兼容娱乐、新闻、社会三个方面，“做了一个别人无法替代的栏目”。随后成立的“新闻评论部”恰似一个新理念的“脑暴”实验室，后续诞生的《焦点访谈》《新闻调查》《实话实说》《面对面》领跑着中国新闻理念的改革。

如果首轮新闻改革以《东方时空》的诞生为标志，第二轮是《焦点访谈》，那么

图1-22　《新闻调查》栏目logo

图1-23　《新闻调查》前首席记者 王志

1995年开播的《新闻调查》(见图1-22)就宣布了第三轮改革的到来，它的诞生同时还被赋予一个特别的意义——“中央电视台正在迈向国际大台行列”。国际化的诉求使得《新闻调查》创意方向非常清晰，那就是要做中国版的《60分钟》。事实证明，《新闻调查》忠实继承了创意母本的理念：(1)建立了以当时的首席记者王志(见图1-23)为代表的主持人型记者群落；(2)深度调查，探寻事实真相，追求理性和平衡；(3)采用纪录片式的双机拍摄，在机位变化、场景转换、镜头剪接、声画组合、特技使用等各方面进行最佳配置，以获得最好的传播和观赏效果。

接受母本的启蒙，就是接纳新概念的洗礼。当创意产业化时代降临，传媒机构和广告机构共同面对着一种人——广泛意义上的消费者，他们是金主，是读者，也是观众。“在我看来，真正的创意作品是将客户复杂的营销目标提炼成简单的传播概念，从而改变消费者的态度，最终改变他们的行为。”灵智大洋伦敦公司创意总监杰瑞·莫伊拉如此诠释创意家工作的性质：“我们创造品牌之间的差别，然后把它们变成有价值的内容，任何其他的内容都要服务于这个目的。”用“概念家(法语为concepteur)”称呼他们，可谓恰如其分。

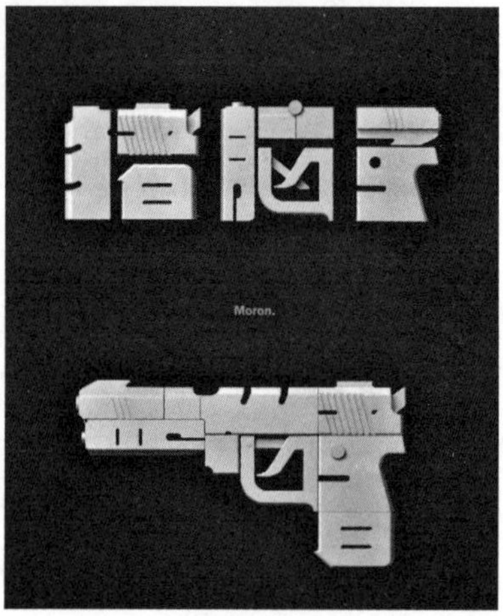

图1-24　创意文案《猪脑子》截图

以品牌管理为要义的奥美定位自身“本质上是贩卖观念及想法”[①]，在《奥美的观点》一书中，作者宋秩铭和庄淑芬等特别指出了这一点。对奥美超级创意层来说，奥美绝非纯粹的广告公司，而是集广告、公共关系、直效行销与促销于一体，属于传播行业的公司。如何为品牌增添服务的价值？奥美更愿意采取服务的策略，实现传播组合中各项要素之间的平衡。《猪脑子》(*Moron*)(见图1-24)是奥美中国区原首席创意

① 宋秩铭，庄淑芬，等.奥美的观点[M].北京：中国经济出版社，1997.

长樊克明（见图1–25）团队制作的公益短片，这一概念完美融合了创意的两大要素：有高度的艺术与有精度的技术。

图1–25　资深文案人樊克明

未成年人犯罪是沉重的社会话题，反思与剖析其诱因后可发现，来自家庭的语言暴力是背后的强大推手。“Moron”原意是白痴，这个极具侮辱色彩的词却是父母们经常对孩子使用的训诫语。樊克明团队与沈阳心理研究所的心理学家一起，以“猪脑子（Moron）”为核心概念，深入家庭与监狱，对家庭语言暴力现象展开了研究。为了引起公众对家庭语言暴力更强烈的感触，樊克明团队大胆进行创意的跨界合作，与雕塑设计师一起设计形状，与金属制造专家一起制作金属拼图，与数码技术专家一起研究电子拼图。多领域专家的联合作业，使“猪脑子（Moron）”的抽象概念变成了触目惊心的具象版本：“猪脑子”“怎么不去死”“废物”等暴力词语被制作成镀镍钢模具，它们被拆解重组后将变为刀具和枪等凶器（见图1–26）。“语言的力量，超出我们的想象！”经由概念表达方式的创意转化，语言暴力之伤害度直观得直击人心！

观念的传播给文案人带来了更复杂的使命感，跨界合作成为实现这一使命的明智选择，这显然是母本的另一种生成模式。与不同专业团队的合作所能带来的结果不能用简单的相加来衡量，这种合作能够带来更大的影响力和更广泛的受众。它更是创意的叠加和观点的碰撞，能给最初的概念烙上新的印记，从而在合作和碰撞之中锤炼出别出心裁的创意概念。

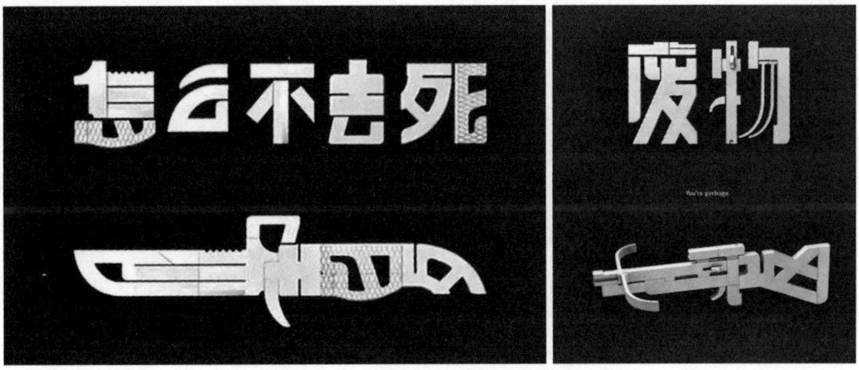

图1–26　创意文案《猪脑子》截图

创异、创新与创造是创意的三重境界：追求不同，摆脱相似，形成新母本。对于概念文案的探索和打造而言，创意永远是超级创意层的高难度动作。

多伦多大学商业与创意教授、创意阶层集团和华盛顿特区全球智库创始人理查德·佛罗里达在其著作《创意阶层的崛起》中，将创意阶层与农业阶层、工业阶层、服务业阶层进行了区分。他提出，与蓝领、白领、金领相比，创意阶层是“无领”人群。创意阶层有一个“超级创意核心”，这个核心由“从事科学和工程学、建筑与设计、教育、艺术、音乐和娱乐的人们”构成。他们的工作是“创造新观念、新技术、新的创造性内容”。除了这个核心，创意阶层还包括“更广泛的群体”，即商业和金融、法律、保健以及相关领域的创造性专业人才。[①]在佛罗里达的创意阶层理论体系中，超级核心层显然是概念文案的发现者和发布者。在品牌构建系统中，他们也被称作为品牌命名的人。

“在20世纪80年代和90年代，专注于品牌命名的公司忽然出现并迅速繁荣起来，这不仅仅是基于企业的一种认知和需要，更重要的是，新公司和新产品的纷至沓来给客户和消费者提供了令人难以置信的选择。……与以前相比，企业更需要一个引人注目的品牌名字，它应该像灯塔那样在拥挤的产品和服务中光芒四射。”[②]品牌专家里夫金与萨瑟兰在其合著的《品牌命名：世界知名品牌背后的故事》中这样阐述了品牌命名的商业玄机。因为这个行当的奇特，品牌命名者的职业被喻为“不可能的职业”。在中国，由华杉与华楠联合创设的上海华与华营销咨询有限公司就在此列，寻找和创造包含超级符号和超级话语的品牌顶层设计，是他们最主要的营销策略。

什么是超级符号？为了解释这个超级名词，华与华引用了坎贝尔著作中的“原力”概念：超级符号是蕴藏在人类文化里的“原力”，是隐藏在人类大脑深处的集体潜意识。[③]案例来自华与华对固安工业园区的命名——“我爱北京天安门正南50公里”（见图1–27）。

图1–27　固安工业园区广告文案

① 佛罗里达.创意阶层的崛起[M].司徒爱勤，译.北京：中信出版社，2010:80.

② 里夫金，萨瑟兰.品牌命名：世界知名品牌背后的故事[M].林海，译.北京：企业管理出版社，2011:178.

③ 华杉，华楠.超级符号就是超级创意[M].南京：江苏凤凰文艺出版社，2016:1.

固安工业园区的品牌超级符号是天安门，《我爱北京天安门》这一歌曲也成为它的超级符号。就在两轮文化与生活的有机嫁接中，小城固安在城市品牌集群中脱颖而出。用华与华的诠释来说，即为“超级符号是品牌传播的原动力，又是品牌资产的信息压缩包。品牌就是一个符号系统，它始于符号，又进化成为人类的文化符号”。什么是超级话语？华与华给出的定义有平实与深奥两个版本，前者为：品牌超级话语是用一句话说动消费者的话语案；后者为：超级话语是嫁接了人类文化的符号。在对后者的深入阐述中，华与华“链接”了哈佛大学米尔曼教授在研究经典史诗《荷马史诗》的创作时的一个“惊人发现”：原来行吟诗人不是创作诗歌，而是根据“预制件”编织诗歌。所谓的“预制件”就是“套语、名号、程式、主题、场景”，“预制件”几乎是可以用于一切创作的概念，“原力”就存在于固化的、套语式的“预制件”中。所以，华与华进行了强调式呼吁：我们的品牌是不是需要一句口语套话，存储我们的知识、我们的价值，不要让它失传？这就是品牌超级话语。

“要么始于俗语，要么进化为俗语”——华杉与华楠精确而精彩地总结出了超级话语的生成路径。这样的语态不仅在传统精英文化时代长盛不衰，更是在“众神狂欢”的融媒体时代强势飙红。小而美、微而美的品牌集群（如图1-28所示的“饿了么”）正在移动智能终端上做得风生水起，它们的发现者和发布者们依旧秉承超级创意思维，向坎贝尔的“原力”概念重复致敬，在追寻超级符号与超级话语的路途上，迅速嬗变为新一代的概念家与符号师。

图1-28 “饿了么”logo

第四节 大创意与摘要文化

1923年，Henry Luce和 Briton Hadden创办《时代》（*Time*）周刊（见图1-29），一种全新的媒体形式——新闻杂志（News Magazine）诞生了。这本杂志的编辑理念是：用极其简要的形式概括一周要闻，告诉因为忙碌而无暇读报的美国人这个世界发生了什么。①

《时代》的创设理念预言了一个伟大的时代，这是一个大创意与摘要文化交互影响的创意概念时代来临的前奏。

“创意”一词译自“idea”，它是点子，也是计划；它是概念，也是理念。多重的含义赋予了超级创意层更多层次和视角的探索。

---

① 王栋.对话美国顶尖杂志总编[M].北京：作家出版社，2008:21.

图1-29　《时代》周刊及其创办人

在被界定为“广告学教科书标准”的《当代广告学》一书中，威廉·阿伦斯将“创意战略”视为创意过程的起点，这个过程即“概念文案”的创意阶段。在这个阶段，创意人员扮演两种角色——探险家和艺术家，前者收集信息，后者构思并完成大创意（Big Idea）。

何为大创意？威廉·阿伦斯引用和整合了John O' Toole和Fred Danzig版本的答案：大创意是建立在战略之上的大胆而又富于首创精神的创意，以一种别开生面的方式将产品利益与消费者的欲望结合起来，为广告表现对象注入生命活力，使读者和听众情不自禁地驻足观看和收听。

在关于泰勒吉他的文案创意过程中，最初版本的创意纲要是：泰勒吉他——用最好的材料手工制作，发出最甜美的音色。阿伦斯点评道：“这绝不是一个大创意类型的标题。”当创意人维特罗和罗伯逊经过多轮艰苦的思考，将“树木”这个概念与“吉他”的概念“链接”在一起时，他们重新撰写的标题是：其实，吉他最简单的形式，就是一个木制的空盒，如何填满它，全在于您自己。这个标题使得泰勒吉他的品牌识别率大为提高，也帮助创意人成为泰勒吉他大创意的制造者和发布人。

用“广告教父”大卫·奥格威（David Ogilvy）的话来说：没有大创意的广告犹如黑夜里在海上驶过一艘船一样无声无息。但他也同样说过：“我怀疑100个广告里都难找出一个大创意。”[①]可见，大创意的确是一种奢侈品。

什么才称得上大创意？奥格威用5个问题协助我们进行判断：（1）第一眼看到它的时候，你是否感觉透不过气？（2）是否希望自己也能想到这个创意？（3）是否独特？（4）是否使得广告战略更加完美？（5）可以沿用30年吗？（见图1–30）

① 奥格威.奥格威谈广告[M].曾晶，译.北京：机械工业出版社.2016:12.

第5点是奥格威特别强调的：只有能沿用30年的创意才称得上大创意。作为杰出的创意文案人，他以自己的优秀作品进行了自我证明。

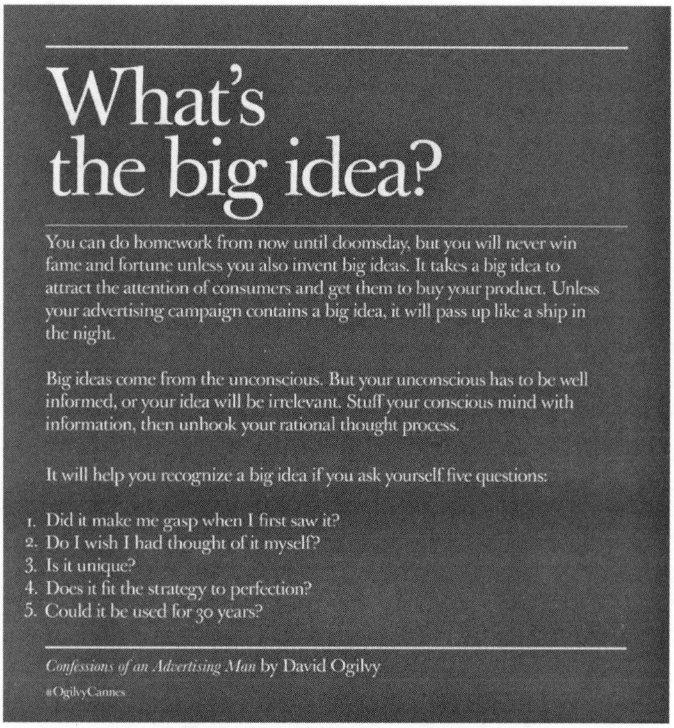

图1-30 “大创意”五要素

最为经典的案例便是大卫·奥格威在《奥格威谈广告》一书中提及的“多芬香皂”和“SAAB汽车”广告。香皂产品在人们的需求认知中，作用在于“清洁”，但是奥格威却将“多芬香皂”定位为“皮肤干燥的女性使用的沐浴香皂”，并且同时承诺“在你洗澡时，多芬就可以滋润你的皮肤”，可谓定位精准。正是小小一块香皂背后蕴含的概念创意，让原本只想利用香皂清洁作用的消费者心中萌生了“滋润皮肤”这样的需求，产品也就有了更好的销路。

人们对于香皂产品的需求较为单一，但对于汽车的需求则不可一概而论，有的追求速度，有的追求空间，有的追求节能，还有的追求汽车本身的奢华和格调。然而SAAB汽车似乎在任何一方面都不够突出，若是强调这些特点，它怕是会被埋没在众多汽车产品中。如果赋予SAAB汽车“防滑”“保暖”“耐冻”这种强调功能性的平凡字眼，也不会引起多大的波澜。因此奥格威将它定位为“冬季用车”，从消费者的认知角度出发，综合汽车的特点发掘出“冬季用车”这一概念，这便是其创意的可贵之处。这样具有创意的概念让人耳目一新，也巧妙地创造了一个新的需求：似乎在冬天的挪威，这样一辆车对任何一个人而言都不可或缺。最终的结果也的确让人满意——“3年后它被评为挪威冬季最好的车”。

如何寻找和得到大创意？阿伦斯给出的途径是：筛选、归类、权衡、放弃、重新开始。90%的辛劳和10%的灵感相结合才会产生大创意。奥格威以自身为例给出了答案：“在漫长的职业文案生涯中，我做的大创意不到20个，如果它们称得上大创意的话。大创意是在无意识中产生的，这是艺术界、科学界和广告界的真理。但我们必须激发灵感，否则创意就会散乱无序。有意识地广泛吸收信息，然后无拘无束地放松自己，进行思考，通过散步、洗个热水澡或喝点葡萄酒来帮助自己放松。突然，灵感如电话在

图1-31　劳斯莱斯广告

瞬间接通，大创意从大脑中迸发出来了。"

"At 60 miles an hour the loudest noise in this new Rolls-Royce comes from the electric clock（当这部新款劳斯莱斯以每小时 60 英里的速度飞驰，您能听到的最大噪音来自车的电子钟）"，这是奥格威最中意的大创意，只用一则标题语，他就勾勒出了汽车界的奢侈品牌——劳斯莱斯（见图1–31）。

大师们的经验在反复论证着大创意的奢侈，而这份奢侈主要在于它的"精彩"和"精要"，它常常以"让人透不过气来"的标题方式呈现，这是《时代》杂志摘要文化的持续发酵（见图1–32）。

图1–32　《时代》杂志封面

与遵守广告基本规则的霍普金斯和奥格威不同，美籍希腊裔广告人、最另类叛逆的艺术指导、美国广告首席创意指导乔治·路易斯（见图1–33）自称是来自“麦迪逊大道的坏孩子”。他对基于定位理论的创意策略嗤之以鼻，直言“定位的道理很简单，就像上厕所前一定要把拉链拉开一样”。广告是什么？“是一种有毒气体，它能使你流泪，它能使你神经错乱，它能使你神魂颠倒！”[①]路易斯的答案表明了自己在创意界的挑衅者身份，而恰恰是这份奥格威强调的“独特”，使得路易斯的大创意更加个性酷辣，是一种“让人喘不过气来”的“毒气”。

图1–33　乔治·路易斯

Think small——为大众甲壳虫汽车创作的大创意。

I want my MTV——为Music Television创作的大创意。

我们的存在是为了告诉你事实——为《目击者新闻》创作的大创意。

乔治·路易斯蔑视规则，他擅长的大创意创作方法是：用一个短小精悍的句子解释、界定问题。一句“Think small”不仅漂亮地解决了小型车的销售难题，更将大众汽车拖出了德国“国民车”的尴尬历史泥潭；一句“I want my MTV”将一个强有力的口号同一个肢体动作的意象和年轻人要求获得新的有线电视这一意向结合在了一起。“如果你不能用一句话或三四个词语将你的想法说清楚，那你的想法就不是大创意。”无论路易斯的大创意多么疯狂、多么简要，甚至简单到“零文案”，要义绝对是他施放创意“毒气”的有力武器。

当以移动智能终端承载大小创意的时代来临，对于摘要文化的评议总是充满了悲观的情绪。《摘要文化：网络世界中话语的死亡》一书的名字是体现了路易斯风格的噱头腔调，还是大创意果真遇到了来自艺术抑或技术的瓶颈？

还好，我们有“知乎”（见图1–34）。

图1–34　“知乎”logo

问：“拿了一手好牌还装孙子地打”这类行为是基于什么心态？

知友：刘云暄

① 路易斯，皮茨.蔚蓝诡计：乔治·路易斯大创意[M].何辉，译.北京：华文出版社.2010:10.

因为孙子就是这么打的。“孙子曰：兵者，诡道也，故能而示之不能。”《孙子兵法》

作为一个微时代的社交沟通平台，“知乎”为用户提供问与答的平台，能回答或是有话想说的人可以点进问题，写下自己的解答；浏览者的屏幕上呈现出的是用户所提出的密密麻麻的问题，如果没有摘要性的标题，有些问题就很难被人注意，更难被人回答。提问者通常会收到多个回答，缩略版的界面只会显示一小部分的文字，这部分文字能否传达答案的主旨，也决定着答案能否引起关注。于是常玩“知乎”的人都养成了同一种说话习惯，这一说话习惯在注意力经济日渐兴旺的今日也就逐渐成了全网人民都喜欢的讲话规则：简明扼要，一语中的。

在这样的习惯逐渐形成之后，一些好用的句式广泛传播，“知乎体”也随之出现，不仅被用在“知乎”平台内部，更是被用在“两微一端”的各类文章标题当中，诸如“XX是一种怎样的体验”“如何评价XX”等句式风靡网络，成了概念文案当中的“常客”。

如今的“知乎”似乎在主动担负着为融媒体时代提供大创意的责任，只是既高傲又诡异的大创意从不随便为任何时代买单。

大创意就是大创意，它从来都是超级创意层专属的高难度智力动作。

第五节　微风格与注意力经济

西班牙耶稣会教士巴尔塔沙·葛拉西安（见图1-35）是17世纪最会“写微博”的人。

> 让事情暂时秘而不宣——
>
> 充满惊喜的赞叹，会使你的成就升值。老早就亮出底牌，既无益又无趣。不要急于表露自己，这样你就能唤起别人的期许，尤其当你所处的位置至关重要，足以使你成为人们关注的目标时，则更是如此。[①]

图1-35　巴尔塔沙·葛拉西安画像

① 葛拉西安.智慧书[M].秦传安，译.卜桦，插图.北京：北京图书馆出版社，2007:8.

在2007年出版的《智慧书》中，17世纪葛拉西安的文字配合21世纪插画师卜桦的图像，俨然是古怪、严谨又好玩的平面文案（见图1–36）。

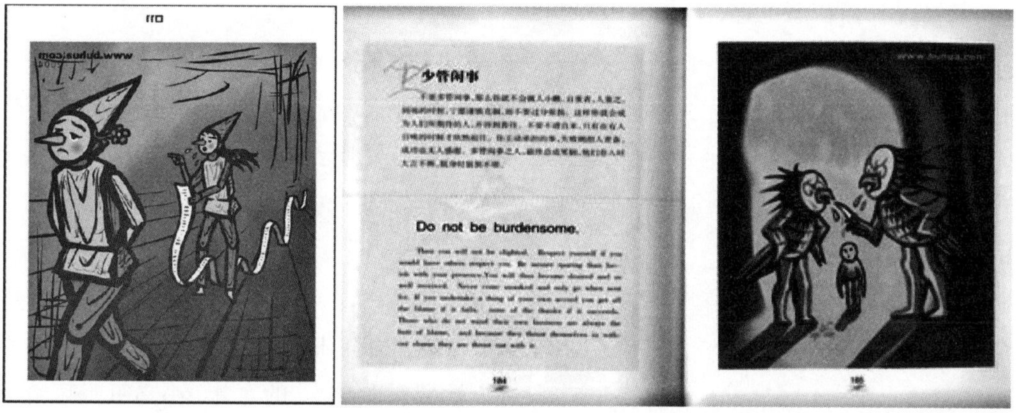

图1–36　2007年版《智慧书》部分内容及插图

再看21世纪美国前总统奥巴马先生的微博（见图1–37）。

图1–37　奥巴马微博截图

“Tomorrow: @House of Cards. No spoilers, please.”
（明天：@《纸牌屋》。别剧透，拜托。）——巴拉克·奥巴马

非虚构世界的白宫老大在推特（Twitter）上亲自为“黑”白宫的美剧卖力写文案，这部“如有雷同，纯属巧合”的《纸牌屋》想不红都难。

两个不长的文字段落相差4个世纪，虽然内容层面有明显的差别，但风格是相似的，甚至都是告诫和提示的语态。这彰显的是一种创作风格——微风格的不衰和新一轮复兴。

所谓“微风格”，在《微讯息时代写作的艺术》中被定义为微讯息（Micromessage）时代的言语风格，其特征是“使讯息在注意力经济的时代里被人注意、记住并散布”①。

同样在这本书中，有一段关于“微风格简史”的文字阐述，从19世纪的现代派媒体红人王尔德的金句“世上只有一件事比被人议论还要糟糕，那就是不被人议论”，到20

① JOHNSON C.短！微讯息时代写作的艺术[M].赵燕飞，译.北京：人民邮电出版社，2012:1–3.

世纪文坛名人多罗西·帕克短小精悍的“讽言讽语：你能教妓女学文化，但不可能教会她思考”，最后到21世纪的推特140字的长度，有趣的回顾生动地揭示了全世界对于“简约”风格漫长而执着的迷恋。

图1–38　推特logo

推特（见图1–38），全球访问量最大的网站之一，无疑是一个非常成功的微博客应用平台，而在其命名过程中，超级创意层煞费苦心，最终在字典中翻到了“twitter”一词，其意为小鸟的叫声，鸟叫声短、频、快的特点非常贴合应用微博客的核心概念，同时“小鸟”的意象本就带有“传播”的意味，小鸟叽叽喳喳地叫着，正如全世界都在喊喊喳喳地议论一般。

作为推特的创始人之一，杰克·多西（Jack Dorsey）自然是其超级创意层中的重要一员，曾就读于密苏里科技大学和纽约大学的他，与创意大师奥格威一样是来自于学院又疏离于系统的创意达人。不同时代当中的这些处于超级创意层的达人们总能在翻滚的时代潮流当中找到最具价值的概念文案，这不是与谁沟通，而是作为意见领袖发出号令。处于当下这一“微时代”，创意达人们自然意识到了大创意创作成本之高带来的风险，概念文案不能再墨守成规。正如《广告的超越》一书中奥美集团大中华区董事长宋秩铭所说：“以前我们想要一个创意（idea）的话是拍一个广告影片、平面广告，但现在这个创意必须是个平台（platform）。”而在与“全媒体”相呼应的“多屏平台”系统里，文案写作的新套路显然是——短，更短，像持续十四日的萤火虫的萤火一样短。

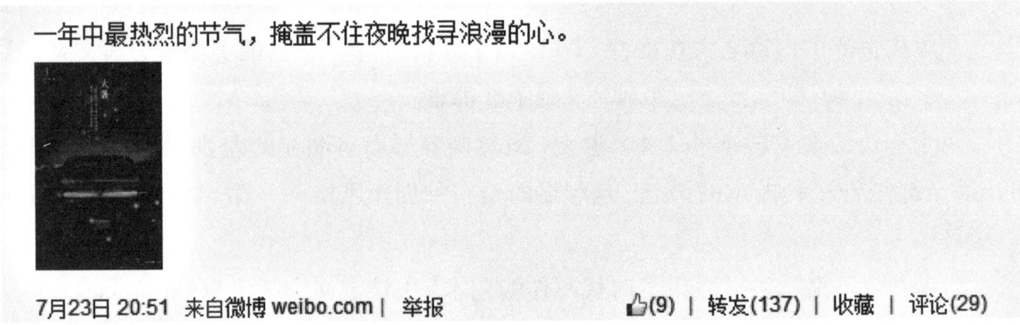

图1–39　@林肯中国在大暑节气发布的微博文案：一年中最热烈的节气，掩盖不住夜晚找寻浪漫的心。

奥美上海广告公司为林肯中国撰写了这份文案（见图1–39、图1–40）。极尽浪漫的林肯也采用了微博这种短小即时的表达方式，而不再使用20世纪60年代那种密密麻麻、极力堆砌辞藻的汽车广告长文案。浪漫的星空里并不只有林肯或奥美这几颗星星。有人认为，王尔德和乔布斯都是掌握了微讯息艺术的大师，因此他们的言论和文案能够精致隽永。由一个词、一个短语、一两句话组成的文案，你也可以将其理解为“一个段子”，每个字眼的选择，甚至最细微的风格选择都会影响其生死。《短！微讯息时代写作的艺术》一书指出，新闻头条、标题、品牌名称、域名、讲话摘要、广告语、流行语、邮件主题、短信、电梯推介、幻灯片要点、微博、社交网络状态更新等都是微讯息。人们在说话的时候，并不愿意做出必要之外的努力。如果你想创造一条能够广为流传的讯息，最好顺应人们这种天生的懒惰倾向。即使你没有期望你的讯息会被人们大声读出，人们依然会在头脑里听见它的发音。一个清晰、简单的发音，会给人留下良好的印象，也更让人难忘。

图1-40　微博配图文案：大暑，入伏，萤火虫十四天耗尽萤光。林肯，优雅与浪漫不会散场。

正如奥美发布的H5版本“奥美新兵计划”（见图1-41）：从可爱的插画到活泼的用语，一向信奉文案之“高贵”的奥美越来越有“民间”的味道。奥美文案由典雅稳重向年轻灵动的嬗变，预示着概念文案的创作风格从“文感”到“网感”的转变，从隆重的“大创意”向以技术驱动的“小创意”的转型。创意的超越之声，在由学院正式发出之前，已然在云端平台风生水起。如今社交媒体日益发达，文案便渐渐走下“学院”的神坛来到“民间”，两种不同的风格在“云端”联袂，如果密集发布图文、视频等各类动态文案，数日之内便有大量优秀的概念文案横空出世。

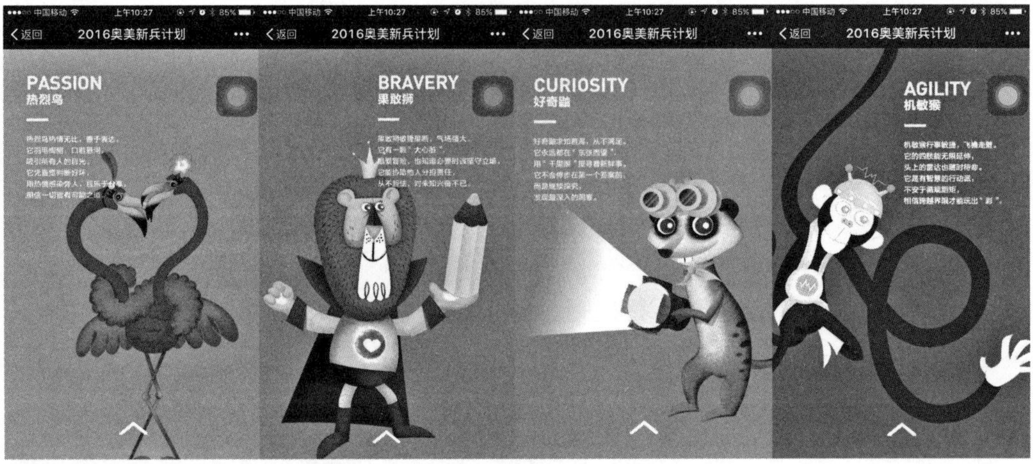

图1-41　奥美招聘广告：奥美新兵计划

在“信息易碎”的微时代，更经济的微风格表达是创意英雄们智慧的选择。从用词词性的角度来看，动词似乎比形容词更能表达概念文案的内涵，精准的动作似乎好过对于内容本身的描述和称赞。在分析了2 000条含有链接的推文后，社交媒体科学家丹·萨瑞拉（Dan Zarrella）发现，相比使用大量名词和形容词的推文，包含副词和动词的推文有着更高的点击率。

国内最大的搜索引擎“百度”（见图1-42）就用了“百度一下”这一概念，将“利用百度进行搜索”这样一个复杂的动作变得简单；利用“百度一下”的概念，将“百度”变为动词，将一整串的搜索和查找变为简单的一个动作，似乎用户只需轻敲键盘、轻点鼠标，便能找到想要的答案。这样的创意其实借鉴了国外权威搜索引擎Google那个经典的“Googling”，然而和英文不同，中文并不能通过同一词根与不同词缀进行组合来变换词性，将“百度”变为动词只能通过加上“一下”二字来组成一个完整的动作。虽然借鉴国外精妙的创意很讨巧，但语言特点的差异所带来的影响也不可忽视，遣词造句上不能单单通过照猫画虎来取得与其他语言同等程度的效果。

图1-42　百度网页截图

将概念的表述动作化像新产品一样鲜活、生动、引人注目，也是很多概念文案的创意之道，其中原因何在？从语言本身的角度来看，形容词表示的是“判断”，动词则更多在强调“发生”，因此动词和形容词的区别在于一件事情“发生了”和一件事情“是怎样的”这两种表述带来的心理差距。然而在传达相同内容时，形容词注定会败给动词，这大致有两方面的原因：一是“主观”和“客观”的差别，人们对事物的判断不可避免地从主观出发，价值观的不同必然会带来不同的结果，过于主观的看法难以让人赞同，而动作的“发生”则显得更为客观，更加符合事实，这也正是新闻标题会更吸引人的原因；二是“主动”与“被动”的不同，“动作”往往是施动者更为主动和自发的行为，“判断”则通常是被动接受别人的眼光和价值观给出的答案。在主语被隐藏时，人会趋向于将自己代入动作的发出者，因而动词会引发读者更多的想象，让人们在心中产生更为主动的画面和反射；而形容词更注重描写和评价内容，怎么看都是文案撰写者的主观臆断，让读者来被动接受，自然显得更为空泛和无力。

反观目前国内最大的网络购物平台“淘宝”，它也尝到了动词带来的甜头。购物本身就是人很难抑制的冲动之一，而网络购物的实时和快捷既然加大了诱惑力，购物平台的概念文案就必须有“推波助澜”的劝导力。“买”这个动作出现在消费者的内心时，一方面是心仪的产品到了自己手中；一方面是自己的钱款被他人收入囊中，总还是会让人心存戒备的。但“淘宝”二字却给了消费者一个无形的推动力，隐藏了“花钱”的内核和痛处，又强调了购物的价值和产品的诱惑。点睛之笔就在于“淘”这个动作。“淘”（见图1-43），原意为在水中洗去杂质，“淘宝”则取义于“淘金”，从购物平台挑选出自己心仪的产品就如同从河沙淤泥之中发现闪光的金子，这一动作想想便让人觉得充满诱惑。可若是“淘宝”的概念文案改为“好货”或是“省钱”，还会有这般强大的力量吗？

图1-43　“淘宝网”logo

当“微时代”来临，“微风格”的文案（见图1-44）从互联网平台的四面八方席卷而来，海量的信息包围着每一块小小的屏幕，用户的时间和注意力变得更加宝贵，概念文案更需要像电报文一般惜字如金，每个字、每个词都必须有其价值。若长篇大论想要引人注目，就需要一个能够简明扼要地提取关键信息点的标题冲到“前线”，在海量内容中脱颖而出、占得先机，这些如内容摘要一般的标题渐渐成了“微风格”概念文案的常态。

虽然创意变得越来越“碎片化”，概念文案的形式变得自由而多元，其中的思想浓度不可避免地受到影响，但是吸引力法则却愈加强势。网络中的讯息内容庞杂，内容的质量需要读者自己来甄别，于是网民为了节约时间成本，多是选择通过快速浏览筛选出有价值的内容，摒弃无效信息，这更要求文案具备让人“眼前一亮”的属性，让读者在“云端”阅读中停下滑动的手指。

图1-44 亚洲最大的综合性购物平台TMALL. COM发布的文案

微信公众平台的精心运营让我们看到了来自“云端”创意的力量。在这样一个时代，创造概念文案的所谓“超级创意层”人才正在由传统媒体流向互联网媒体，正如美国4A协会的首席执行官南希·希尔（Nancy Hill）所感叹的：“关于创造力的竞争从未像现在这样激烈，现在4A广告公司谈论的不是如何去进行协作，而是人才的缺乏”。这些创意人才在转移的同时也带走了优秀的创意思维，这似乎也是现今互联网媒体愈加火热的一大原因。

无疑，这是文案的三国时代，也是文案人的战国时期。但无论是“民间”的智慧，还是“学院派”的创意，都必须跟进时代的潮流，不断发展前进。“云端”的平台上所呈现出来的创意的碰撞、智慧的交锋，以及不同风格与底色的概念文案，已经开创了这个时代的文案新世界。

第二章 微风格的发现与表现

第一节 机与积：阅历与文献

在阐述创意如何表现之前，先设定一个更为广泛的观察视角：从文案人到创意人。试图突破的不仅是广告领域的文案人、传媒领域的策划人，更多的是哲学、社会学、心理学、文学，甚至技术领域的创意阶层。

理查德·佛罗里达在其著作《创意阶层的崛起》中专门探讨了“创意精神”。“研究人员仔细阅读了历史上一些伟大创造者的传记、笔记和书信，并通过电脑对创意过程进行模拟，设法使电脑也参与创意工作”，最后发现了与创意人相关的反复出现的主题，重要的主题之一就是创意要求创意者具有自信心和承担风险的能力。佛罗里达同时引用了《创意心灵》作者玛格丽特·博登的话语：（创意）不仅要求（创意者）具有激情，同时也要求他保持自信。一个人必须自尊自重才会寻找到新的创意，并且不受别人批评的干扰，在不断犯错误的过程中最终实现目标。有时可能会出现自我怀疑的情况，但终究会被自信所战胜。打破甚至完全颠覆惯例常规，必须具有足够的自信。在面临别人的怀疑和嘲讽时继续前进，则需要更强的自信心。[①]

玛格丽特反复强调的“自信”倒是向我们展示了创意者们生存与生长的先锋姿势，如同好的创意“令人不安”一样，他们的阅历时时会有“令人不安”的片段，创意者永不放弃对创意世界未知地带的探索，支撑他们前行的只能是无与伦比的自信。而强大的自信背后，除却激情，更凸显的是颠覆一切的胆识与勇敢者的大心脏。

“创意的勇气有多种类型，我们该如何看待艾米丽·狄金森（见图2–1）那种文静、退缩、沉默又毫无怨言的勇气？她不断创作诗篇，终于集结为一批辉煌作品，期间几无得到丝毫鼓舞、指引，也没有公众回应，因为在她

① 佛罗里达.创意阶层的崛起[M].司徒爱勤，译.北京：中信出版社，2010:34.

图2-1　艾米丽·狄金森画像

生前，只有6首短诗发表，而且还是违背她的意愿公开的。她基本上都在与世隔绝中独立创作，她是位勇敢的女士。”[①]美国著名历史学家保罗·约翰逊在《创作大师》中，以《剖析创作胆识》为开篇，洞察和描摹了从乔叟、丢勒、毕加索到迪士尼等顶尖创作大师们以超级勇气引领丰富人生的创意精神特质。

无论沉默，还是呐喊，卓越的创意者总是以突破与攻击的姿态与世界对接或者抗衡。具备创意精神的人群在詹姆斯·韦伯·扬（见图2–2）的《创意的生成》中，被定义为典型的“投机者”。

詹姆斯·韦伯·扬的广告生涯长达60余年，其一生几乎就是美国广告史的缩影。他晚年致力于广告教育工作及著述，被称作“美国广告界的教务长”。将广告上升至哲学的层面思考，使得他的发言总是与众不同。广告大师威廉·伯恩巴克曾称赞詹姆斯·韦伯·扬不仅是思想通透的思想家，而且是一个点到即止的传达者，文笔“简而精”。《创意的生成》堪称言简意丰的小册大书，总能以两三语道出创意的脉络与精髓。

图2–2　詹姆斯·韦伯·扬及其著作

① 约翰逊.创作大师：从乔叟、丢勒到毕加索和迪士尼[M].蔡承志，译.北京：中信出版社，2015:19.

在《创意的生成》中，詹姆斯·韦伯·扬参照意大利社会学家帕累托《心灵与社会》中的观点，将世上的人群划分为两类——投机者和食利者。何谓投机者？“简而言之，如果一个人不轻易满足于现状，而总是亟待改变，那么，不管他身处于哪个领域，都可以被称为投机者。”何谓食利者？“食利者喜欢一成不变的稳定生活，缺乏想象力，个性保守，而且往往被投机者所操纵。”①詹姆斯·韦伯·扬12岁就踏入社会，做过苹果种植工、政府公务员、广告公司创作总监主管及高级顾问、大学广告及商业历史专业教师等多种工作，对各类江湖智慧与学院学识无一不晓。不断勇敢跨界的丰富阅历，对于他成为通才杂学的广告人，无疑是一种很好的经验积累与历练。杨本人的人生经历简直就是一个经典“投机者”的缩影。

要成为优秀的创意人，到底是“通才知识”（General Knowledge）重要，抑或“专才知识”（Specialized Knowledge）重要？对比没有意义，相信以下的说法相对科学：阅历提供的直接经验可以支持创意者洞悉人性之复杂，而来自经典文献和学院教育的间接经验储备同样可以滋养创意。詹姆斯·韦伯·扬在《创意的生成》最后特别向读者们推荐了自己的创意小书单，以“帮你拓展对整个创意生成过程的理解”：（1）英国社会学家及心理学家格雷厄姆·沃拉斯的《思维的艺术》；（2）法国数学家、物理学家、科学哲学家昂利·彭加勒的《科学与方法》；（3）剑桥大学动物病理学教授贝弗里奇的《科学之路》。

在季播剧的IP群中，《唐顿庄园》的好看度有目共睹。而创意者本人——编剧朱利安·费罗斯（见图2-3）的人生剧本则更为好看。在他继承自己父亲的男爵头衔、成为圣詹姆斯俱乐部的常客之前的三十年里，朱利安·费罗斯都徘徊在演艺行业的阴影里。演过牧师、上校、乡村医生，运气好的时候也在伦敦西区的剧场里演戏——他知道凭自己滑稽小老头的长相，也就只能演这种角色。②从剑桥大学毕业并没有给他的戏剧生涯带来什么好运气。

朱利安·费罗斯的职业生涯与他的剧作互相映衬，显得格外讽刺。尽管他擅长讲述达官显贵们的华美生活，但他自己大半辈子都生活在“较高阶层的较低层次”里。他常常回忆起自己住在出租屋里的日子，“墙壁都透着潮气”③，但是他显然从未忘记住在大庄园里的日子，在《唐顿庄园》一书的序言中，他说：“我一直很喜欢乡间宅邸……此情此景，似在倾诉昔日繁华如今只剩鬼影零星。那些能听到回声的马厩里堆满了被丢弃的玩具和锈迹斑斑的园艺工具，那些空阔的厨房里塞满了无人问津的行李箱、坏掉的

① 扬 J W. 创意的生成[M].祝士伟，译.北京：中国人民大学出版社，2014:20-21.

②③戏里戏外的“势利小人”：朱利安·费罗斯[EB/OL].(2012-10-29)[2017-10-17]. https://www.douban.com/note/244170188/?type=like.

自行车和村子里举办宴会时使用的标志，在儿时的我看来，过去就像一道阴影，萦绕其间，挥之不去。”

图2-3 朱利安·费罗斯

费罗斯最初的12个剧本全部被拒。他挣扎着继续演情景喜剧，直到20世纪90年代末才等来了自己人生的转机——好莱坞导演罗伯特·阿尔特曼找到他，说想要拍一部关于英国上流社会的戏。费罗斯简单说了自己的创意概念：“故事设定在20世纪30年代的一个乡村庄园，一群贵族之间发生了一起谋杀案。”之后为费罗斯赢得奥斯卡的，就是《高斯福庄园》（见图2-4）。

图2-4 电影《高斯福庄园》台词文案：我们都有东西要隐瞒。（片中写有poison的瓶子多次出现）

正如《纸牌屋》那句著名的台词所言：没有秘密，我们就不是自己。道理很简单，神说要有光后，世界有了第一日，也自此有了阴影；因为光沿直线传播，所以阴面和影子形成了，它们正是一个事物存在的印证。

四海八荒里，每个活生生的人都有阴影。将阴影融于创作之中，这就是优秀文案的培养皿，这之中的阴影就仿佛是那些无害的细菌，其实你早已经对它们有了免疫力，只需静静等待它们快速分裂繁殖，变成可用的文案，以呈现给世人。

将它们——阴影，写出来，写成文案，亦可以看作一种"精神疗法"。资深文案人史蒂夫·海登在《全球一流文案》中犀利地指出：文案写作大概是唯一能让你凭借人格缺陷过上舒适生活的合法的人类活动了。这些缺陷包括但不限于傲慢、暴怒、贪食、贪婪、色欲、嫉妒、懒惰、恐惧。它们全都很有用，视场合而定。

毫无疑问，克劳德·霍普金斯（见图2–5）的自传《我的广告生涯》是霍普金斯广告生涯的完整再现，从中我们可以看到一个终生勤奋努力的广告先驱是如何在一次又一次成功中积累经验的，而这每一条经验都演变成了现今广告的原则。霍普金斯无比自豪地指出，在勤俭、谨慎、智慧、雄心勃勃而且活力充沛的苏格兰母亲的影响下，他从小就学会了谨慎与节俭。"由于母亲的影响，一毛钱对我来说与一块钱一样重要……在她的教导和鼓励下，我很小就开始像她那样勤奋工作。我9岁的时候便开始独立谋生了……我自己从贫困中收获很多。贫困使我成为老百姓，而上帝造了这么多的老百姓。我天生就认识他们，了解他们的需求和愿望。"[①]这种年少时经历的贫穷，鲜明地映射在他为广告客户写的文案中。"我的用词浅显易懂，句子也很简短……但是成千上万住在陋室里的普通人会阅读它、购买它介绍的产品。"[②]

图2–5　克劳德·霍普金斯

奥格威曾要求奥美公司员工阅读七本书，分别是《科学的广告》《我的广告生涯》《一个广告人的自白》《蔚蓝诡计》《热血、头脑和啤酒》《奥格威谈广告》《如何做广告》。其中位列第一的便是霍普金斯所作的《科学的广告》（*Scientific Advertising*），奥格威对此书有极高的评价："如果不把这本书读七遍，任何人都不能够去做广告，它改变了我的一生。"

---

①②　霍普金斯.科学的广告[M].李宙，章雅倩，译.长春：北方妇女儿童出版社，2016:5–7.

文案大师们丰富的人生阅历和复杂的成长背景，成为优秀的概念文案生长的土壤。广告大师大卫·奥格威在投身广告业前曾做过厨师、推销员、市场调查员、外交官和农夫，此后才得以在广告界名声显赫，他在《奥格威谈广告》中也曾说过其他职业的经验带给他的无尽财富，因为他做过“直效营销”，所以深知它带给自己的经验之有效：“每位撰稿人事业的起点应从做两年直销工作开始。”不同阅历经验带来的不同视角，是文案创作源源不断的动力。被誉为“现代广告之父”的阿尔伯特·拉斯克尔最初是《加尔维斯敦晨报》的记者，在职业生涯中，他还曾离开广告业四年，担任共和党的宣传部部长以及船运委员会主席；一直深受奥格威敬重的雷蒙德·罗必凯也做过运输员、侍者、牧牛者、电影放映员、上门推销员、汽车推销员以及新闻记者等多种工作，美国各地都出现过他的身影；前奥美全球执行创意总监尼尔·弗伦奇则做过收租人、业务代表、保镖、服务员、歌手、斗牛士、摇滚乐队经理、推销员等工作。

从布朗克斯区花匠的儿子到广告界的叛逆者，乔治·路易斯形容自己是一名“兼收并蓄者”。在《蔚蓝诡计》一书中，他向我们展示了一位创意文案领域杰出艺术指导的书柜清单。“在我寓所的每个角落都有专门定制的书柜，用来放置我收集的各种艺术画册。我的书，如同我的收藏品一样，广泛而庞杂，包括一些限量发售的版本。其中有乔治斯·图尔、乌切洛、柯比谢尔、德拉·弗朗西斯卡、曼·雷、贝利尼、包豪斯、伊利·纳德尔曼、阿瑟·德夫等人的作品，还有非常特别的布朗库西的作品集。这位罗马尼亚神秘主义艺术家创作了许多不朽的雕刻，如《飞行中的鸟》《沉睡的缪斯》《吻》《祈祷者》《海豹》《鱼》等，所有这些都对形式进行了最大胆的简化，产生了一种不可预期的、压倒一切的情感反应。”乔治·路易斯是如何习得大创意之道的？他说：“我喜欢经年累月地研究生命，研究艺术家的作品，以从中学习有关人类情感和想象之间的神秘联系的知识。”

是的，滋养创意的是风味不同的知识拼盘，重要的是要让自己保持旺盛的“食欲”。1979年，“文案教父”路克·苏利文刚入行、成为广告撰稿人时，首先需要消化的是足足3英尺（约0.91米）高的“广告学研究生教材”，那些书都是世界上最棒的广告集——One Show 广告奖和 Communication Arts 广告奖年刊。疯狂的阅读和学习使得苏利文更深刻地领悟到艾略特的话：“在你懂得如何去遵循常规之前就想着去打破常规，这是不明智的。”未知的领域、丰富的体验——去阅读，去倾听，去不同的地方，会带给文案人更坚实的基础和更开阔的思路。

似乎每一位文案大师的著作都是从展示自己的见多识广开始的。文案写作传奇人物约瑟夫·休格曼在《文案训练手册》开篇将文案人必备知识分为“一般性知识”和“特殊知识”。他拥有哪些一般性知识呢？且听他娓娓道来：“我拥有商业飞行员执照，包括仪表导航飞行和多引擎飞行资格。我是一名业余无线电电报员，也是一名职业摄影师。我喜欢电脑、音乐、书籍、电影、旅游、艺术和设计。我给自己公司的所有东西都编了目录，从类型安排到版式设计，全是我一个人包办。我尝试过多项体育运动：高尔夫、网球、足球、篮球、水肺、潜水、滑雪和冰上摩托车。我去过地球上除南极之外的所有大陆，我知道，总有一天我会将南极也踩在脚下的。我精通一门外语——德语，我随军在德国驻扎了三年。我经历过无数挫折和许多成功，每一次都代表着一段学习经历。"一段又一段的丰富积累，造就了休格曼的强悍才识，使得他成为高精尖产品领域的专家级文案人。也正如休格曼所言："对知识的渴望、对生活无与伦比的好奇心、丰富的人生阅历以及对工作的毫不畏惧，这些就是成为一个好的文案撰稿人的最高资格证书。"无论是在知名学府受过高等教育、做事严谨稳重的学院派，还是一路上摸爬滚打、靠着敏锐的感知和自成一派的方法而成长壮大的实务派，只有看过多姿多彩的世界，做一名"不挑食"的"杂食"文案人，才更有可能想出不朽的创意。

台湾创意文案人李欣频在《十四堂人生创意课》中强调了一个创意生成的秘籍，那就是持续不断地进行人生资源的积累与能量的开发。为了证明自己的"创意是可以后天培养的"这一观点，李欣频为创意学习者们提供了周全而繁复的学习清单。阅读与书写能力是她着力强调的："每天看一本书，一年就能与别人有365本书的差距。"为了建立阅读路径，她提供了以下数本关于阅读的书：《读书的艺术——如何阅读和阅读什么》《我生命中的书》《阅读地图》《文字生涯》《一生的学习》《学习与知识》等。对于类型各异的影像作品的阅读与解读，也是她特别推荐的创意路径：战乱与灾难电影、死里逃生的纪录片等，都是演练和应对意外的最好范本。从电影《傀儡人生》中，可以看到多面向、多性格的自我可能；从《魔鬼、性、狂想曲》中找出灵魂里"善与恶""创造与毁灭"两股拉扯的力量。①她重视来自书本与影像的间接经验，更崇尚以旅行的方式去亲自触碰和与世界对接，由此获得直接经验，这也是自我培育式的创意积累。李欣频可谓创意界的旅行家，她的旅行哲学也很有创意："旅行是后天混血的过程，每旅行一次就换一次血。我虽然不能改变先天的血统，但旅行中有如此大量的感官交换，犹如我经历异国自体混血，让我的灵魂产生较大的质变。"为此，她提出"趁年轻有体力，走到最远最高的世界边境，帮自己建旅行目录文件"。正是丰富而驳杂的间接经验和直接经验，使得李欣频在文案的创意时空中厚积薄发。她的"诚品"系列文案也无时无刻不投射出她曾经读过的一切和走过的一切。

海明威阅读海，发现生命是一条花一辈子才会上钩的鱼

凡·高阅读麦田，发现艺术躲在太阳的背后乘凉

弗洛伊德阅读梦，发现一条直达潜意识的秘密通道

---

① 李欣频. 十四堂人生创意课[M].北京：电子工业出版社，2009:26–29.

罗丹阅读人体，发现哥伦布没有发现的美丽海岸线
加缪阅读卡夫卡，发现真理已被讲完一半
在书与非书之间，我们欢迎各种可能的阅读者

间接或者直接地积累知识，才能多维度地于文案中发布见识。人们认同一个事物，不会是因为其所蕴含的知识，而是因为事物会帮助他们增长见识。文案创作者（见图2-6）在文案中将知识升华为见识，文案便被赋予了生命力，拥有了思想。文案真正在传递着产品观念，让受众能够理解品牌概念，从而将这种感受转化为购买的冲动，这就是兜售见识的力量。李欣频“拉大自我格局”的方法论，在文案视界中实现了“漂亮的场面调度”。

图2-6　不同领域的创意文案人

无论是大时代，还是微时代，创意的生成方式也许有微调，但获得素材和经验的途径从未改变。面对如今社交媒体的爆炸、微讯息潮流的汹涌，长期从事品牌命名与分析工作的约翰逊博士在其著作《短！微讯息时代写作的艺术》的导论中，也罗列出了一系列相关参阅书籍，诸如关于“大风格”特点的写作风格指南——《风格的元素》《罪与句法》，以及针对微时代的百家争鸣的著作——《注意力经济》《浅薄》《未来是湿的》，等等。除了书籍之外，还有包括动画片、电影、电视剧、杂志等在内的广泛的素材来源，这足以证明来自第三方的见解和知识对概念文案构造的重要性。

缔造个人智库，这显然是高手们已经做了或正在做的事情。这件事不只需要好脑力，更需要好体力支持。在搜罗信息、将信息变成策划所用的情报的过程中，只有笨办

法，没有捷径。创意的实现过程需要文案人的资料意识和搜索能力。尽可能多地搜索有关资料，用足够敏锐的嗅觉来为创意找到更适合的凭借，这是“积”。之后的工作便是无限的复合，只有充满无限可能的组合和改变，才可能将创意以最佳形式呈现给人们，这是“机”。

在实现创意的征途上，芜杂的阅历积累与丰富的文献准备决定着一位创意人的心灵版图。勇敢地体验各式各样的人生，勇敢地打开各种各样的书单，无论是名家经典，还是街头智慧，请打开你的感官和头脑，把它们统统读完。

第二节　求与球：调研与直觉

“创意过程是一个发现独特观念并将现有概念以新的方式重新加以组合的循序渐进的过程。遵循创意过程，人们便可以提高自己发掘潜能、交叉联想和选取优秀创意的能力。”[①]在广告学教科书《当代广告学》对“创意过程”的论述中，我们并不能明确推进创意过程的具体方法。但是此书作者威廉·阿伦斯从思维学说的角度，总结概括了创意人员的两类思维方式：事实型思维和价值型思维。前者喜欢把观念分解成细小的组成部分，然后对背景进行分析，找到最佳的解决方案。虽然事实型思维的人也可能具有创造性，但他们往往倾向于使用线性思维，喜欢事实与数字——硬信息。因为他们能分析和掌握这类信息。他们不大习惯模棱两可的东西，而习惯于逻辑、结构和效果。与此相反，后者依据直觉、价值观和道德观来做出决定。他们更善于接纳变化、矛盾与冲突，这种思维方式的形成基本上依赖于各种观念的融合。

“广告是一种艺术。在我的内心深处，我常常说，如果广告是一门科学，那么我就是一个女人。科学和技术显然影响并塑造着广告，但是说到底，广告是一门艺术，它来源于直觉，来源于本能，更为重要的是，来源于天赋。”崇尚直觉和天赋的乔治·路易斯显然是价值型思维模式的代表人物。在他的主张背后，是他所处的20世纪八九十年代视觉时代的日益昌盛。当文字和图片开始在20世纪五六十年代于文案中结合，在追求创意概念的过程中，已然有了调研一派和直觉一派的争鸣。

被奥格威誉为“广告业的婆罗门”的斯坦利·里索，就是“调查研究的忠实信徒”，他招募了多位经济学家作为研究人员，对因素分析十分热衷，并成立了专门小组进行广告技巧的研究。而将广告引入科学殿堂的克劳德·霍普金斯也有过著名的论断：“几乎

---

① 阿伦斯 W F，维戈尔德，阿伦斯 C. 广告：创意与文案[M].丁俊杰，程坪，陈志娟，等译.北京：人民邮电出版社，2010:27.

所有的问题都可以通过测试广告找到答案，花钱少、见效快。解决问题应该采用这种方式，而不是围坐在桌子边争吵。”可见调研带给文案人的资源是滋养创意的肥沃土壤，通过适当的调查方法对受众喜好进行调查研究，就能得出相对有效的结论。这样的做法非常符合学院派严谨治学之风，也是了解受众反馈的最直接的方法。

但是调研毕竟还是存在着一些问题和无法弥补的缺陷的。首先，调查方法的错误选择很容易使调查变得徒劳无功。这便是广告巨头拉斯克尔对于调查持不屑态度的原因，他认为他可以准确无误地为用户提供建议，不必“浪费6个月的时间出去做调查，结果回来报告说一头驴子有两只耳朵”①。调查若设计得不够巧妙，用户也会顺着以往接触过的文案“套路”来回答问题，这样得到的往往是一些人尽皆知的事实，或是一些别人用过的创意。而文案天才那敏锐的直觉却可以准确地感知用户的需求，甚至找到用户自身都没能发现的死角。因此，想要比用户更了解用户，也许更需要直觉。此外，即便通过调查了解到用户需求和“痛点”，用户却不见得能因此被打动。如果绝妙的概念仅靠调研就能够被发掘，创意便不会成为当今社会如此稀缺的资源了。而正如《移动互联网时代国际4A广告顶级文案创意思维》中所写：创意是想象的过程。想象力是平庸与卓越的分水岭。一份能够打动人心的创意本就出自文案天才们的脑袋，他们靠的是自己的想象和直觉。这时，辛苦的调研反而会限制他们的文案创作与自由发挥。当创意的风暴被禁锢在一个狭小的空间中时，它便难以发挥威力。

然而凭借直觉取胜只能是天才们的专属，依靠敏感的思维、精准的感知，再加上经验的积累，他们射出的创意之箭自然可以百发百中。而多数概念文案创作者承担不起“一招棋错，满盘皆输”的风险，特别是最为核心的概念，一定要稳中求胜，一旦直觉方向错误，再高声的创意呐喊也无人听到。严谨，正是调研的优势所在。

因此，概念文案的生成，无论是依赖调研，还是“迷信”直觉，都各有利弊，需要根据具体情况进行取舍，而不是认准一条路就不再改变。如果内容受众固定、需求已知，同时已有丰富的固有模式，调研或许显得多余，直觉反而能发挥更大的作用；若面对的是未知的领域和经验的缺乏，则还是应踏实地深入调研，定好方向，这比仅靠直觉盲目前进更有底气。

无论依据调研，还是遵循直觉，在“求”的道路上，都不会轻省几许。“不动手做功课就休想创作成功的广告。我一直觉得这个过程既艰苦又乏味，但没有任何可以替代的方法。”奥格威的话也许涵盖了两种“求”所共有的艰辛，因为创意概念仿若时刻在滚动的球，找到它并趁机抓住它，绝非容易的事。

李奥·贝纳是让“万宝路”家喻户晓的人（见图2–7），他通过“变性手术”的方式抓住了球。在对香烟市场进行深入分析和思考之后，李奥·贝纳完全突破莫里斯公司原来

① 奥格威.奥格威谈广告[M].曾晶，译.北京：机械工业出版社，2016:206.

的概念限定：女士香烟，对万宝路做了全新的“变性手术”，将万宝路香烟的定位变为男子汉香烟，变淡烟为重口味香烟，增加香味含量，并大胆改造了万宝路的形象——以浑身散发粗犷、豪迈、英雄气概的美国西部牛仔为品牌形象，从而以颠覆的方式重新塑造了万宝路的品牌概念，使其赢得了全球消费者的共同青睐。

图2-7　李奥·贝纳及万宝路香烟广告

李奥·贝纳是芝加哥学派广告的代表。为什么被称为“芝加哥学派”？这个名字并不需要严谨而复杂的考证，只因为来自密歇根的李奥·贝纳视芝加哥为心灵的故乡：“我所理解的芝加哥就是中西部的化身，中西部的内心、灵魂、头脑和精神。在这里从事广告的人都是来自民间的平民，头脑里充斥着草原城镇的观念和价值观。”李奥·贝纳从首席文案起家，1935年在芝加哥创办了自己的广告公司，用20年时间享誉全球。“我老家的人觉得芝加哥犹如条条道路都能通往的罗马城，庄严雄伟，充满诱惑，似乎还带有那么一些邪气。”[①]怀抱着对芝加哥的向往，李奥·贝纳每一次抵达创意的罗马城时，都化身为一个认真有加的探索者。在生命进入尾声的时候，他总结道：“回顾我们最伟大的成就，我不禁回忆起创造的过程，这些作品很少诞生在轻松愉快、充满激情的氛围中，大多数是在高度紧张、交织着痛苦和抱怨的状态下创作的。”

探索，是贯通创意过程前后的系统功课，也是资深文案人约翰·贝文斯一直坚持的原则。约翰·贝文斯曾任奥美悉尼的创意总监，并被选为澳大利亚“年度广告人物”和“年度创意人物”。约翰·贝文斯成功的第一条秘诀就是做好创意之前的功课——探索。他从不认为写文案就是干坐着冥思苦想。

在为澳大利亚医疗福利基金会写广告时，约翰·贝文斯没有干坐着冥思苦想，而是找到了具有奉献精神的琼·克罗尔医生。她经营基金会的乳腺检查诊所，但依然从宝贵的时间中为约翰·贝文斯抽出了一个小时，而这一个小时中的“噢，顺便说一下”更为宝贵：“早在医疗界发现乳腺癌以前，就有描绘乳腺癌的画了，好像是达·芬奇画的，要么就是凡·高的。伦敦的迈克尔·鲍姆教授在演讲里说过。”

---

① 奥格威.奥格威谈广告[M].曾晶，译.北京：机械工业出版社，2016:217.

约翰·贝文斯当晚打电话问鲍姆教授，得知那幅画是伦勃朗的《沐浴的芭特叶巴》。尽管他不知道这幅画，但当看到它时，他就知道广告有着落了。芭特叶巴神情悲伤而庄重，诉说着当今政府绝口不提的一个重要而有争议的话题。经过进一步的调查，约翰·贝文斯找到了芭特叶巴——其实是亨德里克耶·施托费尔斯——悲伤神情之后的故事，几个世纪过去了，故事依然动人。①

此外，在澳大利亚逛画廊的人比看足球的人还多，这正迎合了约翰·贝文斯的惊人想法：将伦勃朗的画作与乳腺癌的防治相结合。这也符合他的信念，即广告应使人充实，而非让人贫瘠。

图2-8　MBF悉尼广场乳腺检查诊所

最终，MBF悉尼广场乳腺检查诊所（MBF Sydney Square Breast Clinic）的广告（见图2-8），无论是图片还是文案，都让人眼前一亮。

艺术爱好者眼中的伦勃朗经典画作、医生眼中的典型乳腺癌患者，这幅旷世杰作，想必你无法忘却。1654年问世，出自伦勃朗之手。它讲述的是芭特叶巴与大卫王的故事。一个非常重要的细节就是芭特叶巴正在看的那封大卫王写给她的信。

请仔细观察模特的左胸。你能看见有凹块吗？这个细节是晚期乳腺癌的（症状），不知不觉中被伦布朗记录了下来。

……

当时，不论是模特还是艺术家，抑或是任何人，都没有听说过乳腺癌。现在，医学专家们几乎可以肯定的是，她就是死于乳腺癌。

对女人而言，最好的保护就是早期检测。乳腺癌是女性发病率最高的恶性肿瘤。乳房X线光片比对不属于国家医保范畴，除非现阶段就有病灶或者是有家族患病史。

……

欲了解更多信息，请拨打诊所电话（02）285 9999。

如果你是MBF的会员，请你将你的会员号码放在手边。

澳大利亚医疗保险基金，包含新南威尔士州，是一个非营利性的、已注册的保健福利基金组织。②

① 克朗普顿. 全球一流文案：32位世界顶尖广告人的创意之道[M].邹熙，译.北京：中信出版社，2014:10.

② 我从来不看澳洲探索文案的作品[EB/OL].[2017-04-20].http://zhuanlan.zhihu.com/p/20580483.

虽然《The Copy Book：全球32位顶尖广告文案的写作之道》[①]一书中收录了约翰·贝文斯最给力的代表作——信孚银行的超长文案，但笔者认为，他为MBF悉尼广场乳腺检查诊所所做的这则广告更能体现他的“探索文案”的创作特点：不断地收集资料、与人交流。

当探索结束，约翰·贝文斯将写作心态的调适视为关键：“如果你写得不愉快，别人也不会读得愉快。”这是他奉行的格言之一。他认为这句话一直提醒着自己：书写的目的在于把东西放进去，而不是把信息写出来。

约翰·贝文斯未曾解释这个“东西”是什么，却说“当东西放进去，读者就会在无意间被打动，这就是写作之为写作、阅读之为阅读的道理”。在《全球一流文案》一书中，他一再强调感情无法伪装，写作时确实得有心情。与写书人和写歌人不同，文案人只有几天时间寻找灵感、创作文案，客户还期望他们高产。因此写文案首先要常有好心情，让工作不只是工作，更是一份乐趣。快乐是基本原则。[②]

创意的过程可以给李奥·贝纳带来痛苦，也可以给约翰·贝文斯带来快乐。相同的是，他们从未放弃对最佳创意的全力追逐。

创意是个球，永远在滚动；它是流行中的符码，它知道如何制造流行；它策动一切，又被一切所裹挟。曾经一则广播节目上的推介也能助力迈克尔·杰克逊在全球卖出数千万张唱片，而如今，人们早已关掉了《劲歌排行榜》这样的节目，转身打开音乐网站或者iTunes。但科技时代的互联与个性化服务并未阻碍文案的进化，反而使文案将每一个消费者包裹在自己的“蚕茧”之中。

创意是个球，常被平庸者当作传来传去的玩具，看上去很美，却毫无个性：平庸的文案比比皆是。创意可以是武器，驾驭它的爆发点，便可击碎所有的意料之中，完胜所有的意料之外。

创意，在等那个真正能够驾驭它的人。因为，只有高手，才能让玩具变作武器，砸向目标，一锤定音，一语中的，不偏不倚。

第三节　险与限：冲动与安全

品牌命名专家里夫金以“玩转名字的网络”形容互联网时代品牌概念的创意命名。“一个英国机构Norminet专门负责以.UK为后缀的域名注册，从1996年到2003年以.UK

① 英国D&AD协会. The Copy Book：全球32位顶尖广告文案的写作之道[M].赖治怡，译.台北：滚石文化股份有限公司，1997.

② 克朗普顿. 全球一流文案：32位世界顶尖广告人的创意之道[M].邹熙，译.北京：中信出版社，2014:12.

为后缀的域名从2.5万个增长到350万个。”①同时，还有机构专门负责顶级域名.COM和.NET的命名，以服务于做互联网生意的公司。就好像可以买卖的实物财产，网络品牌的命名被称为言语的房地产市场。

现代语言学之父索绪尔在他的传世讲稿《普通语言学教程》中指出，语言是基于符号和意义的一门科学，语言学与符号学原本就是息息相关、难以分割的关系。而文字本身就是一种符号，这些符号的意义在它们的运用者之间成为共识，甚至进入人们的潜意识，等这个符号再度出现，人们便会自然地联想到它蕴含的意义，文字便应运而生。文字由最初的象形状态逐步抽象化，最终变成现今的样子，从这一过程中我们可以看出文字是一种符号。符号也可以蕴含文字所能够表达出的含义。

互联网域名竞争的现实促使大批新词诞生。在《短！微讯息时代写作的艺术》一书中，作者约翰逊强调:创造新词是微讯息强有力的传播手段之一。他罗列出了七种常见的造词方法：

> (1)重新利用现有的名词，如Apple，spam(垃圾邮件)；
>
> (2)拼合两个单词，创造一个新的复合词，如YouTube，website（网站）；
>
> (3)将两个单词部分拼合，如Technorati，Defeatocrat;
>
> (4)给一个单词加前缀或后缀，如Uncola（七喜：非可乐）、Feedster（RSS搜索引擎）；
>
> (5)随意组合音节造词，如Bebo（社交网站）；
>
> (6)仿造或做文字游戏，如Farecast（机票价格预测网站）；
>
> (7)首字母缩略词，如GUBA（很好、好、坏、很坏的评价）、SCUBA（水肺潜水）。

拼合显然是创造新词常用的方法，这与“老元素新组合”的创意经典套路非常契合。但是，对老元素的运用，如被称为“腐词”的生僻词语的再拼合，也在考量着命名者的勇气和智慧。

在海量信息铺天盖地地占领人们生活的时候，注意力经济迅速发展，人们指尖的创作速度变得越来越快，概念文案的用语也逐渐趋于日常化、口语化，一些书面用语显得老旧而正经，那些深奥甚至有些生僻的词似乎并不常被创意概念文案所吸收。一些文案撰稿人力求创新时可能会不断翻查字典，钻进“腐词”库当中怎么都出不来，终于费尽力气找到一个颇具新意的词，最后却发现没几个人能明白它的意思。其实求新不见得一定要寻找新词，在避免生僻和晦涩的同时，推陈出新、旧词新用，因为在“腐词”中

① 里夫金，萨瑟兰.品牌命名：世界知名品牌背后的故事[M].林海，译.北京：企业管理出版社，2011:215.

寻找所谓“美文”所需的素材，的确有一定的难度。

例如“世说囹圄”（见图2-9）——一个发布法制、执法信息的微信公众号，“囹圄”一词意同“监狱”，再加上借鉴了传世佳作《世说新语》，可见此名称是撰稿人冥思苦想的结果。然而在搜索引擎中敲入“囹圄”两字，搜索量前两位的问题竟然是“囹圄的读音是什么”，以及“囹圄的意思是什么”。用词考究固然值得赞赏，但是钻牛角尖，甚至是掉进这些“腐词”当中，想要使用书面、“正经”的词含蓄地表达多重含义，或许只会适得其反。

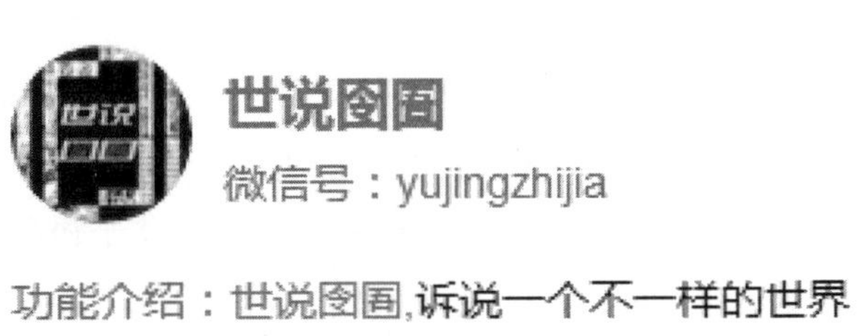

图2-9 “世说囹圄”微信公众号截图

在茫茫微信公众号海洋中，这样一个概念文案不够直接也不够引人注目，网友们不会去细想其中的含义，生僻的“腐词”本身带给读者的语音层面的信息就更少。人们在阅读概念方案时虽不会出声朗读，但想必会在意识中默念一遍，将看到的文字信息转换为语音信息，在大脑中做出反应；而生僻字出现的时候，大脑还未来得及反应出它的语音和意思，读者的手指就已划到下一页的内容去了。

追求深奥的“美文”，结果却不尽如人意，然而除了这样咬文嚼字也非要挤出些所谓“创意”的概念文案外，对“腐词”的运用其实也另有门路。当“腐词”不在句子中充当最重要的部分时，它或许正像风景宜人的小路上的一块巨石，虽难“啃”，但也不失为一种特色，融在景中似乎也别有生趣。

甘冒创意之险虽好，但一定要遵从常人的认知习惯。华与华创意营销机构在为西贝莜面村命名的过程中，就巧妙地利用两个全球通识的语言符号规避了再为消费者补上识字课程的尴尬。

“♡”（心形）作为常用符号之一，表达的是“喜爱”的意义，将其置于不同的文化背景下也鲜有差异，它几乎是世界通用的一种符号，这是华与华找到的第一个超级符号。“莜面”的“莜”字属生僻字，除用于这种特殊的食物名称外几乎没有其他用途，如果只是看“西贝莜面村”的店名，恐怕大部分中国人并不能正确地将它读出，添加拼音“yóu”之后，再加入“♡”这个超级符号，这一名称就变成了世界上最动听的表白“I love you”！超级符号“♡”加上超级话语“I love you”，通俗易懂，从而实现了一个品牌概念文案的精确而完美的命名（见图2–10）。

图2–10　“西贝莜面村”logo

语言连接着思考。经济学家哈耶克曾说：说不清楚的事情，往往是还没有想清楚。“想”的过程其实就是一个将概念文案定位为“可想象的计划”的过程，这对传媒领域的创意人群而言尤为重要。徐帆和徐舫州在《电视策划与写作十讲》中总结了四个方面的因素：（1）社会环境因素：一个创意方案的确定，应该考虑其发布时的外部环境，这就包括大时代背景下的社会环境、文化心理、坊间话题、电视观众的收视心态及方案发布时的时效时段与空间地域。（2）政策因素：电视创意的确定，必须考虑到相关方针政策、法律法规、宣传口径、舆论导向、媒介角色、话语权力等方面的影响。（3）媒介竞争因素：电视创意的落实，应该对相关电视机构、节目类型的发展历史和水平现状有充分了解。同时，电视创意还必须考虑其他电视台、频道、栏目相近时段在制播的节目内容。（4）目标选题因素：如何确定一个选题的恰当位置？其实，就是为它寻找一个合适的坐标点。最后这个因素非常重要，只有在以行业、领域、部门、群体为横轴，以历史、时间和时机为纵轴的交接处，才可以确立一个节目的创意概念。[①]

王伟忠被称为台湾电视教父，是著名的综艺节目制作人，也是资深的电视创意人。在他担任制作人的系列节目中，精心准备的节目概念文案及其精准定位，对节目影响力的扩大起到了非常重要的作用。从《全民大闷锅》《我爱黑涩会》到《大学生了没》《全民大贱课》，都是具有两岸影响力的品牌栏目，但他的创意代表作无疑是《康熙来了》（见图2–11）。当2004年这档节目开始创意的时候，原来的节目名称只是取自播出时间，名为《奇怪十点钟》，创意水准仅为平庸级别。后来，节目确定由蔡康永和徐熙娣联袂主持，两人一个知性、一个搞笑风趣，带来亦庄亦谐的惊喜效果。节目名字因此由最初的《奇怪十点钟》改为《康熙来了》，“康熙”二字分别取自两位主持人姓名的第二个字：蔡康永之“康”和徐熙娣之“熙”。由于节目名字是康熙大帝的双关语，片头又设计了中国古代藏宝盒形式的开场动画，节目一经播出，就以强势的传播力和高收视率引

① 徐帆，徐舫州.电视策划与写作十讲[M].杭州：浙江大学出版社，2009：74–77.

爆了大中华电视综艺圈。在王伟忠及其团队的创意运作下，《康熙来了》以一个具有大中华风范的概念文案引领了两岸的综艺创意新潮流。

图2-11　概念文案——《康熙来了》

创意人头脑中要有个永动机，时刻保持敏感，这样他才会感受到创意的召唤。立足于一个个问题织就的大小网络中，找到它们的最大交集点，聚焦并框定最核心区域，在多维比照中找到全面阐述、精确生发的坐标点（见图2-12）。创意的精髓在于事物之间的联结，不同事物的不同联结方式可以创造出新颖的创意。分析与整合就是发现事物之间的内在联系，并借由一个个关节点映射出文案策划的全息面貌。背景、观点、做法、效果，既面面俱到，又风格卓然，从而形成较完备的概念文案创意体系。

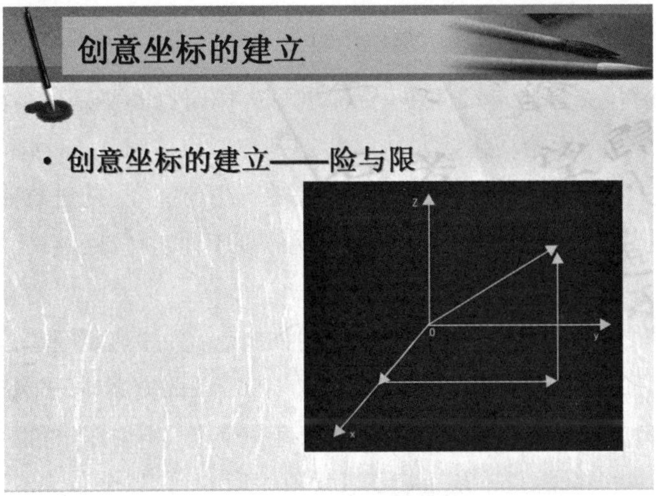

图2-12　创意坐标的多维度：底线与风险

虽然创意时空是无限的，但创意人需要掌控自由的底线。正如《电视策划与写作十讲》中强调的第一点和第二点，社会环境与政策层面的因素在创意文案的发布中一定是不可忽视的。

2016年爱奇艺推出小S主持的网络综艺节目《姐姐好饿》（见图2-13），其制作班底与《康熙来了》几乎一样。节目每集请来不同的男神嘉宾，小S继续以大胆的互动、调戏风格吸引观众。2016年12月20日，国家新闻出版广电总局发布《关于进一步加强网络原创视听节目规划建设和管理的通知》，正式宣布针对网生内容启动“备案登记制”。《Hello！女神》和《姐姐好饿》等部分网络综艺节目被下架整改，原因正是节目从名称到内容尺度都过大。

图2-13　概念文案——《姐姐好饿》

创意是一场冒险，风险自然存在。资深创意人同时也需要是一名目光老练的把关人。这样的职业素养，无论在传统媒体时代还是在融媒体时代，都亟待加强。CCTV前任台长杨伟光先生堪称电视创意人的典范，他的开拓与坚守、前进与妥协，保障了1993年的首轮新闻改革安全着陆。他的创意策略就体现于他对创新栏目概念文案发布的把控力。

1992年改革之初，新栏目只有一个抽象的大概念：关注热点问题，时长40分钟。在为栏目命名的阶段，当接到节目策划团队《新太阳60分》的方案时，杨伟光给予了否定。他回忆道：“我考虑这可能会产生歧义。因为有一个老太阳，东方红，太阳升。如果用‘新太阳’，别人就会联想是不是否定了老太阳。所以我说这个名字不好。”①经过反复

① 张洁，梁碧波.点燃理想的日子：我与《东方时空》二十年[M].北京：生活·读书·新知三联书店，2013:4.

斟酌和讨论，杨伟光将即将诞生的新栏目命名为《东方时空》。名字确定之后，为了让这档关注热点问题的栏目生存下来，他又建议将其安排在早间时段播出，因为在这样一个"垃圾时段"很少有人看电视。恰恰是杨伟光的创意策略，让以《东方时空》为代表的新闻杂志节目成为首轮新闻改革最重要的硕果，他不仅开创了中国电视的早间时代，而且改变了中国电视的语言生态。

没有规矩，不成方圆，这句谚语适用于任何一个领域。任何无与伦比的创意都需要在政策和法律的框架中奔涌。是否遵循政策规定，是否符合法律条文，决定了创意作品最终能否与自己的目标受众见面。只有认真研读相关法律规定和文化管理部门的各项规定，才能让创意及其形式、内容合理地规避某些敏感点，否则即使不被取消发行资格，也会在漫长的审查过程中失去发行的最佳时机，或者被"勒令下架"，影响声誉。

当然，遵循政策与法律并不意味着钻政策与法律的空子，或者同政策与法律对峙，而是要学会"戴着镣铐跳舞"。国家的政策、法律规定有其自身存在的合理性，文案创作首先要充分理解相关规定的内涵和意义所在，发挥主动性和积极性，使创意既精彩绝伦又不跳脱法律框架。只有这样，精彩的创意概念才会安全着陆，进入具体的操作和执行阶段。

第四节　做与作：灵感与写作

第一步，进入瑜伽练习：把手放在胸前，诵念"唵"三遍，这会使每个人感觉到有一种心灵感应穿过全身；揉搓双手；像说"是"一样上下点头三次；头部顺时针方向转动一周，再逆时针方向转动一周；按摩颈部，驱散酸痛；保持坐姿，双手紧扣于背后；挺直上身而坐，将左手放在右膝上，右手放在腰背部；揉搓脸部，双臂向上，使肩膀尽量靠近耳朵，紧握拳头，深吸一口气，呼气时像狮子一样咆哮出来。

第二步，开始写作练习：狮吼练习会增加伸展运动激发出来的轻松感，闭上眼睛，深呼吸三次，感受空间的舒适性及体内的惬意，然后自然地进行写作。

第三步，呼吸练习：当所有的动作都按照呼吸的节奏去做时，我们能感受到生命的流淌，在写作中也会有这种感受。深呼吸三次，将自己的身体想象成一个铅笔画的轮廓，然后用呼吸去填充这个轮廓。

第四步，写作练习的主体部分：当我们意识到自己的呼吸时，就会意识到身体的存在。深呼吸三次，以引导式的冥想方式进入一种深刻的感官记忆，用五种感官获取记忆的感性力量。

第五步，静思冥想：留心自己的呼吸，观察自己是否心神宁静，这时候就应该去看看人究竟有没有可能将意识从思想变为现实了。

以上五步是笔者的整合简化版本，来自英国威尔士班戈大学创意写作教授伊莱恩·沃尔克编著的《创意写作教学：实用方法50例》。书中写道："我喜欢把写作想象成这样一个过程：始于心，达于脑，顺着胳膊往下，最终抵达双手。瑜伽也不是只要身体弯得像一个双圈饼干就可以了，而是要你去呼吸、敞开胸怀和冥想。因此，瑜伽和写作都是身体、心灵和精神的契合。"①

作为一种创造性极强的写作，文案写作更近似"纸上瑜伽"，是一项既烧脑又需跑腿的脑力和体力活。艰苦的调研和对灵感的寻觅同时进行，考验着文案人的耐力与智力。

是的，创意的生成也许偶尔受益于天赋，但绝大部分源自对规则的遵守以及反复的练习。"最简单的道理总需要最艰苦的练习"，詹姆斯·韦伯·扬晚年从事创意教学和研究，他在《创意的生成》一书中分享了创意生成的五个步骤。

第一，收集原始素材——无论这些素材是关于当下课题的特殊素材，还是来自不断积累的常识之库的普通素材。

第二，在大脑中反复研究这些素材，将之不断咀嚼、消化和吸收。

第三，孵化阶段，将不同素材交给你的潜意识去整合。

第四，创意的诞生，也就是你大声喊叫"有了，我找到了"的阶段。

第五，创意生成的最终阶段，你需要将它应用于现实世界，并做出进一步的修正与发展，以符合现实。②

对于第一、二、三点，本章第一、二、三节分别进行了阐述。经过艰苦的调研与练习阶段，在第四点中终于与"灵感"邂逅，这无疑是创意文案人的高潮时刻。灵感转瞬即逝，极易成为泡影，所以，写出来的灵感才是灵感。为完整地抓住最佳创意，文案人以个性化的记录方式将灵感付诸笔端。

来看看文案大师们的做法。《全球一流文案：32位世界顶尖广告人的创意之道》一书中几位大师的写作癖好让人印象深刻：埃德·麦凯布深知灵感的出现常常毫无征兆，突然却又易逝，因此每当灵感闪现，"不论身处何地，我都要将它记下，这种冲动威力无边。我在鞋垫上写过广告，在朋友和情人的皮肤上写过，在我自己的手上、脚上写过，还在完全陌生的人的衣服上写过……"虽然这样的记录方式听上去有些鲁莽和失礼，但是

---

① 沃尔克.创意写作教学：实用方法50例[M].吕永林，杨松涛，译.北京：中国人民大学出版社，2014:55–57.

② 扬 J W.创意的生成[M].祝士伟，译.北京：中国人民大学出版社，2014:77.

很多优秀的创意也正是因此而得以保存；更多的文案写手还是更偏向于找一个舒适又安静的环境，像苏茜·亨利那样“坐在家里，并把脏兮兮的电话线拔掉”，然后才准备好纸笔，动手写作。不过写作的具体过程也各有其章法，例如克里斯·奥沙会“先在便笺簿的三分之二处自上而下画一条线。左边较大的一块用来写真正的文案，较小的一块则作为‘点子库’以备后用——讨巧的短句、结尾的思路、有趣的文体风格会在我写作时冲进我筛子般的大脑，如果不记下来，它们就再也回不来了”。虽然灵感的出现看似没有规律，但有心的文案人却会巧妙地引导它们出现，而不是被困在一些“坏”的想法中跳不出来。戴维·阿博特会在写作时“把陈词滥调和华而不实的词句写在页边”。他说：“这些东西塞满了我的脑袋，我发现，我要想解脱，就只有把它们写下来，如果只是试着不去想，它们就会像青少年下巴上的青春痘一样，冒个不停。”

当然，只要对灵感有益，创作人保留着创作时的一点怪癖没什么不好。戴维·阿博特喜欢“写作时，使用雅丽200 0.4mm细字笔——只用蓝色，不用黑色”。他说：“通常我用A3纸，但有时也会换成A4。”[①]当然，你也可以使用粗笔和大纸，可以用上眉笔和餐巾纸，甚至像埃德·麦凯布一样在桌布上涂写。大仲马和法朗士像是强迫症“患者”和随意者的代表。大仲马只用专门定制的方格纸写作，不然傲娇地不写，他甚至要求不同文体对应不同颜色的稿纸，小说用蓝纸，诗用黄纸，其他用浅红色纸。法朗士则远没有如此傲娇，他表示“人生在世，随意便好”，对稿纸没有特殊要求，从不存储专用稿纸，随意到手边有什么纸，就拿什么纸写作，请帖和名片的背面、皱巴巴的旧信纸等，都可以拿来作为他创作的稿纸。[②]工具非常重要，或者不那么重要，对于他们来说，灵感的记录才是最重要的一个步骤。

对灵感格外宠溺，只因为灵感奢侈而昂贵。对于文案人来说，灵感的获得殊为不易。

在《创意写作：基础理论与训练》的课程框架中，创意文案被定义为“生产类创意文本”，不同于欣赏类阅读文本和工具类功能文本，生产类创意文本的创作是“一种特殊的写作”。作者许道军和葛红兵将文案的写作者称为“寂寞的写作者”：除了极少数创意大师或者创意者现身说法，我们很难知道一个优秀的生产类创意文本作者的姓名。我们能注意到的文本其实是整个文本冰山的一角，当然，这一角应该是创意精华——最需要和最值得展示的一部分。[③]《文案发烧》一书曾提及《滚石》系列广告“想象/现实”（Perception/Reality）的例子：“获奖广告年鉴上的佳作只是冰山一角，那些被淘汰的设计也许很多年来都只能躺在撰稿人比尔·米勒的办公室里，草稿堆得足

① 克朗普顿.全球一流文案：32位世界顶尖广告人的创意之道[M].邹熙，译.北京：中信出版社，2013.

② 中外作家文人写作怪癖大揭秘：泡浴缸豪饮自闭小黑屋[EB/OL].(2015-08-21)[2017-10-18]. http://www.takefoto.cn/viewnews-518224.html.

③ 许道军，葛红兵.创意写作：基础理论与训练[M].桂林：广西师范大学出版社，2013:76-78.

足有4英尺（约1.2米）高。”能够从这“4英尺高”的草稿中脱颖而出的概念，才是真正被人们称作“灵感”的东西。

记录灵感，尤其是最初阶段——核心概念的生成，是一切的起点。这无异于要求文案人用自己的创意去填满一张空白的纸。相关的想法会接二连三地闪过，如何从庞杂的念头中挑选出最适合、最贴切的那一个？又或是，当文案人满怀激情地从脑海中挑出一个自认为绝妙的想法时，它是否能经得住反复的推敲和时间的考验，这又从何得知呢？这就要求我们首先将这些点子写下来，无论有趣还是枯燥，任何一个从脑海中闪过的念头都应被记录下来，正如美国抽象艺术大师内森·奥利弗瑞（Nathan Oliveira）所说：“所有的艺术作品其实都是源于对第一笔线条的不断改善。你必须要把它先画出来，尽管那是最难的一步。”

如何迈出最难的一步？即使是写作老手，拖延症也是无可避免的。“所有的作家都憎恶写作。”这是德高望重的美国剧作教授理查德·沃尔特在早年担任好莱坞编剧的时候就彻悟的道理，也是他让所有希望成为编剧的年轻学生谨记的第一条基本规则。

“原来我不是唯一的那个畏惧空白纸张的作家，每天挣扎地拖着自己坐到写字台前，磨蹭偷懒，为了不把手放在键盘上而从地毯上捡线头。我相信，这种恶劣的习惯属于所有的作家。”在好莱坞编剧协会组织的罢工游行上，沃尔特和其他知名、不知名的编剧们一同分享了身为作家的各种拖稿借口，以及为了延迟写作而使出的或聪明或怪异的伎俩：“其中一个作家说他是茫然地盯着窗外的车辆，当数到第十四辆后面有内布拉斯加车牌的汽车开过去后，才开始写作。另一位编剧说，他开始写作前要播放柔美动听的爵士乐作为背景音乐，把所有的铅笔精心削好，测试打字机的色带，最后还要……给冰箱除霜。”

虽然迈出了最难的一步，但后续的写作并不是水到渠成的。文案写作随时都会卡壳于创造性思考的阻滞旋涡之中。《机器学习：第一次邂逅》一书指出，创造性思考并不产生于有意识的思维活动，而主要源于人的无意识思维活动。当你想到一个问题时，这个问题会自动转入无意识的思想海洋中运行，直到大脑认为这个问题得到了足够的思考，你才会再次意识到这个问题的存在，并得知问题的答案。[①]我们应该注意到，概念文案的创作过程是纷繁复杂的，这个过程一定是充满痛苦和欢喜的。当大脑凝滞、无法继续运转，写作无法继续时，应该怎么办？

继续写！这是写作老手的经验，也是写作大师的忠告。

朱莉娅·卡梅伦投身艺术创作30多年，被称为“创作教母”。在其著作《创意，是一笔灵魂交易》中，她以自创的方法论，帮助很多面临创作瓶颈的创意人实现了创造力的

---

① 人在什么时候灵感比较好[EB/OL].(2015-04-17)[2017-10-17].http://www.360doc.com/content/15/0417/08/22802456_463805530.shtml.

突破。“晨间笔记”是卡梅伦夫人着力推介的核心训练工具。

作为已经坚持写晨间笔记20年的人，朱莉娅·卡梅伦建议必须用12周的时间连续写作晨间笔记。什么是晨间笔记？就是三页手稿，严格地说，它就是一种意识流。在纸上随手记下你脑中想到的东西，无论事情多琐碎、多无聊、多愚蠢、多怪异，你只管放心大胆地写下它们，“琐碎、愤怒、抱怨”恰恰是阻碍你与创造力连通的因素。正如诗人罗特克所言：无法平静下来的心智，等于没有心智。初期没有任何价值的晨间笔记正有助于我们平静下来、发现问题；写作晨间笔记也是发掘和修复创造性自我的过程，在创作的道路上，消灭我们的创造力自信的有局外人，也有自己。每天晨间不管不顾地写作，不再理会“审判官”的冷嘲热讽，同时摒弃自己暗中作祟的完美主义倾向，对于来自外界和内心的声音，就能在写作的过程中区分真假，明察秋毫。①

“不能讨价还价”是卡梅伦夫人对于晨间笔记写作训练人的要求。无论写什么，每天晨间三页纸一定是定时定量的。“有时你觉得自己创作的都是索然无味的垃圾，但最有创意的作品往往会在此时诞生。”正如im2.0执行创意总监李浪所说：“灵感在你的头顶飘忽不定，飘在外面的灵感，就像无家可归的弃儿，当你拥有并培育了它，它才会身价飙升，甚至一夜倾城。”

持续性的晨间笔记写作赐予我们的是一段既克制又自由的创意时光。它是新手养成写作习惯的好方法，也是资深写作者重新检验创造力的好方式。它也是詹姆斯·韦伯·扬阐述的创意生成的最后阶段：创意生成的最终阶段，你需要将它应用于现实世界，并做出进一步的修正与发展，以使其符合现实。

第五节　概念中的文字

2017年5月5日晚上，网易云音乐App给用户推送了一条题为“你这么爱听歌，一定活得很难过吧”的信息（见图2–14），顿时惹怒了众多铁杆粉丝。这些粉丝往日在使用App时首选网易云音乐，认为它创造了一种新的音乐文化，但是这一次，用户们感觉自己被自己所钟爱的App嘲笑、讽刺了一把，许多人纷纷在微博上表示要卸载网易云音乐，并且在网易云音乐的微博下留言评论，要求道歉。

① 卡梅伦.创意，是一笔灵魂交易[M].庄云路，译.北京：中国人民大学出版社，2012:19–22.

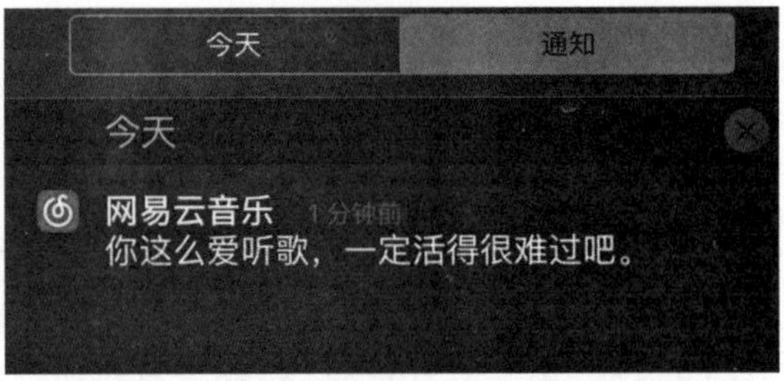

图2-14　网易云音乐“丧”文化概念文案(1)

网易云音乐的官方微博未作出任何回应，只是在第二天推送了一条新的文案，加上了一句“听到这样的歌你还高兴得起来吗？”而原先被吐槽的文案变成了副标题（见图2-15）。

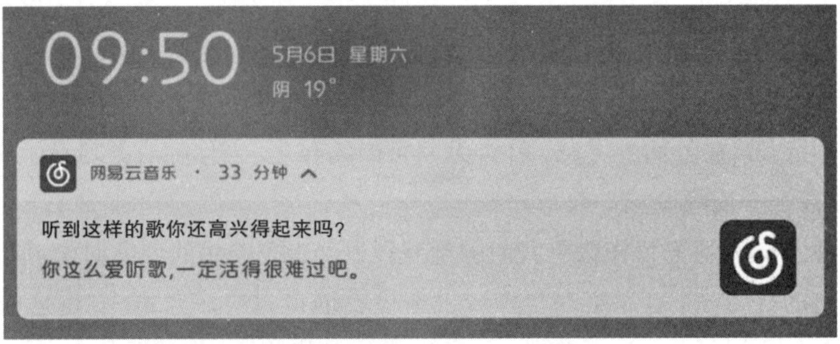

图2-15　网易云音乐“丧”文化概念文案(2)

这个案例可以从多种角度予以分析。一方面，许多用户认为这类“丧”文化的文案无视用户感受，甚至有些粗暴，但与此同时，也有部分用户表示被戳中伤心处，反而得到了释放悲伤和压力的契机。网易云音乐的官方态度似乎是并不打算取悦用户，“听音乐的人是孤独的，只是用户自己没有意识到而已”。这种“高冷”情怀的风格文案向我们提出了一个有意思的问题：这次的文案究竟是成功还是失败呢？到底是卸载的人多，还是又下载的人多呢？

随着社交媒体逐渐走进大众的生活，微时代的概念文案在语言风格方面也发生着微妙的变化，“网易云音乐”微信公众号从主标题到副标题，其表达风格与受众保持着有分寸感的疏离与亲近，让人觉得既陌生又熟悉。

约瑟夫·休格曼（Joseph Sugarman）在著作《文案训练手册》中将“一则广告里的每一个元素都是为了引导读者去读第一句话”作为文案创作的一条公理，这不免让人思考，倘若文案中所有元素都是为了让受众去读第一句话，那么第二句话存在的意义又是什么呢？约瑟夫·休格曼给出的答案是：“第一句话的唯一目的是为了吸引读者去读第二句话。”

吸引法则是“标题党”们笃信的真理。如何在日趋混沌的互联网江湖中建立更有效的吸引法则？除去剑走偏锋的“丧”文化，还有更多的原则被发现。美国市场调查公司Takipi分析了网络上最受欢迎的100篇博客文章，最终整理出撰写标题的要义。

给你的读者数字——越大越好。研究发现，标题中数值越大的文章，传播范围越广。例如“8个做……的原因”“15条……的要点”。越是多样化、操作性强、可读性强的标题，就越容易引人注目。

能用数字就不要用文字。“10种……”要比“十种……”更为有效，这是一个很容易记住的小要诀。

把数字放在句子的开头。“5种社交媒体改变世界的方式”要比“社交媒体改变世界的5种方式”效果更好。

当然，不是所有的文章都在列清单，在其他情况下，标题的撰写也可以考虑这些原则：

每个人都想知道“我该怎么办”，要用“指南”“初学者须知”“5分钟学会”或者“DIY”满足大家的求知欲。训练有素的文案写手都知道，一个有效传播的标题之所以有效，是因为能够让读者学到更多。正所谓有干货才是王道，因为每个人都有积极向上的求知欲。只是看过太多“如何XXX”的文章之后，再好奇的宝宝也会审美疲劳，迷失在各种指南技能汇聚的汪洋大海中。该如何破？武侠中的剑走偏锋讲究的是一击致命，文案的江湖，也是同样的道理——专注而直接的说明要比泛泛而谈更夺人眼球。“如何更好地管理你的时间”和“5分钟学会更高效地管理时间”相比，后者的优势正在于表意具体、要点集中。

那些如同病毒般传播的标题关键词，也同样值得关注：聪明、惊呆、科学、历史、黑客、巨大、批评……分析能力强大的研究软件甚至总结出了撰写一个高点击率标题的公式：

数字/引发词+形容词+关键字+承诺=标题。

例如，一篇介绍如何给猫咪洗澡的文章，可以命名为“如何给猫咪洗澡”，也可以起名叫作“18种绝妙的猫咪洗澡方式”。“一天卖掉你的房子”，更好的公式套用方法则是“24小时内轻松卖掉你的房子”。

但是，当标题有了现成的公式，文案的创意将走向何方？当机器也能操作之后，文案写作的下一站，又在哪里？在“SEO就是一切”的网络时代，我们已经被太多的“标题党”包围。点击量、转化率、KPI成为每一个文案背后的压力指标，可是文案要的，仅仅是一串数字和一篇文字吗？

显然不是。虽然不断更新的网络语法在语言的丛林里茁壮无比地成长着，但它依然生长于百年老树的荫翳之下，根系依然在吸收着经典的营养成分。

双关与隐喻是文案写作中难度较高的动作。一语双关的策略在概念文案的表达中屡见不鲜，谐音的运用是其中的一种，如《明周刊》2014年7月14日第12期封面上的“习引力”。

把多重意思装进一句话中看起来颇具创意，领会双关句表层义之下的另一层含义时，受众会产生如同解开谜题一般的成就感，对文案产生兴趣，从而会心一笑，这时双关便成功地发挥其作用、完成其使命了。

另外一种常见的双关形式则是不琢磨谐音，不用同音同义词替换，而是挖掘一词多义所带来的歧义。“1978年，萨奇广告公司（Saatchi &Saatchi）制作的一张海报，甚至帮助将保守党及撒切尔夫人在次年推上台。海报上画着长长一队人排队等候在失业救助部门口，而上方写着‘Labour isn’t working(工人没有工作，或者，工党已经不灵)’（见图2-16）。不管你对撒切尔夫人的看法如何，你不得不承认这是一句绝佳的宣传语。”①

图2-16 “Labour isn't working”海报

“Labour isn’t working”是双关中的绝妙创意,然而能否如愿得到这样的效果，似乎与运气有很大关系。冷幽默的味道不容易咂摸，双关的江湖也充满险情。因此也有文案人不赞成利用双关制造幽默的方法，例如路克·苏立文在《文案发烧》中所说：“双关语作为笑料中效果最差的一种，根本没有说服价值。想想还是可以的，写下来也行，但

① JOHNSON.短！微讯息写作的艺术[M].赵燕飞,译.北京：人民邮电出版社,2012:88.

是一定不要使用它们。”[①]盲目追求双关创意带来的效果并不见得会成功，使用的隐喻是否合适、是否易被解读都是问题，尤其是在阅读速度急速提升的今天，使用双关就更需要经过一番仔细的考量。

无论怎样利用双关，文案人都需深思熟虑的是其中的深层含义能否成功被读者提取并理解，正如奥格威在《奥格威谈广告》一书中所说：“某些撰稿人喜欢写寓意微妙复杂的标题——比如用多义、双关和其他隐喻手法，这会产生反作用。在一份普通的报纸上，广告标题要和其他350多个标题争夺读者的眼球。读者看报的时候往往一目十行，标题必须像电报文一样简洁地表达你想说的东西。” 在当下的微时代，读者们目光停留的时间更短，双关的使用必须足够直接，足够具有冲击力，切忌过分含蓄。中国建设银行在中央电视台播出的广告语文案可谓做足功课：“守诚者实，为公者益，求变者通，善建者行。”“守诚者实”为“诚实”，“为公者益”为“公益”，“求变者通”为“变通”，因此“善建者行”为“建行”。文案巧妙利用了多音字“行”的两个读音——“xíng”与“háng”，不免让读者赞叹其巧妙和含蓄；而为帮助读者进行更进一步的解读，标语下方特意注释“善建者”出自《道德经》（见图2–17）。

图2–17　中国建设银行广告语

在特定的情况下，大量的相同或相似信息出现时，一个微妙的双关语就成了点睛之笔。在节日的氛围中，铺天盖地的元宵节文案千篇一律，几乎所有的平台页面文案都被“元宵”两个字覆盖，了无新意，而“缘消”这样别出心裁的谐音双关就能够给人眼前一亮的惊喜，反倒能够激发读者继续阅读的兴趣（见图2–18）。这样一个讨巧的方法，便是双关的正确“打开方式”之一。

从双关到多关，概念中的文字穿越传统时代与微时代的风云，在致敬经典与新锐探索之间形成着自己的风格。

微信公众号“巧言”（见图2–19）的概念定位为：“我想把知道的大道理统统告诉你，为的是让你永远都过不好这一生。”这一介绍来源于韩寒的金句：听过了很多道理，却仍旧过不好这一生。这一巧妙的修改，使方案足够吸引人，让人不得不好奇这个

① 苏立文.文案发烧[M].赵萌萌，译.北京：中国人民大学出版社，2013:89.

公众号的文章内容如何让人过不好这一生。而微信号“tricky-word”有两层含义：一是警言，有警示、警醒之意；二是趣言，有调侃、幽默之意。两层含义相结合，便成了一个“巧”字，简洁明了，又寓意丰富。

图2-18　元宵节双关创意方案

图2-19　微信公众号“巧言”信息页面

产品设计界流传着一句口号——“Keep it simple and stupid”或“Keep it simple, stupid”（“保持简洁就好，傻瓜”），即KISS原则。这句话放在文案创意领域也同样适用，简洁绝非简陋或简单，而是深刻的简约，乃至精确。

关于写作要义，从学院到江湖有N条规则，凡是成为规则的东西，不是用来打破的，就是用来怀旧的。对于创意文案写作，尤其如此。关于概念中的文字写作，这里可以分享英国文案人多米尼克·盖廷斯总结的八条不成文的写作规则：

> 表达而且只表达一件事；用词不超过六个；不在标题中重复画面已有的内容；不用双关；展示正面而非负面的东西；遵守版面设计规则；遵守表述规则；遵守战略规则；遵守逻辑规则。

又是一个“不用双关”的写作规则！

此节将文案写作的重点放在“双关”上，并非因为笔者好打逆战，而是因为对它无比崇尚。双关应该是最经济、最简洁，也最精确的表达。这种写作方式适用于不同的时代，自然也应该成为文案人，尤其是超级创意阶层可以驾驭的职业码字功夫。

第六节　概念中的封面

“没有设计”，这是美国广告首席创意指导乔治·路易斯（George Lois）为《绅士》（*Esquire*）创作概念封面时的核心理念。

20世纪60年代，乔治·路易斯为《绅士》杂志创作了92个封面（见图2-20），被誉为最具天分、最叛逆另类的艺术指导。他坚决不同意把他为《绅士》所做的工作叫作“设计”：“我从来没有为《绅士》‘设计’过一个封面。最糟糕的出版社封面，甚至一本设计家年鉴的封面，永远都是那些被‘设计’出来的东西。一本杂志的‘脸’上，根本不应该有‘设计作品’的位置。设计是多种设计元素的协调，而封面是一种表述。封面应该产生视觉刺激，发出挑战，引起兴趣，产生诱惑，设下圈套，抓住人们的目光，激起人们的兴奋感，使人愉悦，让人激动，令人震撼，把人激怒，驱使人们被引诱，给予人们激励。它应该把不可抗拒的精神力量传达给读者，它应该俘虏读者。”

图2-20　《绅士》概念封面

艺术指导常被认为不通文字，只用视觉进行思考。但是，“从文字出发”，是乔治·路易斯的创意开启点，在其经典著作《蔚蓝诡计》中，乔治这样阐述：从文字生发出视觉形象的概念听起来有些奇怪，然而这恰恰是传达一个清晰创意的最强有力的方法。这种方法可以使创意扎根于人的思想与记忆。没错，一个画面确实能够抵1 000个

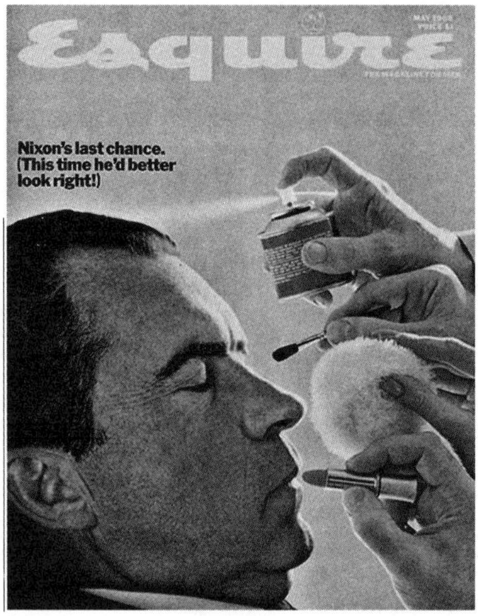

图2-21　以"尼克松竞选"为概念的《绅士》封面

字。但是，如果一个画面恰好是一个强大主题或口号在视觉方面的延伸，那么它的力量将获得巨大的提升。一个视觉画面有可能具有沟通作用并产生感染力，但是有可能向不同的人传达了不同的意义。与其说乔治·路易斯在进行视觉设计，不如说他在进行视觉化创作，他的作品特征用他自己的话总结就是"视觉社论——宣传的视觉形象"。

从黑人拳击家、印第安原住民，到尼克松的脸、安迪·沃霍尔的《金宝汤罐头》，乔治·路易斯通过一幅幅概念封面表现了美国的十年变迁。在尼克松被提名参与总统竞选前，乔治·路易斯将"一张尼克松打盹的照片"与"四只拿着化妆品的手"合成，并制作出了杂志的封面（见图2-21）。当本期概念封面被摆上街头时，他收到了来自尼克松幕僚的愤怒电话，而乔治·路易斯给出的回复是："你太不懂得幽默了，我只不过是对1960年那次电视辩论进行讽刺性评论！"[①]用视觉作品去评论政治，去发布观点，去描摹更复杂的一切，乔治·路易斯的创作方式已然超越了文字与图片的双重禁锢，获得了创意时空的创作自由。

"如果美国的平面设计中有任何值得保存的代表作，乔治·路易斯在60年代中期到70年代初期为《绅士》杂志设计的封面显然就在其列。这些封面被认为是在任何媒介中最有力量的宣传图像，当然也是令人难忘的封面设计。"《印刷》杂志在一篇回顾性的观察文章中给予了赞美式的总结。虽然是以人物为封面主角，但概念封面直指的是更驳杂的社会、政治和文化热点，乔治·路易斯被评论家称为"视觉的左拉"，这意味着自然主义的写作手法融合进了他的创作风格，"当许多不相关的视觉内容并列在一起，产生的是比真实还真实的效果。确实，也产生了一种离奇的效果"。

真实、离奇，两种由乔治·路易斯创设的概念封面风格并没有被中国本土版本的杂志所吸收，即使是向大师致敬的版本[②]，也变异为简单而缺乏内涵的噱头（见图2-22）。

① 路易斯，皮茨.蔚蓝诡计：乔治·路易斯大创意[M].何辉，译.北京：华文出版社，2010：237.

② Esquire的中国内地版本被译为《时尚先生》。

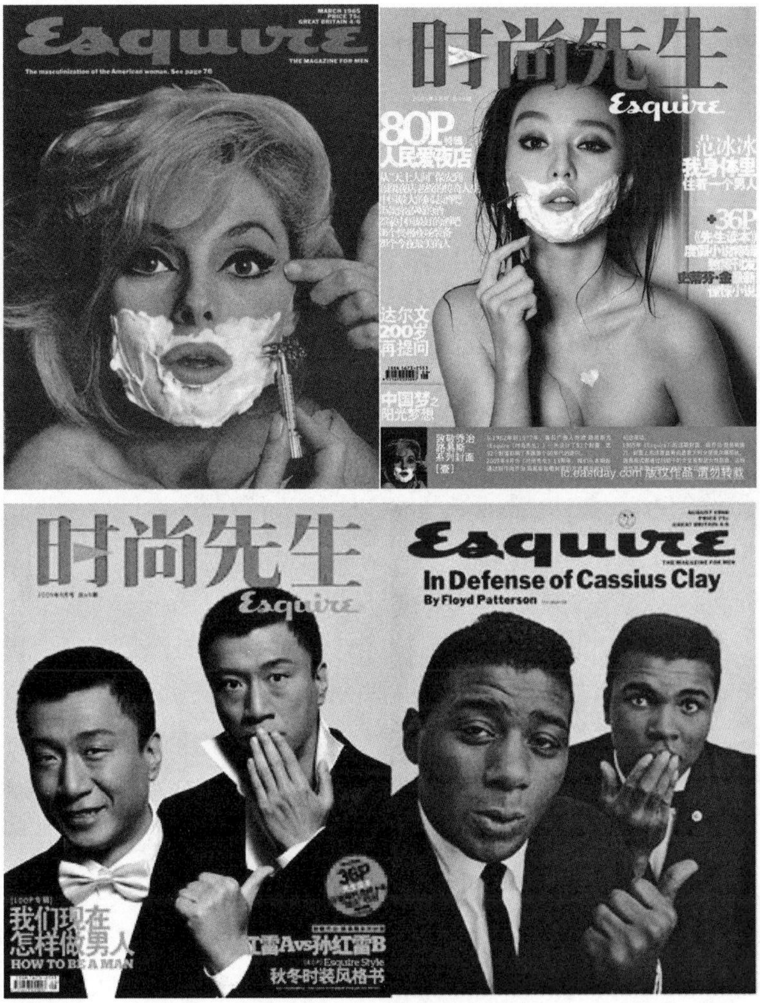

图2-22　中外版概念封面对比

德国哲学家马丁·海德格尔（Martin Heidegger）早在20世纪二三十年代就已经预言："世界图像并非意指一幅关于世界的图像，而是指世界被把握为图像了。"这句话可以理解为——当下，"图像时代"已经来临，人们越来越倚重通过图像来理解和解释信息。当众人都在模仿专家的口吻，谈论读图时代来临的时候，人们早已经失去了解读的耐心，唯剩对图片的感官热情。视觉文化的火花也许只燃烧于乔治·路易斯所处的20世纪六七十年代，及至今天，视觉日益亢奋，文化趋于衰微。

A big part of the story is lost when it becomes a movie.
当一个故事变成电影，大部分精彩已经流失。

——Sebo博物馆书店

准常识：电影毁原著

“电影毁原著”，一则书店文案（见图2–23）宣告了一种新的现实：书面文字传播正在被图片和影像传播所代替。美国作家玛蒂·库克曾说：“我们有搭顺风车的人、浏览的人、通过印刷媒介光看不买的人，但我们再也没有读者了。”

图2–23　Sebo 博物馆书店方案

不是没有了读者，而是没有了老派的纸书阅读者。新的读者，更准确地说，是融媒体环境下的刷屏和读屏人群。技术与艺术不断迎合彼此，在跨屏之间诱导着人们进入一个更为直观、不容思考的时代。当下，越来越多高端定位的杂志推出电子版本（见图2–24），我们和它的见面不再需要充满仪式感的实体购买和预订，我们在一指触碰间就能轻易打开它的“高贵”封面。

图2–24　高端定位杂志与电子版本杂志

阅读方式在变化，内容销售也在变异。乔治·路易斯曾经自豪地点评自己的概念封面的商业价值：“当我在1962年第一次为它设计封面的时候，《绅士》杂志还身陷赤字。5年之后，它的利润已经超过300万，我的封面设计肯定是帮上了一些忙的。”[①]2005年，当研究美国杂志的学者王栋采访时任《绅士》总编辑戴维·格兰杰时，两人之间的对话颇具意味。

① 路易斯，皮茨.蔚蓝诡计：乔治·路易斯大创意[M].何辉，译.北京：华文出版社，2011:230.

王　栋：《绅士》不再像以前一样，做概念性的封面了，为什么？

戴　维：因为当我们尝试概念性封面时，总是不会获得商业上的成功，就这么简单。……因为我想将杂志送到更多人手中，所以我必须能够促使人们购买这杂志的封面。但概念性的封面很难卖出去，因为人们必须花时间看一看、想一想，才能明白其中的道理。这很困难。[1]

并非40多年前的乔治·路易斯自恋，而是40多年后的戴维·格兰杰无法像他的前任——与乔治·路易斯默契合作的哈罗德·海斯一样，纯粹依靠每期文章的综述就可以和乔治·路易斯达成高度的共识，冲破禁忌和偏见，“努力创作大胆而与众不同的封面信息”。因为海斯时代的人们有的是耐心阅读杂志中长达7 000字的长篇特稿，而今天的人们喜欢“更多的图片、更少的文字”，用戴维·格兰杰的话说，“杂志有一种越来越弱智化的倾向”，商业上最成功的不再是以优美的文字取胜的杂志，而是购物杂志和明星杂志。虽然《绅士》在努力保持自己的风格，但如何变得“更加有趣、更加娱乐”，成为它新的定位和方向。

是的，不仅是内容中图与文之间的比例在变化，甚至封面的定义和模样也在被颠覆，当读者变成了自媒体的作者和记者，在云端的权力就不再只是由那些高傲的职业美术编辑、撰稿人和媒体记者掌控，从推特（Twitter）到脸书（Facebook）再到微信，每个互联网用户都在制作与发布着个体版本的微封面（见图2-25）。微封面的制作，更多是以随心随性的游戏方式进行，而不再是循规蹈矩的职业范式。

图2-25　脸书微封面

“世界市场上的词语供应非常丰富，但对词语的需求量却在下降。”——事情真的像《新闻周刊》（*Newsweek*）的列奇·威尔萨所说的那么令人悲观吗？其实，就好像各种有关“纸媒已死”“广播已死”“电视已死”的论调一样，这也只是一种说法而已。在信息内容愈加小众化的微时代，文字的力量从未消弭，而是用更加艺术、更加有趣、更加娱乐的方式与创意，以不同的姿态游戏，在不同介质的封面上“玩”得风生水起。

①　王栋.对话美国顶尖杂志总编[M].北京：作家出版社，2008:249–250.

从美国《新闻周刊》到中国《新周刊》《三联生活周刊》(见图2-26、图2-27),在图片面前,文字的尊严并未消失,而是以“关键字”“关键词”“关键段”的方式昭示着无可替代的能量。

图2-26 《新闻周刊》(*Newsweek*)封面

图2-27 《新周刊》《三联生活周刊》封面

尼古拉斯·米尔佐夫（Nicholas Mirzoeff）在其《视觉文化导论》一书中提到，视觉文化并不依赖于图像本身，而是依赖于将各种存在图像化或视觉化的现代发展趋向。这种视觉化使得当今时代全然有别于古代和中世纪社会，这样的视觉化在进入现代后是显而易见的，甚至几乎变成强迫性的了。换言之，如今的图像化、视觉化过程中重要的不仅仅是图片本身，还有将信息用图像方式进行传播的改变，即以生动有趣的图像代替或辅助诠释一些枯燥乏味的文字。在新旧媒体交融、读者群体变异的潮流中，文字的表述功能没有被弱化，反而需要以更高的创意度实现自身的再一轮龙门之跃。

这分明是一个"越互联、越无主"的时代，过渡时期的喧嚣与琐碎更需要概念的引领与点题，杂志、图书、海报，无论是纸质的还是电子的，无论是平面的还是动态的，封面在其中的作用都不言而喻。当我们不再纠结图与文的比例博弈，换来的将是从形式到内容的无缝连接。这个时代，无疑是最美好、最自由的创意时代。

2014年末，美国新闻博客网站“赫芬顿邮报”评选出了2014年度最佳图书封面，图2-28是该年度“最聪明、最漂亮、最富创意”设计之两则。

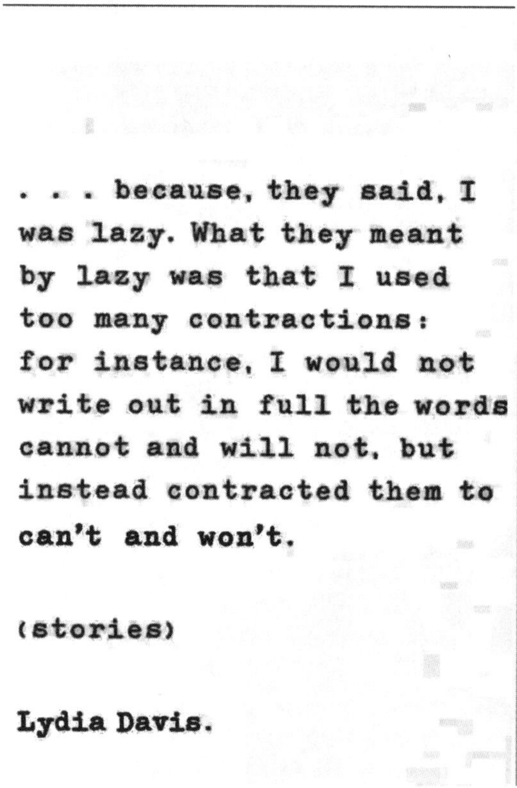

图书封面文案：*Can't and Won't*（《不能也不会》）

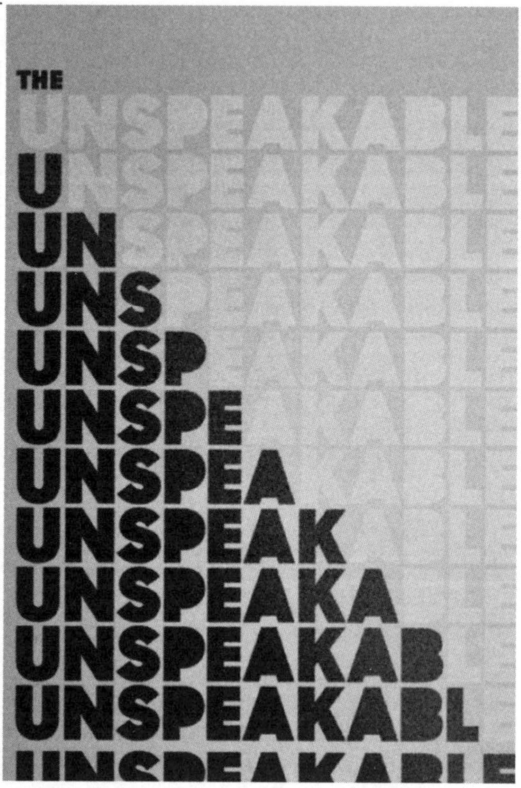

图书封面文案：*The Unspeakable*（《无法言说》）

图2-28　“赫芬顿邮报”网站2014年度最佳图书封面之二

是的，最美妙的创意总是无法言说，真的与图文无关。

第七节　A视角：创造“我”的话语

从出版至今，《圣经》（见图2-29）全球发行量已经超过40亿。

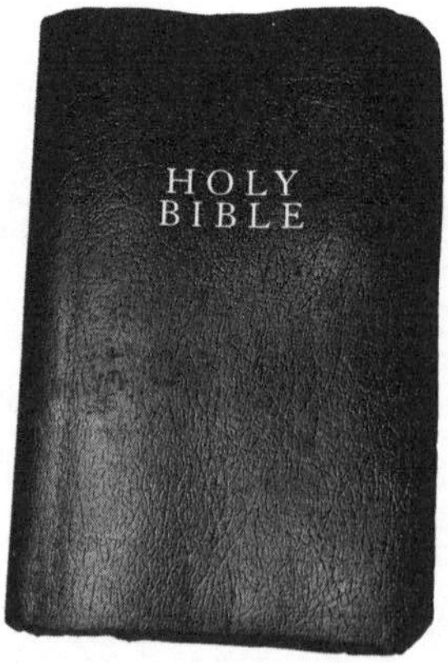

图2-29　《圣经》

> 我灵愁苦，要发出话语。
> 我心苦恼，要吐露哀情。
>
> ——《旧约·约伯记》

这本小小的册子以一种近乎无情的方式，在两千年前就揭示了我们今天所认识的一切："已有之事，后必有之；已行之事，后必行之；阳光之下，并无新事。"

可见，上帝的话语是永不过时的文案。

"也许这就是为什么一些比较成功的广告文案写手都十分熟悉创意黑皮书的原始版本——《圣经》。它不但阐释了你需要知道的一切人性弱点，还是一部相当实用的文体写作指南。"曾经为苹果公司工作了14年的史蒂夫·海登在《全球一流文案》中以"神的话语"向我们展示了文案语言风格所能达到的境界。继而，这位超级创意天才发出了深沉的感慨："即使是得了D&AD金铅笔奖①，我们之中又有多少人能让自己的作品被称为'神的话语'？"

说到神的话语，"神"在一生中只发出一种声音就足矣，如果说文案的目标是说服，那么神的话语只负责征服。这是伟大级别的概念家们无与伦比的腔调，无从拷贝，仅供膜拜。

神的话语的来源，一定是"现实扭曲力场"，它只属于苹果的乔布斯（见图2-30）。"现实扭曲力场"是一个来自《星际迷航》的短语，原意是外星人通过极致的精神力量建造了新世界，它与乔布斯喜欢掌控一切、执迷极端制作的个性实现了绝佳的匹配。

图2-30　苹果概念方案及封面中的乔布斯

① D&AD创意奖是久负盛名的全球创意奖项，1962年由英国设计协会创立，致力于推动创意设计、广告等领域的杰出创意成果的出现，其中，"金铅笔"及"黑铅笔"大奖被誉为全球创意设计奖项中的"奥斯卡奖"。

《史蒂夫·乔布斯传》的作者沃尔特·艾萨克森这样评述：“现实扭曲力场的根源在于乔布斯内心深处不可动摇的信念：世界上的规则都不适用于他。他觉得自己很特别：他是被上天选中并受到启示的。”[①]乔布斯的“大神”气质不仅彰显于他对产品细节的严苛把控，还表现在他的绝佳宣传文案创意上。

“这就是为什么1984不会变成《1984》。”一句反驳乔治·奥威尔小说《1984》的话，激发了苹果公司1984年Macintosh电脑发布文案的大创意（见图2-31）。当Chiat/Day广告公司李·克劳团队的文案人史蒂夫·海登尚在斟酌此句话时，乔布斯立即表达了深度的认可，并让文案团队投入创意演绎。

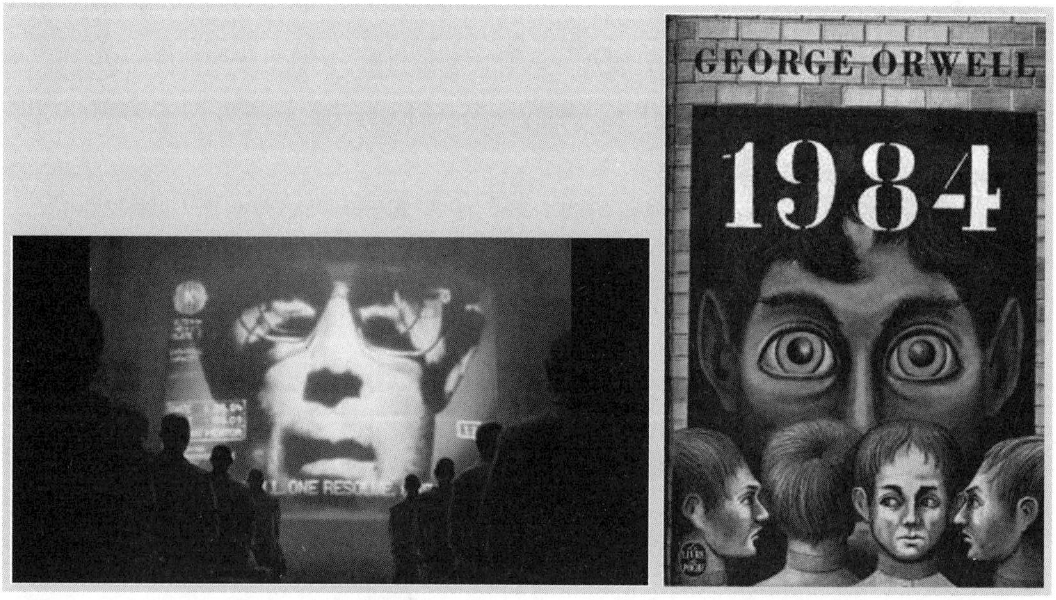

图2-31　苹果公司Macintosh电脑发布方案（1）

1984年是计算机发展史上的一个重要年份：苹果发布了全新的Macintosh(简称Mac电脑)。这是世界上第一台采用图形用户界面的个人电脑，与当时采用DOS命令行、纯文本用户界面的IBM PC形成了鲜明的对照。Macintosh的出现引发了一场个人计算机世界的革命。“我想要的是一声惊雷！”——乔布斯对文案风格进行了明确的定位。

当一名反叛的年轻女子飞快地从神情木然的傀儡公众中奔跑而过，勇猛地将锤子砸向大屏幕中的“老大哥”时（见图2-32），旧世界的一切在这一声巨响中被彻底颠覆。最后的喧嚣过后，屏幕上浮现出一行冷静的文字：

> 1月24日，苹果电脑公司将推出Macintosh电脑，你将明白1984为什么不会变成《1984》。

① 艾萨克森.史蒂夫·乔布斯传[M].管延圻，魏群，等译.北京：中信出版社，2011:108-109.

图2-32 苹果公司Macintosh电脑发布方案(2)

乔布斯执着追求的惊雷效果成就了苹果版《1984》的非凡气质，它同样宣布了苹果文案的话语特质：不是革新，而是革命；不是创新，而是创造。它充分表达了苹果的理念和目标：让人民而非政府或大公司掌握并操纵技术，让计算机变得普通人可及而非控制人的生活。

从“耐克的话语”“IBM的话语”到“必胜客的话语”，加之60多项各类创意奖，史蒂夫·海登的客户名单和获奖纪录堪称光鲜和辉煌。但论及他的文案话语，“苹果的话语”一定是他最为显要的标志。在《全球一流文案》中，他结合自己的文案生涯，给出了话语的历练之道。在这里，笔者进行了总结：

(1)模仿伟大的文案人，而不是模仿他的获奖作品集里的华丽样式；(2)想办法把客户居处的微小且束缚重重的世界和他们真正关心的更大、更明媚的世界联系起来；(3)在《圣经》中寻找优秀的标题；(4)研习乡村音乐与西部音乐的歌词，寻找文案的开场白；(5)以健康的心态来做文案工作，请勿嗑药、请勿酗酒、请勿抽烟；(6)拿出收入的10%左右去做些有意义的事情，付出一些时间来关爱他人、帮助他人，留心病态的自负。

当史蒂夫·海登谈到文案风格的打造时，有一段话现实而中肯："我们大多数人都不得不根据客户、受众、国家和抵押贷款来调整风格。不论你写的是什么产品的广告，见见董事长或总经理都是有好处的。如果他们是伟大的演讲者或者是卓越的思想家，如果你能撇开驱动着大部分企业的愚蠢与贪婪，他们听上去是什么样的？你的工作是创造出客户最好的自我。所以，捕捉他们的闪光点，并将其展示出来。"[①]

幸运的是，无论是史蒂夫·海登（见图2-33）还是李·克劳（见图2-34），他们与作为客户的苹果公司的文案合作案例皆会名垂青史。虽然文案人是"匿名写作者"，但是因为苹果，因为乔布斯，他们再也无法回到匿名者的行列。在苹果的话语体系里，他们以最佳合作者和联袂创作者的角色，各自成就了那个最好的自我。

图2-33　史蒂夫·海登

图2-34　李·克劳

1997年，苹果文案《非同凡想》(*Think Different*)再度释放出了能量，这几乎是概念文案的最高能量。

为了证明苹果"仍然生机勃勃"，乔布斯邀请李·克劳团队参与新广告创意。当李将"非同凡想"的创意脚本放到乔布斯面前时，乔布斯激动得潸然泪下。"这感觉就这么撞进了我的心，一下子抓住了我。那种纯粹我永远都不会忘记。他坐在我的办公室里给我看那些创意，我就忍不住哭了。每次一想到这个，我还是忍不住要哭。"《史蒂夫·乔

① 克朗普顿.全球一流文案：32位世界顶尖广告人的创意之道[M].邹熙，译.北京：中信出版社.2013:101.

布斯传》作者沃尔特·艾萨克森这样记录乔布斯的激情口述。

> 致疯狂的家伙们。他们不合时宜，我行我素。他们桀骜不驯，反叛忤逆。他们麻烦不断，惹是生非。他们像方孔中的圆桩。他们用与众不同的角度看待事情。他们既不墨守成规，也不安于现状。你尽可以认同他们，反对他们，赞美或者鄙视他们。不过你唯独不能漠视他们，因为他们改变着寻常事情。他们推动人类向前。也许有些人认为他们是疯子，在我们眼中他们却是天才。因为只有那些疯狂到认为自己可以改变世界的人，才能真正改变世界。
>
> ——苹果广告《非同凡想》

爱因斯坦、马丁·路德·金、约翰·列侬、拳王阿里、甘地、毕加索，那些改变过这个世界的伟人的照片逐一从镜头前掠过，他们都是乔布斯的偶像。最后，所有人记住的只有两个词——Think Different，以及一个彩色的苹果。时代的车轮滚滚向前，唯有“非同凡想”，才能非同凡响。为了与偶像的心灵呼应，乔布斯甚至亲自参与了文案团队的写作，更是在完稿环节贡献了自己的创意：“非同”不是副词，而是动词，是“Think Different”，而不是“Think Differently”（见图2-35）。

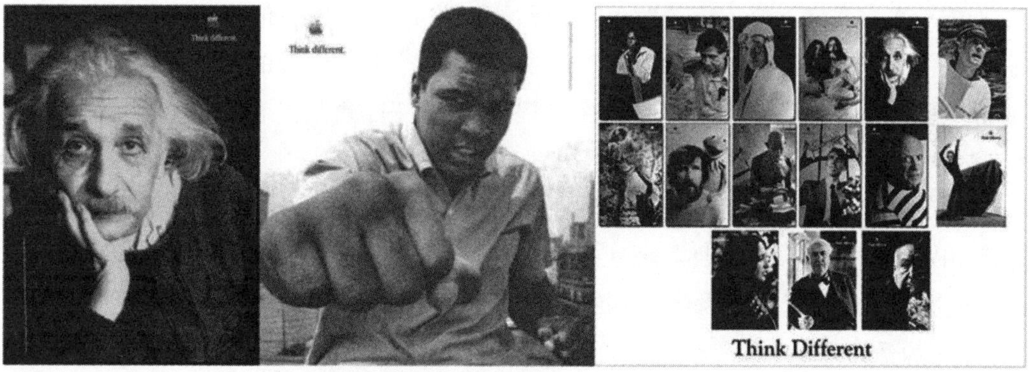

图2-35　苹果公司文案——《非同凡想》

乔布斯（见图2-36）所用的独特的语法强有力地表达出“Think Different”的多重含义，重建了苹果的品牌定位：苹果品牌代表的是那些跳出固有模式进行思考的人，那些想用计算机帮助自己改变世界的人。“Think Different”亦回应了IBM的长期口号“Think”，它让人知晓了苹果产品的远见和特质。朋克时代的文案，要拒绝雷同，反对传统，超越所有规则，创造属于自己的乌托邦。这个系列的文案帮助苹果完成了商业史上一次伟大的转变，重新找回了苹果曾在20世纪90年代丢失了的反传统形象，让它在离宣告破产只剩 90 天的时候完成了自我“救赎”，并使得今天的苹果公司成为拥有卓越创意基因的伟大公司。

图2-36 《时代》封面中的乔布斯

只要够独特，残缺的苹果也能卖遍世界，偏执狂一样的CEO也能成为被成千上万的“果粉”崇拜的“教主”。苹果教主乔布斯本身就是苹果公司最好的文案。“保持饥饿，保持愚蠢。”文案高手“乔教主”把这句励志名言留给了斯坦福大学的毕业生，他说：“当你问那些在创造性岗位上的人们是如何做到这一点的时候，他们可能会感到一丝内疚，因为他们自己也不知道是如何做到的，只是看到了一些东西的内在联系而已。”乔布斯所说的“一些东西的内在联系”是创新的根本，无论是思维创新还是物质创新，都是如此。文案也是如此，没有内在联系的文案是没有生命的玩偶，制作得再精美，也缺少了一丝生命的灵气。创新意识是文案人的较高素养，文案人的创新意识包括什么呢?

看到本质联系的第一步必须是了解和熟知。人们对于熟悉的事物，都有一种对常规的发生、发展过程的认知，比如春—夏—秋—冬是一年之中气候的发生、发展过程，生—老—病—死是一个生命的发生、发展过程，设计—生产—包装—上市—售后是商业活动的发生、发展过程，等等。第二步便是通过改变事物常规的发生、发展过程进行创新。通过分解过程、告知过程、颠倒过程、打乱过程、重复过程、交叉过程、增加过程、减少过程、延续过程、差异过程等方法来进行创新。

乔布斯有句名言：过程就是奖励。在洞察内在联系的过程中，最大的奖励是不断与自己的内心进行连接，于个性与理性的纠缠中提升创新思考的锐度。在文案的世界里，所有经历的划痕都会幻化为自己独特的文身，在创意神灵指引下，言语的魂魄从躯体中剥离，成为话语系统中另一个版本的自己。

“Think Different”的价值观决定了苹果公司的目标用户群体是那些具有“Think Different”价值观的用户，也就是“我（i）”系列产品的目标用户。一个字母浓缩了苹果以用户体验为中心，个人主义、简洁专注的风格，这也是苹果诸多创新特质的符码。此外，“Think Different”意味着放弃一些“Ordinary用户”，这种创造性的定位无疑也是一次冒险。手机是iPhone、电脑是iMac……字母“i”似乎成了苹果的代名词，解读“i”就是从另外一个维度解读“苹果的话语”。虽然最多的说法是“i”是象征“互联网”（internet）的缩略词，但是乔布斯本人却补充了“i”的含义：internet（互联网）、individual（个性化）、instruct（教导）、inform（通知）、inspire（启发）……他说：“对我们而言，‘i’还有其他多方面的含义，我们是一家个人电脑公司，尽管这款电脑是为互联网而生的，但它同时也是一款非常漂亮的独立产品。”

纯粹、傲慢、简洁、周全，苹果文案话语缔造了独一无二的“A视角”，既像上帝的俯瞰，高冷无比；又若知己的对视，言简意丰；更似自我的观照，静默如谜（见图2–37）。

图2–37　苹果文案话语的“A视角”

最后，让我们回到概念文案本身，从《1984》到*Think Different*，它们都是从苹果概念框架之下延伸出的创意概念。那么，苹果的创意究竟来自哪里？

蔷薇科苹果属植物果实，仅在中国就已经有两千多年的栽培历史，同时还是全世界种植最多的水果，是和《圣经》故事一样久远、普遍的存在。我们所知道的第一个苹果就是《圣经》中亚当、夏娃背着上帝偷吃的苹果。在吃苹果之前，亚当和夏娃没有任何分辨心，吃了苹果后，首先有了羞耻感。人类自从有了分辨心，就陷入了苦难和无尽的烦恼之中。有人甚至要烦恼一下为什么苹果要落到他的脑袋上，于是人类的近代科学从此生根发芽。

作家丹·布朗在《达·芬奇密码》里对牛顿、达·芬奇和苹果的描述使得“苹果”具有了浓厚的宗教意味。最后解开密码筒的答案正是“Apple”——“提彬一脸茫然,他回过头,看到了拱心石。奇怪的是,刻度盘已不再如刚才那样杂乱了。它们组成了一个由5个字母组成的单词：Apple。‘当年夏娃吃下苹果，’兰登冷静地说，‘触犯了上帝的盛怒,因此犯下了原罪,于是苹果就成了神圣女性堕落的象征。’提彬觉得真相以一种质朴得让人难以接受的方式朝他劈头盖脸地袭来,那个本来应该放在牛顿坟墓上的圆球竟然是从天而降、砸在牛顿头上并给他终生事业带来灵感的红艳艳的苹果,是他辛勤劳作的果实。”①

亚当这一口苹果咬得多么委屈，卡在喉咙里的苹果成了男性的喉结，苹果甚至作为原罪的象征，又被用在童话里引诱白雪公主，小姑娘竟因这一口苹果而死（见图2–38）。数学天才阿兰·图灵也是因为食用浸染过氰化物溶液的苹果而死亡的，真可谓是“一个苹果引发的血案”。

① 布朗.达·芬奇密码（插图珍藏版）[M].朱振武，吴晟，周元晓，译.上海：上海文艺出版社，2014.

图2-38　1936年版《白雪公主》电影台词文案："One bite and all your dreams will come true."（咬一口这苹果，你所有的愿望都会实现。）这与引诱亚当、夏娃的那条蛇的说辞多么相似！

乔布斯（见图2-39）的"苹果"来自宗教教义，还是童话故事，抑或科学领域？当《史蒂夫·乔布斯传》作者沃尔特带着图灵版本的来源向乔布斯求证时，"我希望自己曾经考虑过这一点，但实际上并没有"，乔布斯给予了这样的回复。随着采访的深入，答案逐渐揭晓，只是真的没有那么玄妙：就因为在为公司起名的那段时间，乔布斯来往于一家苹果农场，正在吃水果餐时，即兴地拿来"苹果"与电脑"嫁接"在一起。还有一个原因是创业者的野心使然：就电话黄页中的前后位置而言，Apple排在乔布斯曾经工作过的Atari公司前面。

图2-39　乔布斯与"苹果"

一个与众不同的概念文案就这样诞生了，个性和率性、随机和玄机都在其中，即使诞生于20世纪七八十年代，在今日“众神狂舞”的微时代同样起着先锋的示范作用，因为个体的腔调已然成为自品牌的核心竞争力。如《微讯息时代写作的艺术》中所说：“想要参与到网络交流中来，极其重要的是，要运用语言来打造你自己的腔调。当你在博客上发表评论或在论坛发布文章时……你给别人留下的个人印象完全取决于你使用语言的方式。”研习苹果的话语，创造“我”的话语，这就是“A视角”创作方法论。

一、跨屏的能量——为全世界写作

全世界的人都熟知苹果，不同的文化语境都在为苹果背书。乔布斯对其“有活力、不吓人”的评价预告了苹果产品的全球畅销度。选择全球通用的语言作为企业的概念文案，也是马云的做法。当记者罗斯问到阿里巴巴（见图2-40）的来历时，马云回答：“互联网是世界的，我们要有个全球的名字。我想了很久，阿里巴巴是不是个好名字。那天，我正好在旧金山，一个服务员来了，我问她，你知道阿里巴巴吗？她说，知道啊，芝麻开门。我问了很多人，他们都知道阿里巴巴，知道阿里巴巴和四十大盗，知道芝麻开门。于是，我知道这是个很好的名字，而且以A开始，阿里巴巴永远是第一位的。”

图2-40 阿里巴巴商标

二、多元的格局——为未来写作

不羁的朋克气质贯穿乔布斯的灵魂，在苹果的概念中我们闻到的又是正统的香气。反差感预设了很多进入点，为各种灵魂找到它们的高潮点，这是明智的设计策略，也是对于未知群落的尊重。对于寄生于网络的概念文案而言，这样的无边界感更需要无限强化。亚马逊(Amazon)的“A视角”彰显出的正是企业版图的大跨界。

亚马逊是一家总部位于美国西雅图的跨国电子商务企业，目前是全球最大的互联网线上销售商之一。亚马逊发家于线上书店，主打售书业务，但是它的经营种类越来

图2-41　亚马逊logo

越多元化，2017年还收购了全食超市(Whole Foods Market)。而亚马逊的这个商标创意，就是在它的线上书店多元化转型过程中设计出来的。新标志的核心创意反映出了亚马逊不打算仅采用卖书的商业战略。

设计团队巧妙地把“amazon”中的字母“a”和“z”连接起来（见图2-41），清楚地向所有人宣布：亚马逊将出售“从a到z”的所有商品，而不仅限于书籍，因为英文里“从a到z”指的是全部的、一切的，有“all the things”的意思。与此同时，连接“a”和“z”的图案元素——形似微笑的弧线——也传递出了品牌的定位，那就是最大限度地提供以客为尊的礼貌服务，让人在看到这个logo的一瞬间就立刻感受到亚马逊团队的友好与热情。

三、趣味的节奏——为无聊者写作

“苹果”和“电脑”这两个根本无关的概念拼贴在一起，制造出了一种“有趣的分裂感”，甚至是无厘头的气息。这种特别的气质在互联网时代常常沦为无甚创意价值的噱头。但是，概念文案中真正的无厘头不是无聊的泛滥，而是创意的泛滥。

阿司匹林(Aspirin)是一种经典的止痛药，被列为世界三大经典药物之一，具有解热、镇痛、抗炎三种功能。其平面广告的概念文案（见图2-42）巧妙地把阿司匹林的英文名称“Aspirin”中的首字母提取出来，组成了满屏的A……

绝大部分受众的阅读习惯都是从左往右、从上至下的，所以受众看到这幅广告时，映入眼帘的是整屏的字母A。单纯的字母排列并不具备任何含义，这种符码本身也不传递任何信息，所以会让人觉得迷茫、困惑，但是同时也激发了阅读者的好奇心，勾起了他们的兴趣和进一步探索的欲望。受众终于从左往右、从上往下阅读至画面的右下角时，才恍然大悟，得到了一个确定的信息：阿司匹林。

整幅广告的含义是：“啊(A)”代表的是连绵不断的疼痛感，它就像无穷无尽的、几乎让人失去耐心的字母A一样，只有在阿司匹林处才得到了终结——阿司匹林终结了字母A的无尽重复排列，也终结了患者的痛苦。这个文案巧妙地使用了阿司匹林名称的首字母A，将它和患者疼痛时的叫喊“啊！……”联系到了一起，取得了一语双关的妙趣效果。

图2-42 阿司匹林止痛药概念文案

“在你想证明你自己有多厉害之前,请认真听听屋子内最聪明的家伙在说什么。”(“Listen real hard to the smartest guy in the room before you go trying to prove how smart you are.”)这是李·克劳先生的忠告。

“A视角”，是I——“我”的话语；“A视角”，也是1——站在“第一排”的欲望。Apple、Alibaba、Amazon、Aspirin……“A视角”创意引领着创意世界的大神们奏响了非同凡响的“文案与人生”组曲。

第八节 母概念：让创意更有黏性

我在《尤利西斯》里设置了那么多迷津，它将迫使几个世纪的教授学者们来争论我的原意，这就是确保不朽的唯一途径。

——詹姆斯·乔伊斯

100个人中没有10个人能读完《尤利西斯》(见图2-43)?

此书的目录，俨然是怪诞至极、创意魅力十足的长文案，令人无法卒读，且布满机关。

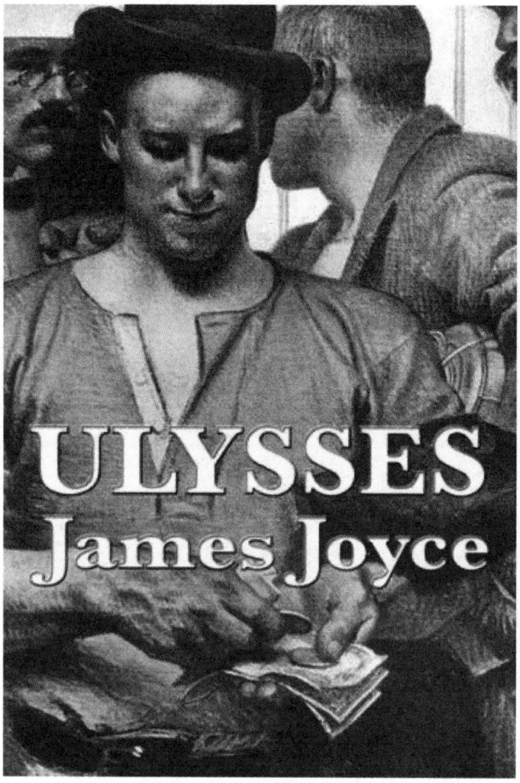

图2-43 《尤利西斯》封面

广告推销员利奥波特·布鲁姆于1904年6月16日晚间在都柏林游荡18个小时。

乔伊斯将全书分为18章，以1个小时为一章，最后一章只有2个标点符号。

奥德赛花了10年才走完的征途，广告推销员布鲁姆一天就走完了。

上午10点

布鲁姆化名弗洛尔，与一名叫玛落的女打字员交换情书……

上午11点

布鲁姆乘马车去墓地参加迪格纳穆的葬礼。他又想到自己不过是一个广告经纪人，一个漂泊流浪的犹太人。布鲁姆心中无限凄凉，甚至想到死亡，但马上又自我解嘲，回到现实中来……

下午1 点

布鲁姆走进一家廉价的小饭馆，这里既脏且乱，人们在狼吞虎咽，丑态百出，吃相十分难看……

下午2 点

斯蒂芬在图书馆里对评论家和学者发表关于莎士比亚的议论……

……

台湾广告人李欣频为诚品书店（见图2-44）南京路店写的文案——记录一段出走后的私生活。

上午11点50分 胆固醇过高、胃肠长期欠安，离开排骨便当，基于自保的理由，改吃淡口味的日式料理是健康的。

下午2点30分 旋转木马式的偏头痛，没有咖啡因的焦虑，丢开工作效率，诚品咖啡和你的办公室恋情小小出轨。

下午4点20分　档案过量、享乐含量不足，离开26℃的冷气，优根芙丝的冰淇淋，和你玩儿一场不设防的清凉游戏。

下午5点30分　老是闯红灯的欲望，下班即是解严，用MANDY' S的公文包提书香，是一种比爱还危险的勾引。

功率过高，焦虑过夜，办公室竞技场上人心苗居，不适者也要生存。

图2-44　诚品书店logo

离家出走，离开办公室出走，意识流从都柏林流转到21世纪的台北。奥德赛行走两千年，花费漫长的时间等待、离开与回归，是为了等待他的妻子、儿子、家庭——他的一切。

《尤利西斯》与诚品书店，算得上异曲，称得上同工吗？

文案之精妙有趣在于，每一个字都可以被模仿，从不会被抄袭。诺贝尔文学奖得主威廉·福克纳在一堂写作课上说，借鉴没有任何过错。相同的文字，复制的思维，但仍然是不同的调性。

还记得那个著名的"Keep Calm and Carry On"的故事吗？

"Keep Calm and Carry On"是英国新闻部在第二次世界大战初期制作的宣传品（见图2-45），旨在鼓舞英国公众的士气。此海报是三张系列海报中的一张，另外两张是"Freedom is in Peril, Defend It with All Your Might"（自由正受到威胁，尽你所能来保卫它）和"Your Courage, Your Cheerfulness, Your Resolution will Bring Us Victory"（你

的勇气、你的乐观、你的决心将为我们带来胜利）。但由于这张海报实际分发使用的数量很有限，在当时并未引起太大的轰动。

直到2000年，在英国一家二手书店，这张失落已久的海报“二次曝光”，英国人感受到了前所未有的震撼，认为它“有一种让人泪流满面的力量”。

现在看来，这张海报仍不过时，基于英国战时新闻部的统一样式，红白对比正统突出，字体大小简明工整，一顶皇冠既代表了皇家权威，也凸显了公民责任，着实体现了“简单而粗暴”的形式准则，这是一个优秀的海报作品。

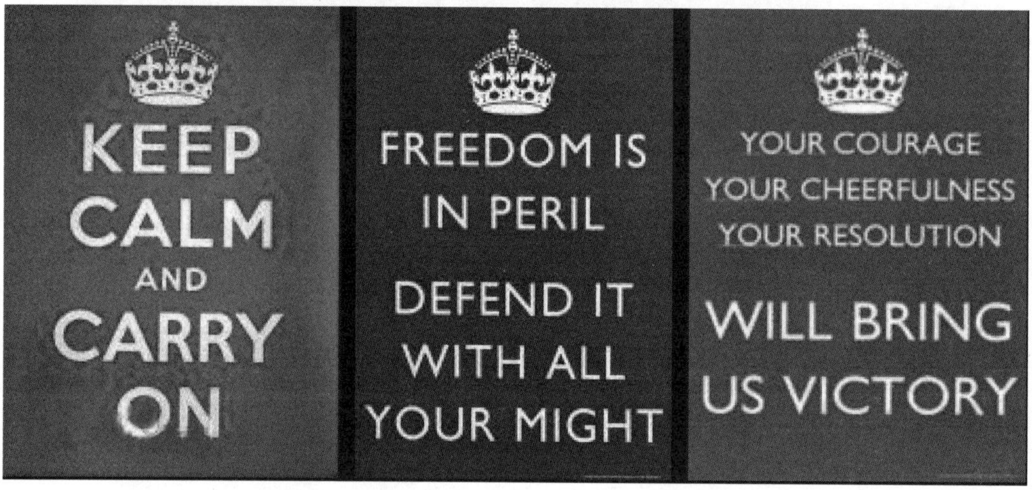

图2-45 “Keep Calm and Carry On”系列海报

随着其版权进入公共领域，这句经典的“Keep Calm and Carry On”被印在了衣服上、印在了杯子上……此时，“Keep Calm and Carry On”已不再是激励公众投入战争的口号，而是英国公民“低调、刻板、隐忍”的公民性的时代折射。

你说，“Keep Calm and Carry On”还仅仅是一句朗朗上口的文案标语吗？其实，它已经成了英伦文化的一个窗口，一面镜子，一种彰显民族性格、历史情怀的形式。而此时，形式亦内容。

人类社会不断发展，总有一些东西是恒久不变、永远都能引发共鸣的，这些东西就是人类情感的“母题”。能够强烈感染人心的概念文案，往往都是契合“母题”而展开的，且能够放大人们之间的共同点，唤醒人性最深处共同的认知。生、死、爱（见图2-46）…… 这些会使人类为之动容的话题，正是文案创意的“母题”。

图2-46　rose only 概念文案

爱是最常见的“母题”之一，恋爱中的男女，尤其是女性，会非常渴望爱情的天长地久，而一句“A Diamond is Forever”（见图2-47），就直击爱河中人的心脏，巧妙地用“永不变质”的钻石来给爱情许一个长久的诺言。在爱情“母题”的更远处，隐藏的就是钻石饰品的销路。人们追求爱情的恒久，若钻石象征着恒久不变，人们所追求的无形的期许就会寄托在钻石上，仿佛有了钻石的诺言，就是守住了纯真的爱情，使之永远不变一般。钻石商人由此广开销路，这条概念文案才发挥了它真正的价值。

图2-47　“A Diamond is Forever”概念文案

链接“母题”并不专属于以营销为目的的文案人，以公关为目标的文案人也时常抓住“母题”大做文章。谷歌公司就曾紧紧抓住“亲情”这一伟大的情感“母题”，玩了一把

"爱的游戏"。事件起源于小女孩凯特（Kate）给谷歌写信，请求公司在爸爸生日那天给他放一天假。谷歌公开回信给凯特，不但夸赞她爸爸工作努力，还慷慨地批准了一周的假期，令凯特愿望成真。这样看似简单的书信往来却轰动了网络，赚得巨大的转发量。人们在慨叹孩子天真可爱、亲情可贵的同时，更被谷歌公司对员工的人文关怀打动：谷歌不愧为多次荣获"最佳雇主"称号的公司。这件与"母题"相关的小事被谷歌抓住，成为一次绝佳的形象塑造和宣传机会，使谷歌博得了更多用户的好感（见图2-48）。

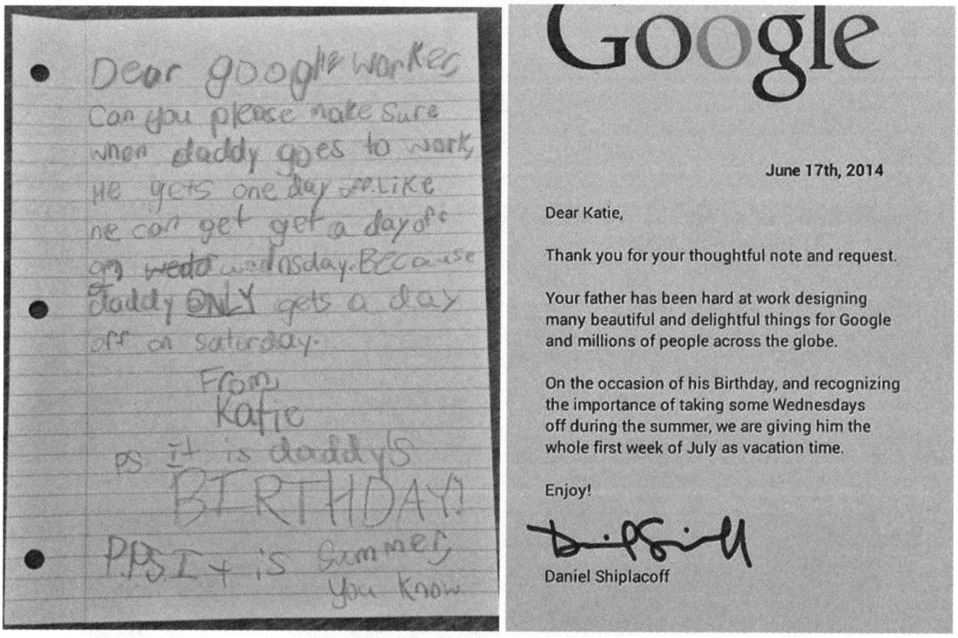

Dear google workers
Can you please make sure
when daddy goes to work,
He gets one day off. Like
he can get get a day off
on wedo wednsday. Because
daddy ONLY gets a day
off on saturday.
From,
Katie
PS. It is daddy's
BIRTHDAY!
PPS. It is summer,
you know.

Google

June 17th, 2014

Dear Katie,

Thank you for your thoughtful note and request.

Your father has been hard at work designing many beautiful and delightful things for Google and millions of people across the globe.

On the occasion of his Birthday, and recognizing the importance of taking some Wednesdays off during the summer, we are giving him the whole first week of July as vacation time.

Enjoy!

Daniel Shiplacoff

图2-48　谷歌与凯特的往来信件

作为一个有附着力的共鸣点，"母题"是创意传播的一个绝佳平台，但"母题"绝非终点，聪明的撰稿人明白"母题"的重要性与如何巧妙地利用它，更明白文案中创意的真正目的和价值。

母概念是"湿"的。著名的世界富豪、"股神"沃伦·巴菲特曾提出过被诸多企业管理层虔诚信奉的"滚雪球理论"：要想把这个雪球越滚越大，要想积累财富，就必须找到很高的一座山……而且要找到很湿的雪，很湿的雪就是好的投资机会，每天我都希望我的雪球越滚越大。对于想要积累财富的巴菲特而言，财富累积之路是"高山"，好的投资机会便是"很湿的雪"，而对想要把文案的"雪球"越滚越大的撰稿人而言，创意之路便是那段很长的斜坡，必须要找到很"湿"的概念，让雪球在滚动的过程中能够与不同的需要连接，不断完成自己的时效版本。

所谓"湿"的概念，指的是有很好传播效力的概念。雪因湿而得以粘在雪球上，与原有的雪球融合，从而让雪球越滚越大；传播效力极好的"湿"概念能在滚动的过程中，让接触到的受众都自然融合进文案的“雪球”当中，参与到传播的过程中，成为自发的传播者，文案的影响力自然就会越“滚”越大。互联网时代的到来，让“雪球”的滚动更容易实现，但是网民的力量难以捉摸，他们会不会配合传播，自然还是要看概念是不是足够“湿”，有没有足够的吸引力使受众自发地“粘”在这个概念上，将文案的“雪球”越滚越大。

这种类型的概念在传播的过程中，最突出也最容易实现的一种形式就是固定句式。网络上，固定句式很容易“刷屏”，横扫网络世界。比如万达集团董事长王健林先生在接受采访时说了一句话：“先定一个能达到的小目标，比方说我先挣它一个亿。”顷刻间被全网群众争相转发，而紧随其后的就是各种类型、风格的模仿（见图2-49、图2-50）。网友们的一句句调侃背后所隐藏的实际是其在现实生活中的无助，对于大多数人而言，“一个亿”并不是可以实现的“小”目标，“挣它一个亿”也就注定只能是梦想。网友的这种心理，才是支撑网络流行语广泛传播的原因。

图2-49 “小目标”概念

图2-50 “小目标”概念文案

因此，必须“精心挑选一种情绪、一种感觉”，来吸引受众，正如路克·苏利文在《文案发烧》中所指出的：想要吸引受众——无论是消费者、客户、读者、观众还是网民，文案人的首要任务便是找出一种适合自己目标受众的情绪，或许是愤怒、幽默，抑或深刻……抓住这一点并加以利用，便“滚”大了自己的“雪球”，这个不断滚大的过程就是概念的互动式传播。

“我”是放飞自我，“我们”是拥抱对方。前者的调性无法精确定位，而后者一定是有温度的概念，在独狼姿态盛行的“我世代”，“我们”更易唤起公众对于温暖与依靠的留恋与向往。在创意时空，从2011年的导演麦当娜（见图2-51）到2015年的演员范冰冰，“我们”被渴望者反复摹写。

图2-51　麦当娜导演作品*WE*海报

当仅有两个字的概念“我们”在微博平台上发布，它的黏度不是明星的爱情甜蜜度，而是各个层面的文案发布密度，这些方案彼此协同，将“我们”推向一条又湿又长的斜坡（见图2-52）。

图2-52　“我们”系列文案（图片截自2015年5月）

“我们”风暴还“惊动”了联合国，一向正经严肃的联合国官方微博也参与了这次热点话题的互动，发布了时任联合国秘书长潘基文与其夫人的合影（见图2-53）。

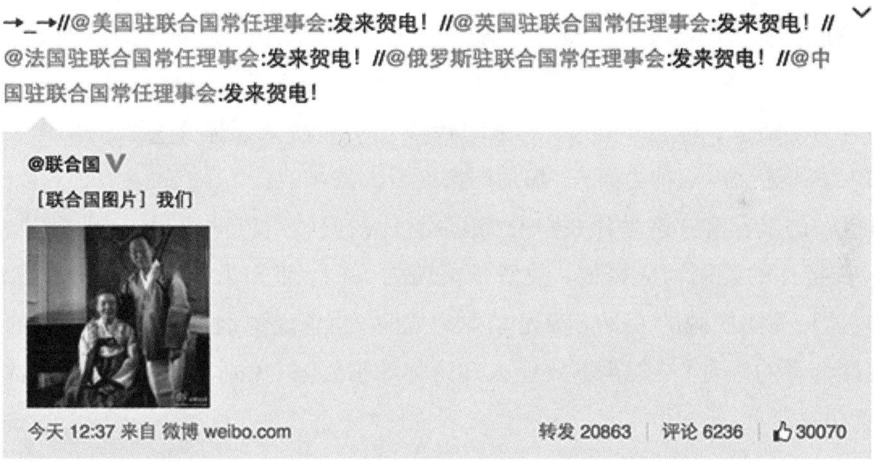

图2-53　联合国官方微博“我们”文案（图片截自2015年5月）

希思兄弟在其著作《让创意更有黏性》中提出了创意直抵人心的6条原则：（1）简单。如何才能找到观念的核心？简单，并不是一味追求至简，甚至断章取义，而是努力提炼精要箴言。我们必须让表达既简短又深刻。（2）意外。如何才能吸引听众注意到我们的想法？我们必须打破人们的期待，违反直觉。（3）具体。如何才能把自己的观点表达清楚？我们必须借用身体行为和感官信息加以阐释。（4）可信。如何才能让别人相信我们的创意？创意要有黏性，我们必须具备相应的信用背景。（5）情感。如何才能让别人关注我们的创意？必须让他人有所感觉。（6）故事。如何才能让别人依照我们的创意行动？我们可以讲故事。[①]"我们"够简单，范李配对够意外，名人自媒体发布，信息具体而可信，话题度与故事性无一缺失，"我们"与希思兄弟的6条原则几乎完全符合。但是，其中最值得关注的是第5条"情感"。它，是所有"母题"共同拥有的强悍基因，也是决定创意传播力和影响力的重要因素，因为它引爆的不只是表面的关注，更是内心的共鸣。

"要让他人关心，我们不一定要捏造情感。事实上，很多创意都是用一种所谓借景生情的手法，将创意与已有的情感牵线搭桥。"学者罗伯特·恰尔迪尼在其研究影响力的社会学著作中特别指出。共情是文学领域屡试不爽的高潮方法论，所谓"在别人的故事里流着自己的泪水"，正是经典著作得以在岁月中流传多年的秘籍。黏性的创意，用文学的说辞也许就是"被泪水吻过的桥段"。

美国斯坦福大学和耶鲁大学所做的研究表明，利用术语和概念的情感联想是人类沟通的普遍特性。人们往往会过度使用那些特别富有情感联想力的想法或概念，该研究把这种滥用称为"语义夸张"[②]。幸运的是，这是一个喜欢噱头和夸张的时代，当段子成为微时代写作的创意桥段，文案人也从十四行诗的优雅切换到一指禅的酷辣。酷，谁都会装扮；辣，却不会轻易出味道。概念文案的张力就在于对后者的掌控。快速咀嚼与消化人心世道，敏锐体察与回馈社会心理，发现和创造与"一种情绪和一种感觉"有高度黏合力的概念，乃至母概念，对微时代段子手和社交媒体文案人的思考力、发现力、表现力、概括力、归纳力而言，都是严肃而巨大的挑战。

21世纪的箴言客应该是什么样子？最后且让我们聆听17世纪写作导师葛拉西安的教诲——把你的意图写成密码：激情是灵魂的大门。使知识变得更实用的方法就在于伪装它们，亮出底牌的人要冒输光老本的危险。应该谨慎地保留，采取乌贼的策略，来对抗探询者的好奇心。甚至不要让人知道你的嗜好，以免别人利用它们，或者与之作对，或者曲意逢迎。

实践与练习

1. 用跨界的视角，生成自己的创意文案阅读书单。
2. 用文献链接的方式，完成创意文案阅读实践作业。
3. 以"文案工作坊·坊间话题"为创意平台，完成概念文案作业。

---

① 希思 Q，希思 D.让创意更有黏性[M].姜奕辉,译.北京：中信出版社.2016:XX–XXIV.

② HEATH C，GOULD R.Semantic stretch in the marketplace of ideas[M]//希思 Q，希思 D.让创意更有黏性.北京：中信出版社，2016:152.

中篇

操作文案——微视频

引　言

4G技术和智能手机开启了全民记录、直播的移动互联时代，短视频、微电影、微纪录片等创意微视频做得风生水起，即时性影像令人目不暇接。不同于烦琐、复杂的大片创作方法，台本、脚本和剧本呈现日益碎片化的写作态势，操作文案的专业度在降低，但不可控性却在增长。

？什么是操作文案

◉创意文案系统的主体部分

◉分解概念文案，由写作向制作过渡的多阶段文案

第三章 微视频的形式与边界

第一节 创意微视频

在关注和探讨微视频操作文案之前，先设定一个更为广泛的创意写作群体：从传媒人到广告人。在新旧媒体融合、平台终端共生的当下，无论是电视文本写作，还是电视广告文本写作，视觉化语言都进入了跨屏和多屏的视频写作新阶段。

在关注微视频之前，我们先关注一个概念——视频。

“电视是我们观察时代演变的一个社会学样本，在这个显示器上，中国发生了什么变化，有些什么高潮点，有些什么冰点，都能看出来。”在《新周刊》“中国电视榜”发布15年之际，执行主编封新城做出了这样的评价。

1998年和1999年，《新周刊》分别以“弱智的中国电视”“砸烂电视”为题，给予中国电视两次棒喝。前者奠定了《新周刊》“中国电视第一评论员”的地位，而在“砸烂电视”几个月后，《新周刊》于1999年11月推出了第一个“中国电视节目榜”（见图3-1）。自此，一份平面媒体为电视媒体开出的榜单成为备受传媒各界关注和重视的话题发源地。近20年来，榜单中人和节目的命运都在发生变化，而最大的变化则是“中国视频榜”的出现。2009年初，学者喻国明预言：“电视将迎来它最大的竞争者，也是合作者，那就是网络、视频。”人们不是不看电视，而是希望自主选择看什么、什么时候看、看多久，以及用什么姿势看。能够满足这些条件的，是网络和视频。正如《新周刊》在文章《2009中国电视红皮书》中所说：“一条网线所能看到的东西比一条电视光纤能看到的要多得多。”

图3-1 从“电视”到“视频”

这段预言发布于中国的微博元年2009年（也有人认为微博元年为2010年），三年之后，2012年微信公众号平台上线，从这一年开始，《新周刊》每年发布“中国视频榜”（见图3-2）。几乎是以两三年为一个单元，艺术与技术携手前行，为微视频的创意勃发酝酿着前奏。从“视频摧毁电视”到“小屏，你好”，预示着互联网+的概念之前又增加了

图3-2 “中国电视节目榜”与“中国视频榜”

形容词“移动”，移动互联革命带来的是“没有电视只有屏”，这个“屏”就是大小不等的移动智能终端。依托4G、5G技术和微博、微信平台等，智能手机和社交网络为短视频蓬勃发展提供了技术和平台支持。主流的智能手机终端基本都支持1080p的高清视频录制，手机端的剪辑和特效App也颇为丰富，同时基于社交网络，用户即时生产的视频内容可以迅速传播开来。可以说，这是个“solo”（独奏）的时代，一个人加一部手机，就可以生产出足够的视频内容，并且可以依托于各大内容平台进行分发。相对于传统的图文模式，影像传播更为直观，影像内容也更为生动，微视频内容创作爆发出巨大的潜力。

与沸腾的业界实践同步，在中国广播电视学研究重镇——中国传媒大学，一个重要的机构——中国网络视频研究中心于2014年诞生。除了汇聚了学界一流专家，中心更是将中国最重要的视频内容创作和生产机构网罗其中成为其理事单位；中心所设立的“金蜘蛛奖”成为中国网络视频领域最高的学院奖项。每季度发布的最佳网络视频节目榜单，如同当年的“中国视频榜”一样，成为愈加吸引眼球的权威榜单（见图3-3）。

图3-3 《中国网络视频年度案例研究2016》与最佳网络视频节目榜单

中国网络视频研究中心主任钟大年在《2014：网络视频的热点、拐点和盲点》中特别指出：当我们试图为这一年网络视频的发展勾勒一个大致的图景时，我们发现，只有那种无逻辑、碎片化、去中心的所谓“关键词”，才是最好的话语方式。[①]据第37次《中国互联网络发展状况统计报告》，截至2015年12月，我国网民规模达6.88亿，其中，使

① 钟大年，王晓红，周逵.中国网络视频年度案例研究[M].北京：中国传媒大学出版社，2015:3.

用手机上网的比例为90.1%，较2014年底增长了4.3%；通过手机观看网络视频的比例为65.4%，较2014年底增长了29.5%。经过一段时间的酝酿和发展，2016年被称为网络视频的爆发年，从网剧、网综到网络大电影，从直播到短视频，网络视频的种类和内容都呈现出多元化趋势，而其背后是具有互联网基因的迭代文案人的探索和实验。正如《新媒体微视频》一书序言中所述："新媒体微视频与传统的影视制作相比成本相对较低。在拍摄制作上有时缺乏高档、精良的专业设备，但制作者通过各种奇思妙想以及热忱的工作态度来克服条件因素，完成高水准的影片制作。这是一种通过新媒体、新思维、低成本制作高品质作品的创作路线。"①与传统大制作不同的是微视频创作路径：个人工作室式的头脑风暴和个体创意碰撞，就可以形成创意十足的视频操作文案。

一、操作文案之语态——人性与个性

图3-4 《键盘侠》截图

如果说20世纪90年代《东方时空》的诞生是语言生态的人性创新，那么互联网时代的语言生态则是更大尺度的个性解放。在电视大屏上的人学会说"人话"之后，网络小屏上的每个人更会说不同的"人话"。这预示着一个网络脱口秀时代的来临。papi酱无疑是新口水秀时代的代表人物。下面是视频《键盘侠》的文案（见图3-4、表3-1）。

表3-1 《键盘侠》文案

镜头	画面	文案
1	papi酱身穿灰色外套，做戴帽子状，打起键盘	papi酱：网络是我的保护色，键盘是我的武器，我就是正义的化身——键盘侠！
2	屏幕黑，视频的小标题出现	键盘侠
3	papi酱背对镜头	papi酱：每当有人遇到危险， 画外音：救命啊！有人偷我钱包！ papi酱：我，就会挺身而出！
4	papi酱面对镜头，跷着二郎腿，拍掌说道	papi酱：谁让你带这么多钱的，活该！

① 张斌.新媒体微视频[M].北京：中华工商联合出版社，2015.

续表

镜头	画面	文案
5	papi酱背对镜头	papi酱：如果有少女走夜路被侵犯，我立刻义正词严地
6	papi酱做怒敲键盘状	papi酱：谁让你穿这么少的，活该！
7	papi酱面对镜头，摘下帽子	papi酱：如果有老师、警察、医生被打，我第一个看不过去。
8	papi酱做怒敲键盘状	papi酱：活该！
9	papi酱站起来	papi酱：某一项体育比赛输了，我的责任心驱使着我去为我们的运动健儿加油。
10	papi酱面对电脑屏幕，敲键盘	papi酱：真丢人！这种比赛都会输，垃圾！
11	papi酱背靠大门，手捂胸口	papi酱：我是一个热心肠的人，尤其是在网上，我更是勇于指出别人身上的不足。
12	papi酱拿起手中的键盘，飞速地敲打着	papi酱：垃圾，整容整得你脸都快垮了，你算什么东西？
13	papi酱还在飞速敲打着键盘，嘴部打了马赛克	字幕呈现乱码。
14	papi酱站在床边做眺望远方状	papi酱：每当有天灾人祸发生，我便有责任提醒所有人。
15	papi酱在床边敲打键盘	papi酱：天灾人祸你还吃饭？
16	papi酱把键盘放在窗户上敲打	papi酱：天灾人祸你还旅游？挣这么多钱，为什么不捐款？
17	拉近距离，papi酱把键盘靠近脸，生气状	papi酱：挣这么多钱，为什么只捐这一点儿？我？我穷啊，没法捐那么多。当然了，我穷都是社会的错！
18	papi酱靠坐在沙发上	papi酱：我对公众人物都有着不可推卸的责任感。
19	papi酱靠坐在沙发上敲键盘	papi酱：你好朋友过生日，你为什么不发微博？你好朋友生病了，你为什么不发微博？你好朋友离婚了，你怎么不发微博？你好朋友又结婚了，你为什么不发微博？
20	papi酱面向镜头，严肃状	papi酱：当他们达到我的要求时，我也不吝啬于我的赞美、鼓励、督促。
21	papi酱双腿叉开站着，浮夸地敲击键盘，上下点头	papi酱：别装了，就知道做戏，一定是炒作。

续表

镜头	画面	文案
22	papi酱围着摄像机转圈	papi酱：这个世界上，没有人比我更爱国。
23	papi酱把键盘当贝斯拿着	papi酱：看美剧，不爱国！用日货，不爱国！
24	papi酱竖起拇指，背对镜头	papi酱：虽然，我没有服过兵役，军训也是能逃就逃，但是在网上……
25	papi酱拿起键盘靠近耳朵敲打	papi酱：为什么不打仗？
26	papi酱单膝跪地	papi酱：打过去杀死他们！
27	papi酱双腿跪地敲打键盘	papi酱：打仗的话我愿意去参军！同意的请点赞！
28	papi酱又戴起帽子，竖起大拇指	papi酱：键盘，是我的保护色；键盘，是我的武器。我，就是键盘侠。你！要加入我的队伍吗？
29	屏幕黑，标题出现	祝所有的键盘侠原地爆炸！！！

画面动作与文案语言有机配合，papi酱用略微夸张的"演"与"说"有效表现了键盘侠的日常。键盘侠在现实生活中也许胆小怕事，而在网络上却敢大放厥词。网络与现实的双时空可以使人性分裂，也可以使papi酱的个性创意绽放。

2015年从秒拍视频起家，papi酱的视频文本从单部走向系列，由她创作主持的系列短视频爆红网络。观察其文本操作会发现，除了借助手机拍摄、电脑剪辑，她还使用了变声工具，让自己的声音更机械、语速更快。技术化的特殊处理为papi酱的个性表达加分不少，增加了趣味性，提高了搞笑度。

papi酱的横空出世和让人始料未及的走红，让所有人看到了微视频脱口秀的力量，而毕业于中央戏剧学院导演系的她也找到了专业主义的"剩余价值"。比起学院派惯常所走的严肃的专业创作之路，微视频创作与生产为学院派网红们开辟出一条低成本、高回报的新型成长道路。

马化腾在其《互联网+》一书序言中这样阐述："'互联网+'代表着以人为本、人人受益的普惠经济。局部、碎片、个体的价值和活力，在'互联网+'时代将得到前所未有的重视。万物互联和信息爆炸带来的不是人的淹没，其实恰恰是人的凸显，每个人的个性更加容易被识别，消费者更灵活地参与到个性化产品和服务中去，实现以人为本、连接到人、服务于人、人人受益。"个性的释放带来了微视频中的众说纷纭，同时也造就了更多创意品类的操作文本。

二、操作文案之风格——文感与网感

携带互联网基因的“网感”成为区分传统文案人与新媒体文案人的身份标志。究竟什么是网感？大部分诠释方法常常用“接地气、无厘头”等几个简单的词加以描摹。网感果真如此容易定义，也真的只是喝着互联网的奶长大的80后和90后的专属吗？

网络脱口秀节目《暴走大事件》在各视频网站上都有着相当高的人气。基于《暴走漫画》设计的主持人王尼玛的巨大白色头套形象深入人心。该节目语言幽默，吐槽辛辣，善于讽刺时事，被喻为“当代济公”。《不良学霸篇》（见图3-5）短视频发布于2017年6月30日，这正是高考和中考备受关注的时期。短视频一经发布，就获得了极高的点击率。本期脱口秀的文案创作风格彰显了“暴走家族”的创意能量，口语化率性风格的背后是缜密的细节埋伏，在总—分—总的逻辑架构之中从点到点、从点到面地精心选取典型事件和典型人物；画面与文案巧妙结合，小高潮不断，最后的收尾戛然而止，张力十足，大高潮来得正是时候。阅读剖析“暴走”文案，发现其在网感四溢的同时，丝毫不输于传统讽刺体例文本的老辣与力道（见表3-2）。

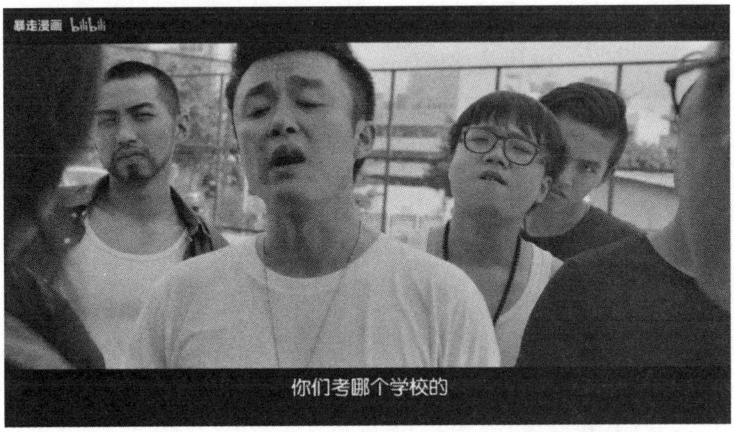

图3-5　《不良学霸篇》剧照

表3-2　“暴走”文案

镜头	画面	文案
1	主持人王尼玛站在“暴走大事件”的背景板前，面对镜头侃侃而谈	分数有高低，自然就有攀比。其实不止你们，每年这个时候，我们一样像丧家之犬。去年多个上复旦的表弟，今年多个保送北大的堂妹，父母看我们的眼神简直就是三路崩盘、想赶紧重开一局的眼神。亲戚虽然烦人，但是那些学霸啊、状元啊，更是气人。四川某市的中学，为了庆祝出了两个状元而放鞭炮。
2	四川某中学放鞭炮现场照片	几十米的鞭炮居然放出了巨大蘑菇云。
3	主持人继续讲述	福建省状元因为穿女装走红，原来是为了参加义卖活动。成绩这么好，心地还这么善良。

续表

镜头	画面	文案
4	福建状元生活照与女装照的对比	最可气的是女装都比女生好看。
5	主持人继续讲述，提到吉林状元时，吉林状元的直播截图在左下方短暂出现	吉林高考状元在直播时聊自己15岁就开始谈恋爱，自称最大梦想是买文胸。太过分！几乎每个状元都接受采访，说平时从来不参加辅导班，下课基本不学习，每天爱好就是打球、打游戏，稀里糊涂就成状元了。过分程度堪比那些每天说自己胖死了的瘦子。可能再过几年，这些学霸就要把自己说成不良少年了。我不知道这些学霸之间会不会也有攀比呢。
6	电视机换台特效转场，三个“不良少年”打扮的学生在篮球场打球，其中一人把篮球掷出	
7	篮球砸到了另外一伙打扮更帅气的“不良少年”中间。这伙人停下来，向三人喊话挑衅	“不良少年”头目（记作头目）：喂，过来！
8	三人中为首的一个扎小辫子的（记作马尾辫）回头看了看同伴，没说话	
9	头目高声挑衅，跟班们做附和状	这球场是我罩的，你知道不？过来！
10	马尾辫抹了抹头发，向对方走过去。双方进入同一画面	
11	头目不屑地冷笑一声	你们考哪个学校的？
12	三人抬头面对“不良少年”团体，马尾辫回答	二本的，怎么了？
13	头目耸肩冷笑，“不良少年”团体全员做藐视对方状	怎样？
14	头目摊手	那就是学渣咯？
15	头目骄傲地指向自己，双方对峙	我，根号坤，全市排名前五。你们这些连一本都考不上的渣渣，就没资格在这个球场打球！
16	三人反驳	干吗？吓人啊？我们跟薛金星（注：某著名教辅品牌）——金星哥混的！
17	“不良少年”团体嘲讽三人	哦？金星哥啊？好怕怕呦！金哥？你给我记住了，我们是跟王后雄（注：同为著名教辅品牌）混的！你们金星哥，早过时啦！

续表

镜头	画面	文案
18	三人做愤怒状	喂，玩笑归玩笑，不要侮辱金星哥！
19	“不良少年”团体骄傲地展示自己的证书，故意将证书贴到三人脸前。三人做“听不见、看不见”状。“不良少年”团体依次自我介绍	头目：看！看好了吗，啊？这是什么呀？上海交大的录取通知书！ 眼镜男：520分报考北京大学，作文一共引用了30个名人名句，光第一段就用了8个名人，尤其是阅读理解，准确地抓住了作者复杂的内心世界！ 白背心：529分报考清华大学，数学最后一道大题用了四种解法，其中第四种解法用了牛顿–莱布尼兹公式！ 头目：哼，你们拿什么跟我们斗！
20	马尾辫被打倒在地，满头鲜血，地上散落几本《五年高考三年模拟》。另外两人慌忙蹲下身扶住他。头目得意地俯视三人	我告诉你们，学渣，就没资格在这儿打球！滚！
21	“不良少年”团体转身离去，马尾辫摇摇晃晃站起来，用方言高喊	俺，俺是山东考生！
22	“不良少年”团体震惊回头。三人皆站起。插入BGM《乱世巨星》。三人展示自己的录取通知书，各自用方言放话。“不良少年”团体指着他们，哑口无言	棒球帽：“俄”是江苏考生！ 平头：俺河南考生！ 马尾辫：从今以后，你们不得踏入这球场半步！ 棒球帽：小呆×，你吼我没得用的！有种的话来南京闯闯！ 平头：俺河南考生，一人一口唾沫淹死你个龟孙！
23	穿着白色广场舞练功服的老人从画面下方站起。插入BGM《小苹果》。两方少年面面相觑	马尾辫：喂！ 白衣老人：喂什么喂啊！你们这些年轻人让下我们老年人不行吗？ 头目：不是，我说你……
24	更多跳广场舞的中老年人入场，白衣老人开口挑衅。中老年人愉快地跳起广场舞，“不良少年”们均认怂蹲下	白衣老人：你什么你啊！你有多少钱啊？你敢动动我试一试？

什么是网感？Lydia以公号文《网感，就是对人性的洞察至深》给予了精彩的回答：超强的学习和借鉴能力；熟稔人性，略通传播学和社会学；极强的个人魅力；过硬的技术（技术岗、程序员类）；长袖善舞的整合资源的能力。她将网感定位为通过角色扮演

的方式瞬间体察对方心理感受的“通感”，“正是这种通感，使得我能够在社交平台上将自己的网络形象打造得更加容易获得目标人群的认可。再后来，为公司做一篇文案，出一个策划，立一个项目，都需要不同程度地从观众和用户的感受去倒推：他们是否接纳和喜欢这个形式？从目的倒推行为，往往能够让你更清晰地知道该做什么，怎么做，为什么做。这，就是我一直推崇的——网感。”[①]是的，网感并不简单，与深刻的文感也非对立，它寄生于不同的个性系统，造就着个性文本的特质。

“中国网红大数据报告”把我国网红的发展分为三大阶段：文字时代、图文时代、宽频时代。每一个阶段都伴生着新的网红。文字时代盛行网络小说，安妮宝贝、痞子蔡、韩寒、郭敬明、桐华等“文字网红”占得天下，影响了最早一代的网民；图文时代“审丑”盛行，芙蓉姐姐、凤姐等先后成为出位的“图片网红”；宽频时代盛行全方位网红，说学逗唱，十八般武艺样样精通，奶茶妹妹、papi酱、王尼玛等就是典型的“宽频网红”。[②]

对众生百态和日常生活进行细致的观察与研究，结合自身的专业技能，准备好自黑，略微带点小讥讽，有幽默、风趣、搞笑、接地气的语言以及一定的颜值，这些是网红的独特方法论。丰富的表情、搞笑的动作、亲民的槽点和爆表的颜值，它们是自媒体时代特殊的自品牌。

三、操作文案之模式——社交与协同

短视频本身就是社交时代的产物，内容生产权的放与收曾经成就了一次公关社交行动。深圳卓越集团在2016年庆祝公司成立20周年之时，开展了一场“平民代言人”海选活动，通过网络海选、全民定制语音海报的方式，邀请大众录制一段个性语音，上传自己的卓越故事，来表达每个人对“创造城市价值”“与城市共生长”的理解。活动吸引了超过10万人参与。最后，专业人士将经过筛选的精彩故事剪辑成一则短视频（见图3-6、表3-3），片中出现的场景虽然十分朴素、简单，但因为契合品牌价值而打动人心，短视频最终获得了广泛赞誉。

图3-6　卓越集团宣传海报

① Lydia. 网感，就是对人性的洞案至深[EB/OL].(2016-12-06)[2017-05-28].http://vmc.com.cn/yingxiao/2016126/007891.html.

② 袁洁平.从papi酱到薛之谦，看2016网红营销新趋势[J].中国广告，2016(5)：124-125.

表3-3 卓越集团短视频文案

镜头	画面	文案
1	空乘小姐孙青驻足在一个大书架前，随后拿起书开始了阅读	学习是一辈子的事情，不要怀疑你的梦想，你终将卓越。 （字幕） 【致敬平凡卓越人】 空乘 孙青 星雅航空私人飞机乘务员 从业10年，8 000余小时贴心服务
2	程序员刘小彬略有所思地漂在泳池上	不要叫我码农，我是个诗人，要会生活，你才卓越。 （字幕） 【致敬平凡卓越人】 程序员 刘小彬 前海圆舟企业移动化专家 务实工作，用0和1编织新世界
3	瑜伽公益者曲影面带微笑，眼神坚定而温柔，在山水之间呼吸天地灵气	由内至外微笑起来，天使也会被你感染，不要忽略微笑的力量，你已经很卓越。 （字幕） 【致敬平凡卓越人】 瑜伽公益者 曲影 普洛瑜伽创始人 14年帮助上千天使妈妈
4	美食家洛伊坐在一张摆满中西食物原料的桌子前，品尝着食材的味道	用世界的元素，结合中国各地的食材，创意深圳味道，你就是卓越。 （字幕） 【致敬平凡卓越人】 美食家 洛伊 名门私会创始人 走遍100多个国家和地区，完成千种食材收集，原创搭配200多道“深圳味道”

续表

镜头	画面	文案
5	连续创业者李峰穿着西装裤、打着领带，狼狈不堪地“追捕”着一头小猪仔	成功就是创业者的必经之路，不要停止追逐，你就很卓越。 （字幕） 【致敬平凡卓越人】 连续创业者 李峰 上海Ework空间创客 开放创业10年，5次坚持梦想不放弃
6	动漫师岳磊背靠着旋转木马，凝视着自己心爱的机器人	人这一生，一定要做一件他喜欢的事情。不怕放弃，你就够卓越。 （字幕） 【致敬平凡卓越人】 动漫师 岳磊 昇月工场创始人 放弃电视台10年从业资历，专注实现CG梦想
7	导演关岸勤坐在挂满自己手稿作品的露台上，当他起身时才发现那把椅子缺了一条腿	要做就做别人不敢做的，无惧超越，因为卓越。 （字幕） 【致敬平凡卓越人】 导演 关岸勤 旷世文化创始人 10年创作300余部影视短片

四、操作文案之功能——实用与互动

移动互联的广泛覆盖大幅提升了微视频的传播效果，而社交媒体的大众化特征更是让万千大众接触到微视频。对手机屏幕前的大众而言，他们一般不会挑剔解说词是否优美，用光是不是到位，镜头调度是否科学，反而会关注视频内容的实用价值和情绪疏解。碎片化、即时性的影像则满足了他们的需求，如Intel的文案（见表3-4）。

表3-4 Intel文案

镜头	画面	文案
1	一件叠好的衣服被展开	（无）
2	一台Intel的超级本被放进了衣服的正中央	（无）
3	衣服经过巧妙折叠变成了电脑包	（无）

作为一款用户超过4亿的社交软件，Instagram平台视频展示时间由2016年之前的16秒延至如今的60秒。Intel借助Instagram平台发布过许多短视频，例如展示如何用一件毛衣DIY一个超级本电脑包（见图3-7）。这些短视频只是在向观众传授生活小窍门，似乎与品牌毫无联系，但事实上，这正是如今短视频创作的一个方向。与以往所拍摄的广告相比，受众能够在短时间内从短小精悍的视频中快速获取实用信息，这便使得他们对品牌的好感度在无意识中提升了。

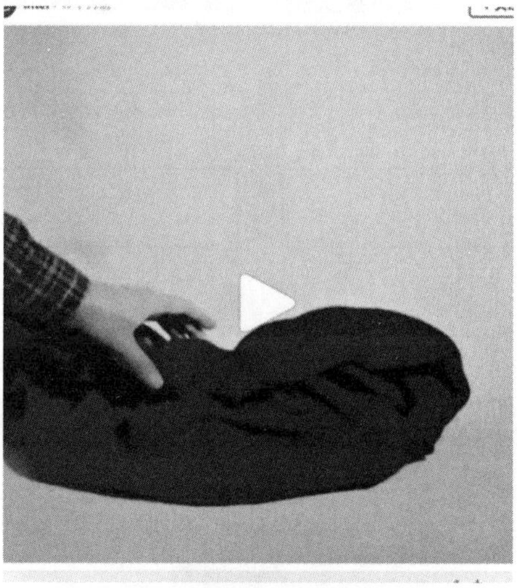

图3-7 Intel超级本宣传短视频截图

短视频不仅提供实用信息，也提供小而美的创意。在短视频创意与制作领域，微信公众号“一条”和“二更”更加注重原创内容和独特风格。以“一条”为例，这一公众号特别开设了“达人美食”微视频板块，邀请知名美食达人出镜，向用户提供详细而周全的美食制作步骤。

《做一碗上海最鲜美的虾肉小馄饨》（见图3-8）时长4分钟，但创意制作团队却拍摄了近13个小时。选择食材、制作馅料、煎馄饨蛋皮、做汤底、煮馄饨等各个环节都用精致而优美的画面呈现出来，加之美食达人自己的旁白讲解，使用户在学习馄饨制作的同时，也感受到了海派美食文化的特殊韵味（见图3-9）。

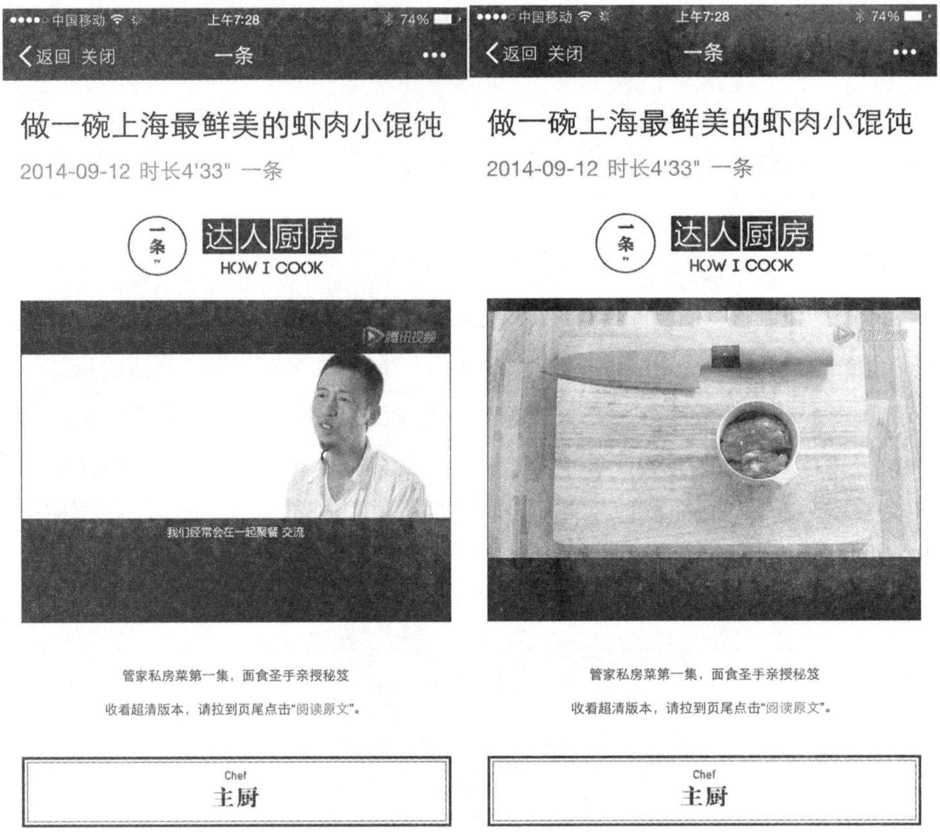

图3-8 《做一碗上海最鲜美的虾肉小馄饨》(1)

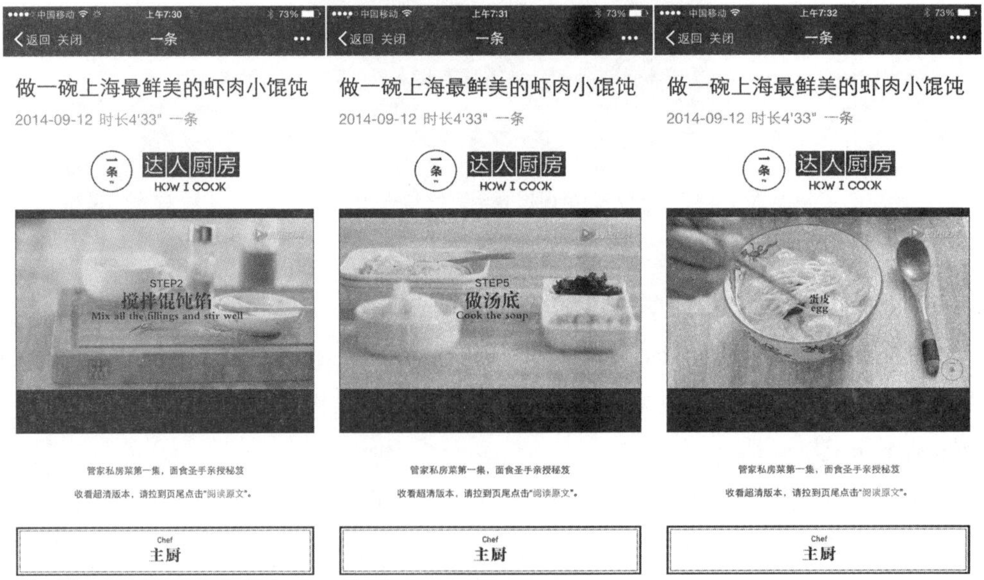

图3-9 《做一碗上海最鲜美的虾肉小馄饨》(2)

热情加上爱好，创作和提供美食功能性视频的个人和工作室在不断涌现。例如“一人食”“厨娘物语”等公众号，运营者往往以小规模团队进行拍摄，器材、布景、画面、手法十分简单，但依靠真实的人和生动有趣的细节，与受众不断进行着温馨的互动，使得这些公众号在网络上持续走红（见图3-10）。

图3-10　美食公众号运营案例

即拍即放，集文字、语音、画面于一体，碎片化的媒体传播方式让消费者与营销者建立了即时性互动。正如《玩微视赚大钱》一书中所言：“碎片化的时间被移动终端的内容填补，更是开发了以流动传播、迷你传播、瞬时性传播、扁平化传播为特征的即时性影像传播。”[①]

回望传统媒体时代，策划、拍摄、制作一部电视作品需要投入大量的人力、物力，耗费漫长的时日才能完工。以广告公司一部电视广告的创意及制作过程为例，一般都要经过多个步骤：创意小组完成大创意——美术指导和文案人着手撰写脚本——同时与

① 佟道奎.玩微视赚大钱[M].长春：北方妇女儿童出版社，2015:6.

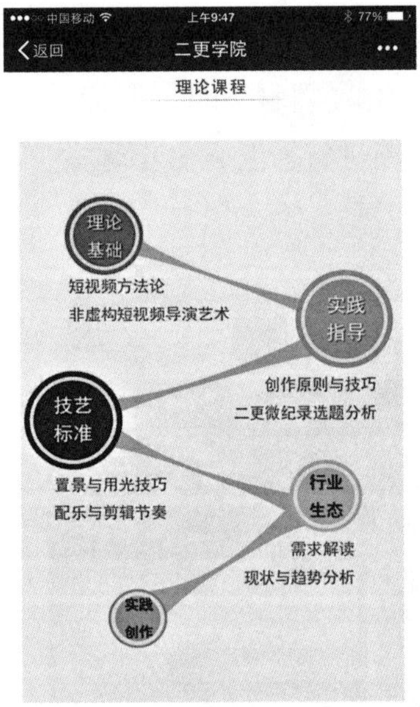

图3-11　“二更学院”微信公众号截图

制片、导演、灯光、布景等人员沟通——根据脚本中的图像部分完成故事板设计——制作样片——正式拍摄——后期制作。在各个阶段又会有音乐、演员、音响等多个专业力量加盟合作。而在当下的微时代，碎片式、即时性的短片创作内容日益丰富，加之制作的简易性和高性价比，整体上表现出“去专业化”的倾向。低成本带来的后果是制作上的粗糙，同时浮躁的制作氛围也会损害行业的良性发展。

就目前而言，视频生产和创作团队大致分为三种：职业团队、专业人士和普通用户。普通用户是其中最活跃的，但又是最不专业的创作力量。为了使用户生产内容（UGC）迅速地向专业生产内容（PGC）转化，主推原创视频的“二更”特别推出了“二更学院”（见图3-11），从微视频理论到实操对学员进行全方位的专业培训。

从去专业化到再专业化，是微视频建立新标准的过程，也是对专业素养的呼唤与尊重。效率与品质兼顾，无疑是网络视频实现更大跃升的正确方向。

奥格威在其著作《奥格威谈广告》中预言了13种变革，最后一种是：将探索出以更理智和经济的成本制作有效电视广告的途径。在一个追求快捷和经济的网络创作时代，我们需要的是专业主义的理智和审慎。在新旧媒体并存和融合的特殊时期，专业和非专业团队的并行交叉将会是一个相对漫长的过程。

第二节　台本之微视

在观察与探讨台本微视的操作文案之前，我们先了解视频台本的模式与节奏。

什么是台本？它是用作舞台或者演播室录制的内容文本。从视频操作的角度看，台本就是承载内容各个环节的全流程文案。

十年·进取

《杨澜访谈录》十周年庆典晚会台本

开场环节：

全场暗场。彩砖通道过电，大屏幕10秒正计时，现场灯光秀（见图3-12）。

图3-12 《杨澜访谈录》十周年庆典晚会开场效果

1.1开篇VCR“十年·进取”

1.2曹景行、李艾上场，站在舞台中央

【音乐】开场音乐

【灯光】开场灯光

……

3.1主持人转场

李艾：这个问题实在是太有意思了，原来从工作到婚姻也有可以通吃的真理哎。

曹景行：你这么一说，倒是让我想到了一个有意思的人物，他的电影作品，从老百姓的口碑到商业票房都可以通吃到底。

李艾：谁呀？

曹景行：一起来看第二段VCR。

3.2第二位进取人物颁奖。VCR秀“我的这十年”（冯小刚）

3.3鼓声起，主副屏切冯小刚，座席区中央地面彩屏亮，冯小刚顺彩砖通道登台

李艾：有请冯小刚。

3.4【冯小刚走向舞台的过程中，主持人请出颁奖团体】

在以上晚会台本第1.1和3.1环节中，共有两段VCR出现：开场VCR和主持人口中的“来看第二段VCR”。什么是VCR？它原本是来自视频制作环节的技术名词——Video Cassette Recorder的缩写，指盒式磁带录像机。在节目录像与制作单元，其指节目总构成中的一个视频片段，“小片”是对它的通称。

图3-13　片花

虽叫“小片”，但VCR真的不小，它可以是引领全文案基调的开场片花（见图3-13），也可以是营造情感高潮的中段视频插花，更可以是总括和提升全文案的视频特写。作为微时代台本创作的一个有机组成部分，VCR的功能在网络视频创意的潮流中如何充分体现呢？这仍然要结合台本的功能定位——分解力进行阐述。

作为操作蓝本，操作文案必须将母概念、制作环节、执行步骤等操作任务分解成单一或组合任务，以此来指导操作过程中各个部门的工作。整个操作文案就是母概念的分解体，每一个环节和步骤的最终目的都应该指向主题概念的表达，这一点无须赘述。分解制作环节主要指将完整的操作流程分割成功能不同的板块（如摄像、灯光、演员、文案、美术指导、电脑美工、创意总监等），使之相互配合，从而产生“一分多、多合一”的高效协作效果。分解执行步骤指操作文案应该将每个步骤的执行顺序明确地标示出来，此处的顺序既可指各个部门的工作顺序，也可以指每个部门内部工作的顺序；明确规定几个部门或工作同步协作，也是分解步骤的任务之一。

节目台本将创意概念具体化，细化成一个个具体的操作步骤，以此来指导节目录制过程中演员、主持人、摄像师、舞台控制以及导播等不同人员的分工。节目台本把节目中每个人预定要说的话写出来，并在后面附上备注，总的来说，就是一个流程剧本。台本规定并明确了诸如主持人、嘉宾上下场的顺序、时间，灯光的变化，音效、道具的切换等。更专业严格的台本还会分为灯光本、道具本、音效本等，以提示各部门的职责所在。节目录制从开始到结束，从确定场地到邀请嘉宾，从天气状况到设备准备，是一个不断变化的动态过程，因此台本的完成过程也是一个不断变动的过程。在这个过程中，台本写作人要时刻配合好编导和主持人，第一时间完成“执行1稿”“执行2稿”“录制定稿”“主持人出镜稿”等多阶段操作文案。在这个变动频繁的阶段，文案就像一个“短命”的台本，转瞬之间就可能成为一份“废纸”。

一、VCR——关键词写作

虽然台本对概念的分解力是具象而可变的，但作为文案重头戏的VCR的创意主旨在操作文案的拟定初期就要无比明晰。因为它承载的功能既有抽象的定位——节目的基调与灵魂，又有具体的分工——主体人物在节目整体板块中的分工合作，这决定了节目整体节奏的走向与构成。

2016年，原《中国好声音》改名后变身为《中国新歌声》，由冯小刚导演执导宣传片，旨在打造全新的一季节目。宣传片的风格属于魔幻型（见图3–14）。针对在上一季节

图3–14 《中国新歌声》宣传片

目中争议颇多并屡屡“中枪”的导师汪峰，冯导为他设计了一个“中了好多枪，身上满是箭”的形象，让其大喊：“敢不敢在一切的对立面？敢，就挺你。”在宣传片中，周杰伦化身勇士、降服鲨鱼，面对吃人鲨鱼，他利用自己的能量感化对方，使得鲨鱼一秒变海豚，此时周杰伦大喊：“在灵魂深处找音乐，在音乐深处找灵魂。给你舞台，给你麦！”而那英，则是变成西班牙斗牛士，现场秀斗牛舞，大喊：“你有多牛？来！给你舞台，给你麦！”至于庾澄庆，他是与猩猩互动，从吃人猩猩到跳舞猩猩，全靠音乐力量来改变，最后诠释“好斗，才会赢”的口号。四种风格的生动展示，诠释了《中国新歌声》新一季导师战队的布局，而导师们齐齐呐喊出的同一关键语“给你舞台，给你麦”，不仅缔造了《中国新歌声》的超级话语，而且造就了导师与歌手“双主体”之间的超级互动（见表3–5）。

表3–5　《中国新歌声》宣传片文案

镜头	画面	文案
1	周杰伦面对鲨鱼临危不惧，拿出麦克风，可怕的鲨鱼变成了可爱的海豚	在灵魂深处找音乐，在音乐深处找灵魂。给你舞台，给你麦！
2	化身为牛仔的汪峰面对迎面而来的箭，没有选择退让，依旧勇往直前，坚持前行	敢不敢在一切的对立面？敢，就挺你。给你舞台，给你麦！
3	那英化身为斗牛士斗牛	你有多牛？来！给你舞台，给你麦！
4	庾澄庆化身为角斗士对战怪兽	好斗，才会赢。给你舞台，给你麦！

“把宣称说成事实”是文案人常用的写作手法，所谓信誓旦旦的承诺才具备说服众人的力量。关键词的全息功能使得它可以形式很简单，内在很丰富，符合网络时代经济、花式表达的特质。通过塑造人物传达观点，是VCR肩负的重要任务。如何通过VCR完成一篇漂亮的人物传记？如何通过VCR完成一个漂亮的观点演讲？关键词式的特写无疑是“小片能量大变现”的创意微技巧。操作文案的分解力是多维度的，借力VCR，突破演播室现场的局限感，可实现文案创意的突破与提升。

二、VCR——原创体写作

“网红已老，全能型创作者时代来了”，在优酷自频道学院公开课上，自频道学院导师张萌就国际网红成长的新路径发表了自己的观点。全能型创作者不仅是段子手，还是剪刀（辑）手，更是大管家。在文字、歌曲、视频、广告、综艺节目中均有不俗表现的薛之谦，就是具备互联网原创基因的一个“明日之子”（见图3–15）。

图3-15　薛之谦的微博

《逃离平庸》是他为网络综艺选秀节目《明日之子》量身定制的微视频（见图3-16、表3-6）。

图3-16　《逃离平庸》截图

表3-6 《逃离平庸》文案

镜头	画面	文案
1	从一口很深的井的底部向上看，井口处不大的蓝天上，飘着一只红色的风筝；井里面，薛之谦穿着黑白条囚服一样的衣服，手臂上画着奇怪的符号	我多慌张，怕人闯入我围墙
2	薛之谦的特写，脸上粘着假胡子	你们一定在笑我，胡子太假
3	特写薛之谦手臂上画着黑乎乎的符号	涂鸦太傻
4	薛之谦揪着自己的黑白条T恤的领口	服装很垮
5	薛之谦瞪着眼睛，做凶狠的表情	谈理想更傻
6	井里面有一张简陋的床、一盏昏黄的灯，墙上乱七八糟地贴着很多张纸	在很多人眼里，我可能只是个段子手、综艺咖，或者，是个卖火锅的
7	薛之谦脚上绑着铁链，铁链尽头有两个巨大的铁球	其实我无所谓
8	薛之谦随手扔掉一个铁片	但是我希望，你，有所谓
9	从井口向下俯拍，薛之谦在井底无所事事、懒洋洋的	如果你也和我一样
10	特写墙上薛之谦的专辑封面、海报、耍帅的照片	一直被关在别人的印象里
11	墙上贴着薛之谦写过的歌词	被关在低估你的小圈子里
12	薛之谦挠一挠画满涂鸦的手臂，脚上的链条不断晃动	被关在会让你越来越平庸的牢房里
13	一小团火苗在燃烧，铁球在火旁边	那么现在
14	薛之谦正色望着镜头	我就要带你，离开这里
15	挣断铁链、撞碎镜子	请让我用盛世独秀的名义
16	手在破了的墙壁里，拽出一个麦克风	带着你最初的音乐理想，逃离这里
17	将麦克风从墙壁里完全扯出来，正视镜头	没有人能困住你
18	镜头一一扫过墙壁上各种样子的薛之谦的照片	除了安于现状的你

续表

镜头	画面	文案
19	薛之谦将麦克风用力抛向井口，并勾住井口	你就是未来
20	薛之谦用手指指向镜头，然后拉着麦克风的线向上爬，爬出深井	你就是明日之子
21	薛之谦悬在半空中，手里紧抓着麦克风的线	嗨，明日之子，就这样唱哦

“我多慌张，怕人闯入我围墙”，可怕的不是陌生人，是因为不了解而产生的偏见，偏见会加重一个人对自我的质疑，导致自己关闭梦想的出口。白日梦本身没有什么褒义贬义之说，然而太多的人看不起白日梦，所以白日梦才成了众矢之的——千千万万受害者中的一个。而《明日之子》要做的，就是给你机会，实现白日梦。这是艺人薛之谦向星推官薛之谦的角色嬗变。

无论是购买国外版权，还是自发原创，国内以音乐比赛为主题的综艺节目在环节设置上日益趋同。从《超级女声》到《快乐男声》，从《中国好声音》到《最美和声》，尤其是到了歌手自我推介的VCR环节，歌手选秀好像变成了“演技大赏”，每个人都是家境贫寒，付出一切追求音乐梦想；每个选手都有因为追求音乐梦想而失去的至亲挚爱；每个人都喊着“音乐是命、是灵魂、是一切”，然而通过麦克风传出的声音却甚少触碰到灵魂。除了选手的展示时间，甚至连节目的宣传片都是苦哈哈的心路历程，一心卖惨卖到底。①

而薛之谦的《逃离平庸》着实是一段不那么平庸的VCR,何必将自愿参加的奋斗游戏说得如此苦哈哈？“没有人能困住你，除了安于现状的你”，在这一文案语言背后，是他微博段子手“最不正经”的表象之后真实的薛之谦，是他原创歌词“像海浪撞过了山丘以后还能撑多久/他可能只为你赞美一句后往回流/那娇艳的花盛开后等你来能撑多久/还是被诗人折断了伤心了/换歌词一首/那鸳鸯走散了一只在拼命地往南走/被混沌的城市用钢筋捂住了出口/心里一直在下雨”中的诗人薛之谦（见图3-17）。

薛之谦的作品清单呈现出的是唱作俱佳的实力和个性十足的原创力，“薛氏原创体”在他的视频文案中得以精彩展现。在想象、文字、思想之间自由游走的他，总被简单冠以“段子手”的称号，这个称号背后是一种对诗歌创作黄金年代的调侃，还是段子体例创作风格的复兴？

---

① 选编自《2017夏季文案班案例报告》。

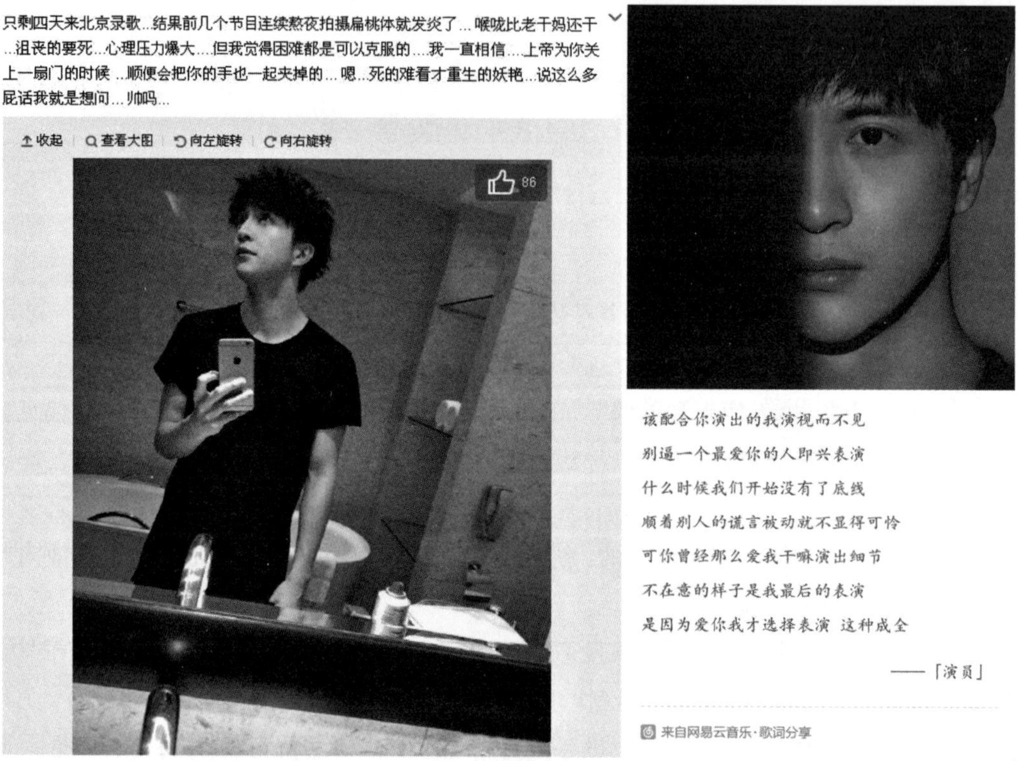

图3-17 薛之谦的段子手形象与诗人形象

知名文案人阿德里安·霍姆斯在分享他的写作技巧时呼吁:“为什么不去读读诗歌呢?我认为最好的文案是一种诗歌。我们为了让语句更动听而劳神苦思,就像诗人一样,所以,学学他们的技巧,看看他们是怎样运用语言、韵律和想象力来达到效果的。不管怎样,这于你有益,那些只有写文案的人才知道的东西,他们可能也知道。”

在文学界,有人说21世纪的诗人都去写文案了。在笔者看来,这并非一个论调伤感的慨叹,而是预示着创意王国的创作秘籍已经海纳百川。同理,在VCR的创作领域,我们也期待有更多的明日之子展现自己的原创力,这将为台本刻板而严谨的流程环节注入非凡的创意能量。

第三节　脚本之微视

什么是脚本?它是用于室外拍摄的操作蓝本,分为文字脚本与分镜头脚本。在传媒与广告领域,视频脚本包括电视脚本、网络视频节目脚本、电视广告脚本、网络广告视频脚本等。本节重点关注文字脚本。

在电视脚本时代，对文字脚本的研究集中于“解说词”写作。虽然解说词写作不是一项独立的创作，但解说词与画面共同组成了“视听语言”。在中国纪录片历史上，视听语言涉及两种派别的创作风格，那就是解说词统领一切的“宣传派”和画面语言为先导的“纪实派”，后者对中国纪录片的影响非常深远，如果用一句话总结，就是“它唤醒了中国纪录片的反叛意识”。当中国纪录片经过了一段时间的成长，纪实风格固定化以后，纪录片创作者又提出了“风格多样化”的主张，更加强调个性的张扬。而且，“真实再现”“扮演”“电脑特技”等层出不穷的新手法，开始越来越多地出现在今天的纪录片创作中。纪录片研究者钟大年认为，这其实是“又一次反叛”，是在操作层面上的一次反叛。

无论是反叛还是反思，创作者都是被忽略的一个重要元素。“这中间其实忽略了一个东西，那就是创作者，对于创作者而言，他在看待纪录片和现实的关系时，可能有不同的选项：把它作为一种生活的反映来看待，或是把它作为一种表述思想、表述艺术的语言素材来看待。”钟大年教授在文章《纪录是一种态度》中，特别申明了创作者个性在纪录片创作中的重要作用。从《舌尖上的中国》（见图3-18）文字脚本到《我在故宫修文物》（见图3-19）文字脚本，我们看到的是创作者处理素材的不同观察视角与叙事态度，两种文本的比照，早已超越了视听语言研究的传统观点，而凸显出两种创作风格造就的不同“影像意义系统”。

图3-18　《舌尖上的中国》海报

图3-19　《我在故宫修文物》海报

不管是否情愿，生活总在催促我们迈步向前，人们整装、启程、跋涉、落脚，停在哪里，哪里就会燃起灶火。从个体生命的迁徙，到食材的交流运输；从烹调方法的演变，到人生命运的流转，人和食物的匆匆脚步从来不曾停歇。

西藏林芝，印度洋吹来暖湿的季风，植物正在疯长，又到了白马占堆最忙碌的季节。天麻和灵芝是重要的经济来源。但是，一个月后，它们将消失得无影无踪。从峡谷到雪山，7 000米的海拔高差，让林芝成为世界高山植物区系最丰富的地区。

弟弟高中毕业，白马得迅速挣够他读大学的学费。在此之前，他为弟弟准备了一件特殊礼物。西藏80%的森林集中在这里，白马努力搜寻几天前发现的蜂巢，现在，他得想办法到达树顶。

在当地人眼中，蜂蜜是宝贵的营养品，值得为它冒险。听起来难以置信，但是这种风俗，已经延续数百年。

白马选了一根藤条使自己与大树相连，从现在起，这根藤条关系性命。看起来进展不错，1个小时过后，白马爬了很高，但还有更长的距离要爬。父亲放心不下，匆匆赶来。白马已经不敢用双手砍树，速度明显慢了下来。3个小时过后，白马接近树冠，现在，他准备摆脱藤条。40米高，并且没有任何保护，这是一次危险的行走。野蜂并不怕人，白马从长辈那里学会了点燃烟雾，迫使蜜蜂放弃抵抗。砍开蜜蜂藏身的树洞，就可以得到最甜美的蜂蜜。在与世隔绝的大森林里，甜食非常难得，而蜂蜜是白马能带给家人的最珍贵的礼物。

甜是人最简单、最初始的美食体验。蜂蜜80%的成分是果糖和葡萄糖，作为早期人类唯一的甜食，蜂蜜能快速产生热量、补充体力，这对我们的祖先至关重要。和人工提取的蔗糖不同，蜂蜜中的糖，不经过水解就可以直接被人体吸收。在中国的厨房，无论烹饪菜肴，还是制作甜点，蜂蜜都是其他糖类无法替代的。

——《舌尖上的中国Ⅱ·脚步》文字脚本片段

这些积满灰尘和破损痕迹的屏风，已经在故宫的地库里封存将近300年了。罕见的3米半身长，珍贵的紫檀木边框，彰显财富的螺钿镶嵌，镶铜寿字，透露出它的尊贵。

5个月后，它们将以全新的面目出现在故宫的另一个显赫宫殿里。现在，它们还需要静静地躺在这里。

他们视自己为普通的故宫工作人员，但其实，他们是顶级的文物修复专家，是给这个国家顶级的文物“治病”的医生。

他们的着装言谈与我们无异，同是生活在机器工业时代，但他们的手艺，却有几千年的生命了。他们师傅的师傅，是中国古代“士农工商”中的“工”。

这样的屏风一共32扇，是康熙皇帝六十大寿时，当时在世的16个儿子和32个孙子送的祝寿礼物。

屏风的正面，用明黄色绸作底，彩绣各种不同形式的“寿”字，总数过万，俗称“万寿屏”。

屏风的背面，非常罕见地用矿物质的石青颜料书写诗句。在每一扇上，都有两人分别题写的五言律诗一首，都是康熙帝胤字辈的儿子、弘字辈的孙子为他作的祝寿诗。

这其中就包括后来成为皇帝的雍正和乾隆。

——《我在故宫修文物·寿康宫32屏风》文字脚本片段

随着网络视频的崛起，一种新的纪录文本——微纪录片（见图3-20）呈现活跃的创作态势，被称为“互联网时代的纪录片新样式”。它的创作群体主要是三类人：草根群众、拍客、专业人员。层级化的创作使得微纪录片风格纷繁，同时较低的进入门槛也使得创作者的技艺水准普遍较低。为了提升微纪录片创作者的专业素养，2012年，中国纪录片学院奖“光影纪年”设立了最佳微纪录片奖。中国传媒大学纪录片研究中心（CDRC）主任何苏六做了前沿发布，界定微纪录片时长为12分钟，并阐述了微纪录片的特点：篇幅简短，诉求单一，视角微观，风格纪实。微纪录片因制作和传播手段更加灵活，在社交媒体传播和商业应用等方面具有广阔的发展前景。

图3-20　《老手》系列微纪录片

从时间到特质的界定，为微纪录片脚本的创作提供了科学的标准。但是，互联网视频创作，尤其是微纪录片领域的创作尚在探索和发展过程中，来自资讯视频平台的大量纪实风格短视频虽然无法达到12分钟的时长，但也吸纳了微纪录片的部分元素，在这里，笔者将其定义为微纪实短片（见图3–21）。

图3–21 微纪实短片代表平台——梨视频

一、微纪实——视觉化写作

以下是一段巴黎道路安全宣传短视频的截图和文案（见图3–22、表3–7）。看得出来，交通法规被行人无视，对于巴黎的城市管理者来说，是一桩让人头疼的事情。为了阻止行人闯红灯，巴黎的道路安全机构想出了这样一个有趣的点子：既然好言好语相劝的标志不惹人注意，我这次就吓一吓你。

图3–22　巴黎道路安全宣传短视频截图

表3–7　巴黎道路安全宣传短视频文案

镜头	画面	文案
1	黑色背景、白色字幕。	每年在巴黎街头有超过4 500个行人因闯红灯发生车祸。为了让大众明白，一个疏忽可能造成终身遗憾，巴黎官方的道路安全机构想要通过一些方式纠正行人的观念。
2	扁平风格动画，广告灯箱显现。随后镜头拉远，呈现出行人闯红灯、灯箱发出紧急刹车声并拍下行人表情的画面。	“车祸警示互动广告灯箱”：通过数字互动设计，如果行人在红灯时穿越马路，这时广告灯箱就会发出紧急刹车声，接着拍下惊恐的行人的照片，然后这张照片就会变成一个平面宣导广告。
3	实拍场景：清晨的巴黎街头，车辆来去匆匆，行人相互交谈着穿过马路。在一个车辆较少的路口，红绿灯交替闪烁着，一个踩着滑板的女子意欲无视红灯，穿越马路。	巴黎，礼拜一，早上。

续表

镜头	画面	文案
4	女子经过广告灯箱，刺耳的刹车声突然响起。女子吓得慌忙后退，滑板也在慌乱中被甩了出去。路人捂住嘴，吃惊地看着这一幕。	
5	发觉并没有车出现，惊魂未定的女子整理了一下头发，找回滑板，回去看到底发生了什么。	
6	女子站在灯箱前面，看到了自己被刹车声吓到而慌张的一瞬间。自己惊恐的表情底下是一行字。	别冒险跟死神搏斗，当你过马路时请尊重红灯。
7	另一名长发女子经过路口，仿佛没看见红灯一般径直向前走去。刹车声随即响起，女子惊恐地尖叫。	
8	一名戴眼镜的男子被该灯箱惊吓，连连后退。	
9	一名中年上班族受到灯箱的惊吓。	
10	一名老太太受到了惊吓，旁边的路人也跟着吓了一跳。	
11	戴眼镜的男子、上班族各自回头寻找声源的场景。	
12	老太太被路人扶着，回去看发出声音的灯箱。	
13	另外一位被拍摄了受惊场景的老人看着灯箱里狼狈的自己。	
14	戴眼镜的男子、上班族和长发女子各自用手机拍下灯箱里的自己。	
15	路人安慰松了一口气的老太太。	“还好只是音效，吓死我了。”
16	老太太走上前去看灯箱里惊恐的自己。	
17	黑色背景、白色字幕。	一失足成千古恨，别拿生命开玩笑。

活动的效果是绝佳的：刺耳的刹车声不仅让每一个闯红灯的人心惊胆战，也使经过的无辜路人大大吃了一惊；安在灯箱角落里的摄像头也完美地履行了自己的职责，清晰地拍下了闯红灯者惊恐万分的样子。无疑，这场活动的每一个亲历者都会切身感受到与死神擦肩而过的恐惧，从此将其记在心上，再也不敢无视交通法则，“拿生命开玩笑”。对于自己在灯箱上的狼狈形象，许多人都饶有兴致地拍了下来，或许下一步就是传到自己的个人主页上，跟朋友分享一下这次奇妙的经历。对于过路人来说，差点出事的人的慌张表情，也是比干巴巴的说教更加生动的警示。①

摄影机隐身是纪录片纪实浪潮中的技术手法，跟踪加隐藏，使得创作者可以获得更加“真实”的素材。电视学者王纪言曾在《电视报道的艺术》中这样论及“隐身的摄影机”：“隐身的摄影机”提出了一个积极的课题，电视报道要想深入、感人、真实地记录生活，就需要有思想，需要踏实的工作作风，需要基本功。“隐形”的立场实则是“有形”的创作，这“有形”代表着有声有色、有情有景、有滋有味。巴黎街头“隐身的摄影机”确实“有声有色、有情有景、有滋有味”地记录了闯红灯者的真实反应与场景，并将场景即时定格，跟拍、抓拍、定格一气呵成，成果可谓纪实作品中的经典之作。

如果说微纪实作品偏重特写一个桥段，微纪录片的体量则可以“大写”一个片段，历史与现实、观念与观点都可以在微纪录片中交集、碰撞与表现。

二、微纪录——阐述式写作

美国纪录短片*Love Wins*（见表3–8）是为了纪念美国承认同性婚姻而制作的。本片回顾了美国的同性恋群体为了争取自己的权利所做的种种努力，以及他们宣誓结婚的一帧帧甜蜜画面。镜头5中出现的宣誓贯穿全片，一对同性恋人的宣誓词道出几乎所有同性恋都会有的挣扎和坚定。“我该怎么办？”“会有人爱我吗？”这两个简单的问句说出了很多同性恋者藏在心中的恐惧与不安。而誓词的最后，“我再也不会孤单了，我爱你”这句大胆的表白，似乎与美国同性婚姻的合法化相呼应，是一种庆典式的欢呼。本片的最后一段话发人深省：“有人说，同志权利与人权不能混为一谈，事实上，它们就是同一件事，既然身为LGBT并没有丝毫减损你的人性，这也就是为什么同志的权利就是人权。”这段话逻辑清晰，掷地有声。身为LGBT没有丝毫减损人性，所以同志的权利就是人权，而美国将同性婚姻合法化，本质上是一种保护人权的行为。②

---

①② 选编自《2017夏季文案班案例报告》。

表3-8 *Love Wins*文案

镜头	画面	文案
1	牵手特写	美国的历史
2	两个男人牵手在街头散步（远景）	是由一步步来之不易的进步所组成的
3	写着“MR.S MR.S”的海报	（同上）
4	两个女人在阳台上喝酒	到今天仍然持续着
5	男人在婚礼上宣誓	我不敢相信我们能走到这一步
6	一个男人把手搭在另一个男人肩膀上，手部戒指特写	我们写下了历史上新的一页
7	夕阳下，两个女生在河边跳舞的剪影	因为我们相信我们所有人，不是一部分，而是所有人
8	两个穿衬衣的男人在镜子前整理头发	都应该要有机会活出上天赋予我们的潜力
9	同镜头5	我为什么不敢相信，是因为——
10～11	黑屏一秒之后切入同性游行的海报“promise kept!”	这样的进展得来不易
12	镜头上移，举着海报的男人望着镜头笑	人们成立组织，办活动，努力奋斗
13～16	游行现场特写	在各种工作与私人场合
17	同性婚礼现场（历史影像资料）	不只要改变法律，更要改变他人的想法与心
18	同镜头5 `	我还记得，当我发现我是同志的时候，脑海中出现的各种想法：为什么会是我？
19	镜头5中的男人为他的同性伴侣打领结	我该怎么办？
20	上个镜头中的两人穿好西装站在教堂的走廊上	会有人爱我吗？
21	回到镜头5中的宣誓场面	我这辈子结不了婚了，这是我最心痛的
22	仰拍，另一对恋人的宣誓画面	感谢一代又一代
23	两个穿婚纱的女人拥抱亲吻	数以百万计的人们
24	脚步特写，两双皮鞋	让这个曾经阻挡人们

续表

镜头	画面	文案
25	一对穿着白西装的恋人亲吻	享受到完整自由
26	拥抱	体会到完整人性尊严
27	牵手，亲友在走道两边庆祝	以及博爱所带来的益处的障碍
28	穿婚纱的两个女人朝镜头微笑	已经开始倒下
29	回到镜头5	我再也不会孤单了，我爱你
30~38	婚礼影像资料合辑	你会跟我结婚吗？她（他）同意了
39	一对恋人举手庆贺	我找不到词语诉说爱上你的感觉
40	婚礼	我最好的朋友，我的丈夫，我爱你
41	婚礼	有人说，同志权利与人权不能混为一谈
42~46	同性恋人照片合辑	事实上，它们就是同一件事
47	照片逐渐模糊，慢慢变成空白画面	既然身为LGBT并没有丝毫减损你的人性
48	亲吻画面，同上渐变成空白	这也就是为什么同志的权利就是人权
49	支持同性婚姻的Logo，下面写着“stand with LGBT families”	人权就是该给同志应有的权利

我们无法比较“舌尖体”与“故宫体”的优劣，因为它们都是创作者本人内心的真实映照。纪录的终点指向“真实”，“内心的真实”才是纪录的本质。无论是喃喃低语，还是信誓旦旦，阐述式的脚本语言没有品质的优劣，只有态度的选择。“我口说我心，我手写我心”，互联网革命解放的不仅是创作者们表达的自由，更多的是以我们的方式表达的自由。让我们以我们的方式，在视频领域创造更多类型的视听文本，享受影像、文字、声音带来的全感复合的美妙创意。

第四节　剧本之微视

什么是剧本？多指虚构创作所用的蓝本（见图3–23）。

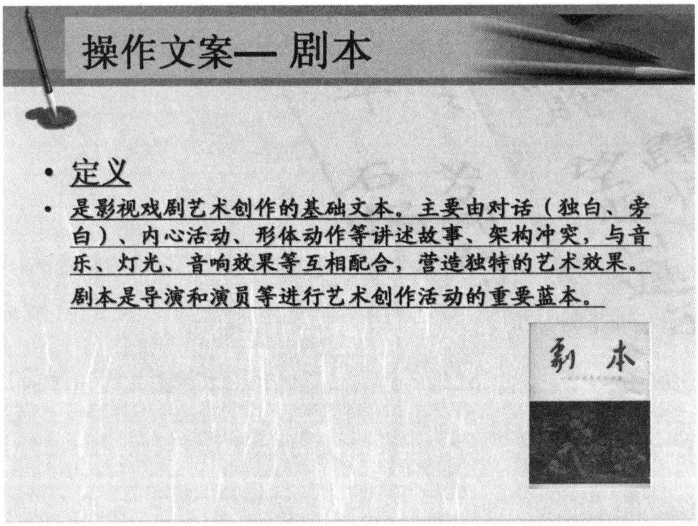

图3-23　剧本的定义

进入网络视频创意时代，台本和脚本都凸显出剧本化的趋势。探讨剧本之微视，更多是借鉴、汲取微电影的创作手法，探究其在微视频环节的文案写作。

回溯微电影的创作历史，它较早是以电视商业广告（TVC）的方式进行创意和制作的。从平面广告到电视广告，标志着视频模式的文案创作成为文案人的又一个新领域。知名文案人保罗·西尔弗曼将现代文案的写作比喻成“电影式的写作”：“电影场景（不论是动是静）传递信息的速度，显然比任何文字甚至是动词都要快。由于最好的文案总是裁了又裁（删、删、删），所以你可以说文案撰稿人最伟大的工作就是设想出一个令人难忘的场景，而其中连文字的影子都没有。”

2012年戛纳国际电影节期间，导演罗曼·波兰斯基（Roman Polanski）的短片《一次心理治疗》在展映单元前进行了首映（见图3-24）。影片讲述了一个贵妇人向她的心理医生咨询梦的解析，心理医生的全部注意力却逐渐转移到贵妇人的皮草大衣上。正在观众摸不着头脑，好奇皮草大衣中到底隐藏着什么秘密的时候，短片的最后5秒，心理医生终于按捺不住，将大衣穿在了自己身上，并摆出贵妇的造型；同时，屏幕上出现了“PRADA SUITS EVERYONE”的字样（见表3-9），观众才恍然大悟，原来这是导演为Prada拍摄的微电影宣传片，也终于明白在短片开场时给贵妇人脱下的带有Prada标志的高跟鞋一个特写镜头的用意。

图3-24 Prada广告短片《一次心理治疗》

表3-9 《一次心理治疗》文案

镜头	画面	文案
1	女病人躺在沙发上给心理医生讲述着前一晚做过的噩梦，医生被病人挂在衣架上的大衣所吸引	（无）
2	医生走到衣架前开始不停抚摸大衣，接着拿起了大衣，在镜子前打量大衣的上身效果，又用脸感受大衣柔软的质地	（无）
3	医生慢慢穿起了大衣，在镜子前观赏自己	PRADA SUITS EVERYONE

这类“以看似普通的场景切入，以意想不到的结局收尾”的手法，算得上是广告文案的通用创意法则。很多文案过度强调开头的重要性，以赚取眼球、吸引受众，却往往轻视结尾，以至于头重脚轻、后劲不足。开头固然重要，但令人眼前一亮的结尾往往能给观众留下深刻的印象，取得意想不到的传播效果。

微电影广告以广告产品为主要或关键线索，采用电影的拍摄手法与技巧，对该产品展开宣传与讲述，时长一般在30分钟以内。为广告赋予故事性、逼真性，能更加深刻地实现品牌形象和理念的传播，无声无息地提升产品的渗透效果。[①]微电影可以视作商业与艺术的结合，微电影从时长上有别于大制作的电影，从模式上也区别于普通的网络视频短片，更偏向商业化和专业的影视制作。

① 新媒体时代的微电影广告营销方式及效果研究[EB/OL].(2015-10-28)[2017-10-17].http://media.china.com.cn/cmyj/2015-10-28/534987.html.

在学院派剧作学习领域，初学者接触大电影创作之前，通常以“短片”为学习起点，进行微电影式的创作也是引导学生逐步建立电影思维的有效方法。刘纯羽在《微电影剧作教程》中指出：一个写不好短片剧本的人肯定写不好长片剧本。其原因很简单，在正规长度的电影中，最小的单位是镜头，由镜头组织场面，由场面组织情节的段落，再由段落组织全剧。简而言之，电影是由数个情节段落组成的。精彩的电影作品一定是由数个精彩的“一场戏”构成的。电影短片剧本的长度恰如剧本中的“一场戏”，尽管它篇幅短小，但却有着情节的起承转合，有着人物的情感表达，有着画面和声音的造型。因此，进行短片剧本的写作训练可以为以后写作长片剧本打下很好的基础。①

微电影的操作文案即微电影剧本。剧本通常由剧名、作者姓名、登场人物表演表（需要写清人名、年龄、主角、配角等，群众演员依次排列）、场景、台词等组成，并要根据导演的想法增减相关环节。

微电影剧本泛指以文字描述整部影片的人物和动作内容的各种写作形式，它有四个基本的构成要素：场景描写、人物、对话和动作描写。首先介绍微电影剧本的基本用语：（1）场景：电影场景的定义，就是发生“纠葛”的场地。这是美国著名电影理论家麦米特提出的概念，是非常有用的电影理论。也就是说，“没有纠葛的场地，不能成为电影场景”。（2）角色：有明显性格特色的人物，包括穿着打扮方面，但主要由动作和台词决定。如果角色没有动作，观众无法知道他们的生理反应、心理反应、情感反应，也就没有观赏价值。这里说的动作与“动作片”是两码事。（3）台词：角色的语言，用来表现人物特色，是人物动作的特殊表现，有时也是作者的“代言”。无声电影没有台词，人物表情和态度就是台词，可以告诉观众“我高兴”或“我不高兴”，有些导演追求无台词化剧情，被称为“动作主义”。（4）对立：电影的对立是指“人物的需求遇到了麻烦”，有三种情况。第一，人与人的对立；第二，人与自然的对立；第三，人内心的对立。（5）结构：结构是故事骨架，从电影放映过程来说，它是“场景”排列的次序，强调因果关系。如果没有因果关系，不能称其为“结构”。②

在构成剧作的各个环节中，场景的功能是强大的，它是一切的起点，又承载着所有。在被定位为“一场戏”的微电影和类似微单元的创作中，以场景为核心设定操作文案是剧本创意实现的有效路径。

场景式文案一般有“唤醒式”和“驱动型”两种。前者是以转化、暗示来唤起人们对特定场景的记忆，以此与观众产生情感联系；后者则是以大创意作为驱动因素，将核心观点融入所创造的场景之中，与场景进行捆绑（交叉或对照），以此让观众在感受中作出自己的判断，进而接受所传播的观念。

① 刘纯羽.微电影剧作教程[M].北京：北京联合出版公司，2014:12-13.

② 下牧建春.一个微电影的诞生[M].上海：上海人民美术出版社，2014:24.

一、驱动型场景文案——平行写作

作为可以自由组接的镜头语言，蒙太奇的创意张力是无与伦比的。而在所有的镜头中，长镜头虽然被认为是“客观”的，但同时它的内在调度又不是非专业人士可以轻易洞察的。“一镜到底”的长镜头更是蕴藏了诸多普通人用肉眼无法觉察的技术和艺术层面的创意花火。微电影《一个女人的一生》（见图3-25）采用有难度的技术弥补了内容的些许不足。更具视觉冲击力的镜头语言，通过一个个无缝连接的成长场景，生动呈现了小女孩从婴儿到少女再到老奴的一生，平凡又温暖幸福。从布景到用光再到镜头设计，都非常具有美感，呈现了女孩从青葱年少、天真烂漫，到丰腴成熟、生儿育女，再到老来慈祥、享受天伦的生活。全片仅仅在结尾打出两行字幕点明主题，其他画面都靠歌曲*She is Always a Woman*串联起来。歌词反映出来的也是女孩“阴晴圆缺”的心情和浪漫可爱的形象，与影片相符，营造出很美好的氛围，传递给观众的也是非常直接的讯息：珍惜青春，热爱生命，享受人生。

图3-25 一镜到底微电影《一个女人的一生》

蒙太奇语言有平行蒙太奇、交叉蒙太奇、比较蒙太奇等分类。平行蒙太奇是两条以上的情节线并行表现、分别叙述，最后统一在一个完整的情节结构中；或两个以上的事件相互穿插表现，揭示一个统一的主题；或一个情节，借用蒙太奇语言的思维模式来表现。《一个女人的一生》的文案显然属于平行式写作（见表3-10）。

表3-10 《一个女人的一生》文案

<table>
<tr><th></th><th>画面</th><th>文案</th><th>翻译</th></tr>
<tr><td>1</td><td>一个被太阳照进的温馨房间里，一个穿着红色连体衣的可爱女婴从一个白色摇篮里被妈妈抱起、放到家里的玩具区域（妈妈只露出手臂和下半身，镜头全程聚焦在婴儿身上）</td><td rowspan="15">全片以She is Always a Woman串联起来
歌词：She can kill with a smile
She can wound with her eyes
She can ruin your faith with her casual lies
And she only reveals what she wants you to see
She hides like a child
But she's always a woman to me
She can lead you to love
She can take you or leave you
She can ask for the truth
But she'll never believe
And she'll take what you give her as long as it's free
Yeah, she steals like a thief
But she's always a woman to me
Oh, she takes care of herself
She can wait if she wants
She's ahead of her time
Oh, and she never gives out
And she never gives in
She just changes her mind
She will promise you more
Than the Garden of Eden
Then she'll carelessly cut you
And laugh while you're bleeding
But she'll bring out the best
and the worst you can be
Blame it all on yourself
Cause she's always a woman to me
Oh, she takes care of herself
She can wait if she wants
She's ahead of her time
Oh, and she never gives out
And she never gives in
She just changes her mind
She is frequently kind
And she's suddenly cruel
She can do as she pleases
She's nobody's fool
But she can't be convicted
She's earned her degree
And the most she will do
is throw shadows at you
But she's always a woman to me</td><td rowspan="15">她用笑靥 攫夺你的心跳
她以眼波 毁伤你的神思
她任性地撒谎
轻易毁掉你的信仰
她只给你看那些
她愿意让你看见的
她像孩童一样藏匿
但对于我 她一直是个女人
她能引你去爱
她将你捏在手心 或随手丢开
她反复问询
却从不相信答案
她笑纳你献上的一切
只要无须回报
是啊 她像贼一样 总是窃取
但对于我 她一直是个女人
噢 她只顾自己
若她乐意 也会等待
她将她的光阴 远远抛在身后
噢 她从不狼狈疲倦
也不听任命运
只是她的心意太难捉摸
她的许诺如此美好
比伊甸更迷人
接着她便毫不在乎地伤害你
甚至放声嘲笑 当你正心碎不已
但她使你呈现
生命中最好和最坏的可能
这全怪你自己
因为对于我
她一直是个女人
噢 她只顾自己
若她乐意 也会等待
她将她的光阴 远远抛在身后
噢 她从不狼狈疲倦
也不听任命运
只是她的心意太难捉摸
她的温柔和残酷同样无常
毫无征兆 飘忽不定
她随心所欲
不受任何人的愚弄
然而无人能宣判她的罪过
她为自己奋斗
她给你的 你将受着
即便是无边的忧悒
但对于我 她一直是个女人</td></tr>
<tr><td>2</td><td>女婴长至约两三岁，穿着红色连衣裙爬进了玩具隧道</td></tr>
<tr><td>3</td><td>女孩（八九岁）从玩具隧道爬出来（穿着红白条纹连衣裙，长相甜美），爬到餐桌底下捡起画纸</td></tr>
<tr><td>4</td><td>女孩从桌底下爬出来（穿粉白连衣裙），随后周围的环境变成吵闹的课堂</td></tr>
<tr><td>5</td><td>老师走到女孩桌前提问女孩，女孩盯着老师，一脸天真无邪，镜头从正面慢慢移动到侧面，阳光从窗户斜照进来，逆光形成女孩的黑色剪影</td></tr>
<tr><td>6</td><td>光影移动，变成蛋糕上闪烁的蜡烛，小伙伴和家长围绕着女孩，为女孩庆生。追光只打给小女孩和蛋糕</td></tr>
<tr><td>7</td><td>小女孩吹灭蜡烛，房间变黑，再亮起时女孩已十八九岁，在学校走廊和朋友一起过生日</td></tr>
<tr><td>8</td><td>女孩和男朋友接吻后走进房门</td></tr>
<tr><td>9</td><td>走出来时女孩（28岁左右）身着婚纱，手拿红玫瑰捧花，和新郎走进婚礼殿堂</td></tr>
<tr><td>10</td><td>镜头移动，女孩和丈夫搬家、装修房子，女孩打开冰箱门</td></tr>
<tr><td>11</td><td>女人（30多岁）关上冰箱门，拿出比萨，她已怀孕多月</td></tr>
<tr><td>12</td><td>镜头转动，女人和丈夫、幼小的儿女在沙发上聊天玩乐，猫咪从沙发上跳下</td></tr>
<tr><td>13</td><td>镜头随猫咪移动，猫咪爬上厨房料理台。女人在厨房边打电话边煮饭，儿女已长到12岁左右，淘气地给女人捣乱</td></tr>
<tr><td>14</td><td>镜头又随猫咪移动，转到客厅。女人（约40多岁）和丈夫在吵架，成年儿女坐在沙发上，玻璃窗外是闪电暴雨，天阴沉沉的</td></tr>
<tr><td>15</td><td>镜头移进洒满阳光的厨房，女人（50多岁，长了皱纹）从冰箱拿出饮品，到花园和家人（儿女和婴儿大的孙儿们）聚餐。女人围着餐桌走，招待每个人</td></tr>
</table>

续表

	画面	文案	翻译
16	镜头穿过花园里的树，一摇，女人微微白头（60多岁），和丈夫看着孙子们嬉戏，阳光洒进来，非常温暖	屏幕中间打出两行白色的字： Never knowing undersold on quality,price and service	我们从不知自己是怎样低估了她 关于她的品德、价值，还有奉献
17	镜头穿过花园的树林，女人（70多岁）一招手，和老伴儿、曾孙们一起玩	屏幕中间打出两行白色的字： Our lifelong commitment to you	为你献上我们终生的承诺

二、唤醒式场景文案——对比写作

就社交网站陌陌的创意短片（见图3-26）而言，它的文案写作则属于对比蒙太奇（见表3-11）。

图3-26　陌陌广告《总有新奇在身边》电影串烧版

作为一个网络时代的社交平台，陌陌的大创意是“总有新奇在身边”，为了凸显这个大创意，陌陌发布了多个版本的文案，电影串烧版本文案（见图3-27）是其中最具创意张力的，因为它采用的是经典“对比写作”的手法。文案语言是“别和陌生人说话”，画面则来自“一夜情”题材名片《爱在黎明破晓前》；文案语言是“待在熟悉的地方”，画面则取自嬉皮士时代的杰作《在路上》。反差强烈的视听语言对比，挑逗着人类永不泯灭的好奇心。在文案人创造的社交模式中，只有开启陌陌，社交时代才会真正地来临。

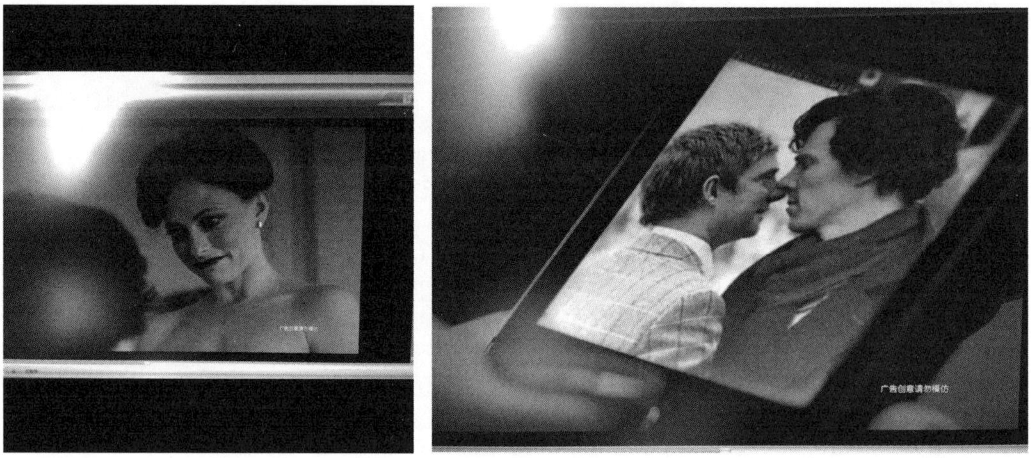

图3-27　《总有新奇在身边》截图

表3-11　《总有新奇在身边》文案

镜头	画面	文案
1	《爱在黎明破晓前》	别和陌生人说话
2	《不可撤销》	别做新鲜事，继续过平常的生活
3	《极速风流》	胆小一点，别好奇，就玩你会的，离冒险远远的
4	《神探夏洛克》	有些事想想就好，没必要改变
5	《在路上》	待在熟悉的地方
6	《水果硬糖》	最好待在家里
7	《四个婚礼和一个葬礼》	听一样的音乐，见一样的人
8	《布达佩斯大饭店》	重复同样的话题
9	《白日焰火》	心思别太活
10	《纸牌屋》第一季	梦想要实际
11	（同上）	不要什么都尝试
12	《香水》	就这样活着吧

对比蒙太奇类似文学中的对比描写，即通过镜头或场面之间在内容(如贫与富、苦与乐、生与死、高尚与卑下、胜利与失败等)或形式(如景别大小、色彩冷暖、声音强弱、画面动静等)上的强烈对比，产生相互强调、相互冲突的效果，以表达创作者的某种意图或强化所表现的内容、情绪和思想。借势经典电影场景，再有文案语言加持，陌陌短片爆发出的是远远超越两者相加之和的创意能量。

在近年大热的真人秀节目中，无论是传统媒体，还是网络媒体，台本和脚本逐渐式微，剧本成为真人秀团队的操作蓝本。顺应着这个趋势，创意编剧成为每个团队中的活跃力量，号称“编剧中的战斗机”。从创意“脑爆”，到形成剧本大纲，再到环节细化、设计游戏环节，编剧的创意走向决定着节目的好看度与收视率。其中，对场景的运用和再造成为创意编剧屡试不爽的操作方法。

在《奔跑吧兄弟》《爸爸去哪儿》（见图3-28）等节目中，编剧突破了传统娱乐节目的舞台限制，将拍摄场地拓展到日常生活的各种场景中，甚至会人为地设定“未来的场景”，制造各种冲突，让嘉宾们在完成一个个节目设定的任务的过程中，处理各种“突发”情况，触发笑点和泪点，以此吸引观众。虽然这些看起来都是嘉宾们的真实表现，但事实上，无论再怎样“真人”的节目，都脱离不了“秀”的本质，这些节目的背后都有着剧本式操作文案的创意驱动。

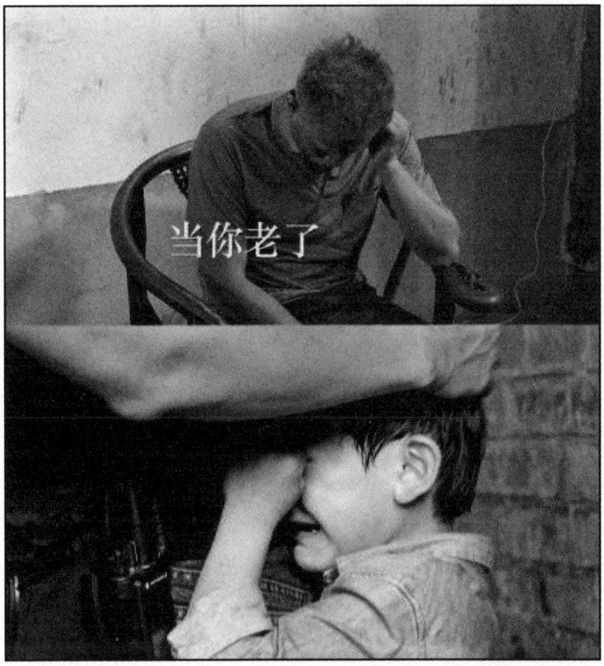

图3-28　湖南卫视真人秀《爸爸去哪儿》截图

透过网络视频的汹涌潮流，剧本之微视表现出的是日趋强大的创作包容度，从内容营销到商业艺术，人们对它迷恋不已，这不仅是互联网时代商家对经济表达的需要，更是人们内心对于突破平凡生活的戏剧性的需要。

第四章 微视频的风格与体例

第一节 视觉系：旁白与留白

在各种类型的视频操作文本中，旁白有着不同的称谓。它在微纪录片脚本中被称为“解说词”，在微电影剧本中叫“画外音”。追溯旁白的渊源，在《电视解说词》一书中，作者徐舫州这样阐述：“旁白”一词，源自中国戏剧，一般指剧中人物暂时脱离剧情发展，以旁观者的身份点评剧情或表述人物心理活动的内心独白，是帮助观众理解剧情的一种辅助性说明。所以，电影电视中的解说词最早也被人称为“旁白”，以区别于剧中人物说话或对话的“念白”与“对白”。

本节的旁白，借鉴原义中“旁观者身份”的定位，是对电影、电视以及网络视频操作文案中“辅助说明性文字”的统称。

一、旁白——讲述风格

图4-1 《母亲的勇气》截图

电视广告中包含新闻信息被奥格威界定为电视广告创意的“上乘之选”。他感叹道：“但即使产品具有新闻价值，而且是十分难得的新闻，有些文案撰稿人仍没有充分发挥新闻的作用，甚至弃之不顾。”而电视广告片《母亲的勇气》（见图4-1）创意团队——奥美台湾公司则很好地听从了鼻祖的话，将“新闻”与文案创意结合在了一起，做到了“善待新闻”（见表4–1）。

表4–1 《母亲的勇气》文案

镜头	画面	文案
1	背景音乐沉郁，缓缓铺开，其中伴随着嘈杂的叫嚷声，画面中的老外们都张望着同一个方向	（无）
2	机场的安检员拉扯着一位老妇人，老妇人拼命挣扎	（无）
3	高大的安检员粗暴地检查着老妇人的行李	画外音起，温柔却十分理性的女声向我们讲述：一个老妇人因为携带违禁品，在委内瑞拉机场被拘捕了
4	老妇人在飞机上，双手牢牢抱着行李包	（无）
5	喧闹的机场，形形色色的旅客，老妇人出现在人群中，她是那么不协调，周边的一切对于她来说都是那么陌生，于是她把怀中的行李包抱得更紧了	（无）
6	老妇人的形象：矮小，甚至有些枯槁，花白蓬松的头发，发黄的脸，简朴至极的衣服	（无）
7	通过安检，老妇人显得十分紧张，僵硬的双肩，空洞的双眼，小心翼翼，怎样看都不像一个正常的旅客。她依旧紧抱着行李包	画外音：她是一个台湾人，没有人认识她
8	安检人员要求检查证件，目光很怪地看着老妇人	（无）
9	老妇人反应了一下，才拿出证件，很不自然地回避了对方的目光	（无）
10	老妇人在饮水处喝水，在平缓的背景音乐里，老妇人的身影显得更弱小无助	（无）
11	在机场的盥洗室，老妇人洗了头发，还涂了口红（可见老妇人的旅途很长，她只能在盥洗室整理自己、打扮自己）	（无）

续表

镜头	画面	文案
12	候机室，老妇人独自蜷缩在椅子上等待，打瞌睡，很疲惫	（无）
13	镜头又转到一开始高大的安检员粗暴地检查老妇人的行李包，从包里掉出一袋东西。安检员大声质问这是什么	（无）
14	老妇人一看见安检员拿起那袋东西，便凄厉地叫起来，很大力地挣扎	（无）
15	一个东方面孔焦急地跑来，一位华人机场工作人员出现在老妇人面前	（无）
16	老妇人看到他，上前激动地说着什么	（无）
17	工作人员拿起那包东西仔细看着	画外音：她告诉他们，这是一包中药材，她是来这里炖鸡汤给女儿补身体的
18	老妇人在安检人员的面前不断地祈求、悲伤地哭泣	画外音：她女儿刚生产完，她们有好几年没见了
19	镜头转向一张被折叠过的照片，应该是老妇人贴身收藏又经常看的，照片里是老妇人的女儿抱着老妇人未曾谋面的外孙	（无）
20	机舱里，一束阳光照在老妇人脸上，她看着照片，开心地笑着	画外音：蔡莺妹，63岁
21	老人在人群中紧紧抱着包走着	画外音：第一次出国
22	慌张地拿着地图询问陌生人	画外音：不会英文
23	拿着机票茫然地找自己的座位	画外音：没有人陪伴
24	在盥洗室里疲惫地洗脸	画外音：一个人，独自飞行三天
25	缩在机场椅子上休息	画外音：三个国家
26	脸上是无助的神情	画外音：三万两千公里
27	在盥洗室里洗漱的老人听见了登机的通知	（无）
28	飞快地奔跑	（无）
29	穿插一路上飞过的地方、美丽的风景	（无）

续表

镜头	画面	文案
30	老人抱着包在机场奔跑	（无）
31	老人拿着女儿与外孙的照片看着	（无）
32	画面是女儿与外孙的样子	（无）
33	老人抱着包，带着微笑，奋力奔跑	（无）
34	画面回到开始，机场安检人员惊讶于老人的经历	画外音（温柔又平静的女声）：她是怎样做到的？
35	黑底白字	坚韧，勇敢，爱
36	黑底白字	不平凡的平凡大众

该短片是奥美为台湾大众银行拍摄的系列公益广告之一，创意源于一个真实的新闻故事：一位台湾母亲（蔡莺妹）首次远离家乡到陌生的国度，一句英语与西班牙语都不会说，只希望能为在委内瑞拉刚生产完的女儿烹煮鸡汤。她不仅独自搭乘飞机飞行三天，甚至还经过多次转机，展现了坚韧、勇敢以及伟大的母爱，这也正是典型台湾平凡大众的不平凡写照。[①]

画面语言是炽热的：一个母亲的执着与无畏；旁白却是理性的新闻腔：

> 一个老妇人因为携带违禁品，在委内瑞拉机场被拘捕了。她是一个台湾人，没有人认识她。她告诉他们，这是一包中药材，她是来这里炖鸡汤给女儿补身体的。她女儿刚生产完，她们有好几年没见了。蔡莺妹，63岁。第一次出国。不会英文。没有人陪伴。一个人，独自飞行三天。三个国家。三万两千公里。她是怎样做到的？

视频与音频的基调不同，克制的外在之下是奔涌的内在情感。明与暗的两条逻辑线彼此交融，使得每一个看完这个广告的中国人，乃至儒家文化熏陶下的东亚人，都会久久沉浸在一种无声的震撼中。那种母亲的力量和无私的爱能够唤起我们内心深处的感动，以及对母亲的思念。“坚韧，勇敢，爱，不平凡的平凡大众。”广告所要表现的“平凡大众”也与台湾大众银行的名称关联起来，虽然有些人认为广告并没有把银行与广告内容真正联系起来，只是简单地扣住了“大众”这个名字，但广告真正要表达的某种人文关怀与理念，已通过这个“形象广告”表现得淋漓尽致。

在视频文案体系中，旁白并非独立的创作，但是它的能量却可以独当一面。对世界

① 选编自《2017年夏季文案班案例报告》。

保持敏锐的感触，以创意文案承载鲜活的灵感，无论采取说的方式还是唱的方式，创作者都要将旁白的价值发挥到无可替代。

二、旁白——唱词风格

图4-2　达夫·卡罗尔的《美联航弄坏吉他》封面

…

United, United,

You broke my Taylor Guitar.

United, United,

Some big help you are.

You broke it, you should fix it.

You' re liable, just admit it.

I should have flown with someone else or gone by car,

Cause United breaks guitars.

Yeah, United breaks guitars.

Yeah, United breaks guitars.

（……

联航啊，联航，

你们弄坏了我的“泰勒”吉他。

联航啊，联航，

你们真是帮了“大忙”。

你们把它弄坏了，就应该修好它。

是你们的责任，就该承认。

我应该改乘别家的航班或开车去，

因为联航搞坏了吉他。

联航搞坏了吉他。

联航搞坏了吉他。）

2008年3月，加拿大乡村歌手达夫·卡罗尔（见图4-2）乘坐美联航（美国联合航空公司）航班，从加拿大哈利法克斯前往美国内布拉斯加。当他抵达芝加哥的奥哈雷机场时，拿到行李后，他发现自己的吉他已经被摔坏了。卡罗尔的吉他是价值3 000美元的

“泰勒”牌吉他。为了修好它，卡罗尔花费了1 200美元。但他认为修理后的吉他已无法弹奏出以前的音色。自那之后的9个月里，卡罗尔先后多次向联合航空公司服务部门投诉，结果，“皮球”总是被踢来踢去。卡罗尔决定利用音乐讨回公道：“我当时就想要把这件事情写成歌曲、制成视频，然后放到网上去，让大家知道我的遭遇。”

卡罗尔将这首《美联航弄坏吉他》（*United Breaks Guitars*）拍成MV放在YouTube上之后，没想到在10天之内，这首歌的点击量就接近400万次。卡罗尔似乎一夜成名，他发现他和自己乐队的唱片销售量大涨，已经在加拿大的iTunes网上打入前20名。

视频版本加一篇原创歌词，使得美联航付出了巨大代价——股价暴跌10%，相当于蒸发掉1.8亿美元市值，而且还被数以百万计的人指责。最终,美联航一改过去的冷漠和推诿，向卡罗尔支付了赔偿金，还表示要用这个视频培训员工，以提高服务水平。

为应对快速而碎片化的传播，唱词风格的旁白是视频文案创作者值得尝试的创意模本。何况在娱乐和游戏语境中长大的一代，对于标准而直白的影像风格渐渐无感，悬疑、可爱、萌、暗黑系的创意反而更吸引刁钻的眼球。James Allen的戒指广告便用了这样的快节奏微视频（见图4-3、表4-2），几幅画面呈现的是：被求婚的女孩戴上戒指后，戴戒指的手固定在画面下方，对面的人们不停地切换，观众不知道他们是谁，也不知道这些人都在干什么。一闪而过的信息难以捕捉，而富有节奏感的旁白帮助观众的眼睛在连续一闪而过的画面中得到解放。广告通过视听结合的方式，使观众轻松明白事情的原委，传播目的由此达成。一个女孩戴上戒指之后会做什么呢？会展示给她的家人、朋友、前任、邻居家的奶奶和她的宠物猫，还会拍照发到自己的社交媒体平台上去，让每一位好友都看到，所以，这必须是一个无与伦比的戒指。这样一来，一切就变得清楚了。视频与音频的完美配合加大了文案的冲击力度，让人觉得这个视频非常酷且炫目。

图4-3　James Allen的戒指广告

表4-2 James Allen戒指广告文案

镜头	画面	文案
1	湖畔的草坪上，一男子单膝跪地，拿着钻戒向女友求婚。女生表情惊讶，男生拿起戒指	（无）
2	女生手部特写，无名指上戴着钻戒，女生看着自己的手	当女生最终戴上那枚（梦寐以求的）求婚戒指时，她一定会晒给……
3	妈妈惊讶地抓着女儿的手	她的妈妈
4	爸爸咬着香肠，仔细观察女儿手上的钻戒	她的爸爸
5	奶奶戴上眼镜仔细端详	她的奶奶
6	戴着钻戒的手伸向墓碑	她的曾祖母
7	两名女生和一名黑人男生举起双手对着钻戒尖叫	她的好朋友们
8	一名男子开着红色跑车慢慢驶离	她的前任
9	一名穿着运动装的女子打开房门，目光移到钻戒上后愣住	她的未婚夫的前任
10	一位老奶奶抱着猫，面带微笑地看着钻戒	她友好的邻居
11	老奶奶怀中的猫好奇地看着钻戒	当然还有Fufu先生
12	前女友狠狠地摔门，交警一边写着罚单一边盯着钻戒，盲人老爷爷伸出手小心地摸着钻戒，交警撕下罚单递给她	总的来说，她恨不得秀给所有人看
13	美甲师惊讶地盯着钻戒	她
14	女生将手伸向太空中的宇航员	他
15	美国总统山	他们
16	一只鹿	它
17	大型卡通气球	不管是什么
18	电脑上，Facebook主页上放着女生戴着钻戒的手的照片	还有她Facebook上的每一个人
19	好友列表快速滑动，停在Jose Miguel的名字上，一名肌肉男正在电脑前，右手举着哑铃，左手敲着键盘	包括那个和她在瓜达拉哈拉共度良宵的Miguel

续表

镜头	画面	文案
20	点赞数从699变为700	他们都点赞了
21	男友求婚时，女生的背后站着之前提到过的所有人	所以，这个戒指要是一个可以闪瞎众人的钻戒才行
22	女生拿起戒指，开心地点头，男女主角相拥	定制专属于你的婚戒，到Jamesallen.com

旁白，可以是寥寥数语，可以是喋喋不休，也可以似“零文案”一样留白。“零文案”式的留白无疑是视频的特写，而音频，更多地是作为背景的音乐和音响（同期声）参与。不同于平面文案的声画合一，视频中文字的“有声”和“无声”表达，功能和效果会截然不同。

三、留白——评论风格

CCTV公益广告短片《感谢不平凡的自己》（见图4-4、表4-3）讲述了戍边战士、失聪舞者、求职大学生、震后重建家庭、公司员工和小商贩的生活故事，以平实的视角和隽永的意味获得亚太广告节银奖。整部短片只有背景音乐和数段同期声，旁白只在短片最后以评论的形式浮现于屏幕的角落：平凡的生活/总有顺流、逆境/但我们依然努力前行，感谢/不平凡的自己。

没有宣言，没有口号，只有一个个生活场景、一幅幅人物特写，它们映射着不同“自己”的无奈、奋斗、挣扎和涅槃。伴随着音乐的渲染和旁白的点题，我们看到了每一个“自我”的灵魂都在飞升。

图4-4　公益广告《感谢不平凡的自己》

表4-3 《感谢不平凡的自己》文案

镜头	画面	文案
1	边防士兵孙阳靠在窗边看着自己的全家福，之后又立马放回衣兜里，戴上军帽走了出去	【字幕】 孙阳 黑龙江　漠河边防士兵
2	黑夜里，一名卖菜小贩在集市旁停下了自己的三轮车。几名女生走进了一间舞蹈教室。小贩掀开了盖在蔬菜上的棉被。病房里，一名中年男子为躺在病床上的老人拉开了窗帘。女生系上了舞蹈鞋带。一名男生在镜子前认真地梳着头发	（无）
3	舞者张天娇在镜子前揉着自己的耳朵	【字幕】 张天娇 哈尔滨　失聪舞者
4	边防士兵们在冰天雪地里排着整齐的队列进行巡逻	（无）
5	大学生刘丁打印了一沓自己的个人简历	【字幕】 刘丁 上海　毕业求职大学生
6	一对夫妻骑着摩托车穿过高山、河流	【字幕】 徐涛夫妇 北川　震后重建家庭
7	菜场小贩冀文华在雪中竭力吆喝	【字幕】 冀文华 北京　四环菜场小贩
8	大学生刘丁在求职大会密密的人潮中艰难挪动	（无）
9	咨询公司主管王大同拒绝了来电，一心搀扶着老人	【字幕】 王大同 广州　咨询公司主管
10	边防士兵们在一望无垠的雪原上慢慢行走	（无）
11	失聪舞者张天娇根据老师的手势做出相应的舞蹈动作	（无）
12	大学生刘丁在拥挤的人群里填写表格	（无）
13	边防士兵们在雪地里带着警犬一起奔跑	（无）

续表

镜头	画面	文案
14	夫妻骑着摩托车经过地震之后的建筑废墟	（无）
15	咨询公司主管王大同将老人抱上病床	（无）
16	失聪舞者张天娇在镜子前一遍一遍地练习着旋转动作，但却屡屡失败，一脸焦急地向舞蹈老师求教	张天娇：我找不到方法。 老师：说了要向上。
17	大学生刘丁在公司摊位前询问信息	（无）
18	咨询公司主管王大同端着电脑在医院长凳上坐下	（无）
19	边防士兵一动不动地在雪地里站岗，冰雪甚至覆盖了他蒙在口鼻上的棉口罩	（无）
20	菜场小贩趁休息大口大口吃着饭	（无）
21	大学生刘丁呆坐在招聘会后面的座位上 菜场小贩在冬夜里抱紧了胳膊 咨询公司主管王大同抱着电脑在长椅上睡着了，手还停留在键盘上	【字幕】 平凡的生活 总有顺流、逆境
22	夫妻骑着摩托车经过了废墟 失聪舞者张天娇对着镜子鼓励自己，给自己一个微笑然后继续打起精神练起了动作 小女孩从菜场小贩的身后跑来，给了他一个惊喜 咨询公司主管王大同在给老人削苹果 夫妻骑到了新建好的家里，开心地抱起了小孩 大学生刘丁坐在公交上，倚靠着车窗，若有所思的样子 小女孩坐在三轮车上，菜场小贩奋力推着小车向前，父女俩笑得很开心 母亲抱起孩子，眺望着山的另一边 大学生刘丁接到了面试通知，十分欣喜 失聪舞者张天娇终于把舞蹈动作做成了，动人的舞姿也打动了她的舞蹈老师 菜场小贩父女俩看着天边的烟火，露出了微笑	【字幕】 但我们依然努力前行。 菜场小贩：宝贝，你怎么来了？ 孩子：妈妈等着我们回家吃饭呢！ 刘丁：明天下午3点是吧？好的好的，一定不会迟到！
23	小女孩与父亲一起推着三轮车前进	【字幕】 感谢 不平凡的自己

权威谈判专家尼伦伯格·卡莱罗曾经说道："在所有'非言辞沟通'的范围内，最不易产生争论的，就是脸部表情。"因为这是最容易看到的表情，而且一目了然。视频的构思和创作必须建立在视觉效果的基础上，除非文字也成为视觉的有机组成部分。这才是留白的要诀。

是的，旁白并不是文案创意的"万金油"，不是所有旁白都能恰到好处地烘托氛围、辅助点题、勾勒情境。2016年中秋佳节之际，方太推出了诗词版系列文案宣传片（见图4-5、表4-4），分别推广其旗下的水槽洗碗机、智能云魔方和方太烤箱。三部短片都将产品的性能完美地融入传统的辞赋中，且画面精良，充满古色古香的韵味。然而遗憾的是，在人们感叹画面精致、言简义丰的同时，片中那如同初学者水平的朗诵，浑然无知、冒冒失失的美声念腔旁白，生生搅乱了婉约的意境。在这种意蕴悠长的短片中，诗词文案或许并不适合通过生硬的、字正腔圆的旁白道出，而应按照默片时代的规则，就让文字停留于视觉状态，让观众自己"轻拢慢捻抹复挑"，慢慢品味出文案的"大珠小珠落玉盘"。

图4-5　方太宣传片截图

表4-4　方太诗词版系列文案

镜头	画面	文案
1	一个女子坐在一棵小树旁的地上，树的前方的水面上倒映着树和女子	【蝶恋花】
2	女子坐在木质板凳上，对着镜子整理自己的妆容	桂枝新妆芙蓉面
3	女子拿着一把团扇，侧身面对镜头站着	淡扫蛾眉，花颜镜中鉴
4	在窗棂后，女子缓缓向一棵开满花的树走去	似有雕车待堂前
5	女子缓缓向油烟机走去	却执五味烹家宴
6	女子站在灶台前一边烹煮着美食，一边操纵油烟机	（无）

续表

镜头	画面	文案
7	女子轻轻地闻着自己的衣袖	何惧飞烟染罗衫
8	油烟机吸收着大量白烟	一瀑流云，直上九重涧
9	女子站在水边，水面上倒映着女子和她身后的群山	青丝红袖芳如兰，不负金屋藏落雁
10	镜头慢慢扫过油烟机	方太智能油烟机，四面八方不跑烟
11	女主站在小路上，抬起头 一轮明月悬挂在夜空中	岂容飞烟染罗衫，爱若无缺事事圆
12	月亮化作方太Logo的一部分	方太因爱伟大

“机智引发参与”，这是麦克·艾霍恩和斯图尔特在《心灵的微笑：图像设计中的机智思考》中提出的文案创作准则。“为读者留下5%，最多40%的空间”，不要把话说完，甚至不开口说话，让读者自己来补充，好比抛出一个球，让读者去接。留白将部分创作权和想象空间留给观众，这也许会在他们心中生成更好的旁白版本。

第二节　口述体：自述和他述

在讨论自述和他述之前，先要阐明的是：文案中的自述和他述并不等同于现实生活中的“我说”和“他说”，而是以第一人称和第三人称展开的创意写作。

于尔根·沃尔夫在《创意写作大师课》的“镜中的人物”一节中，引用了作家罗迪·道伊尔的创作心得：“我的书有一半都是以第一人称写的，所以，是的，我会与叙述者产生共鸣，为了找到推动故事的语言、环境和幽默等，我必须和他们产生共鸣。”斯蒂芬·金则说：“一切都始于我自己。即使我在努力模仿现实生活中的某个人——迪克·切尼……是一个人物试金石，它明显出自我的想象。”①

以第一人称想象并摹写他人，这也是创意写作训练中一个得以进入角色深处的模拟练习，在这个环节，老师通常会要求学生选择一位名流，模拟该名流的特点，写一篇人物自白，以锻炼学生塑造人物的能力，并让他们掌握人物的独特性格。

重构他人的心灵，这是创意写手和大师们迷恋不已的心理游戏。

曾任美国历史学会主席的耶鲁大学教授史景迁（见图4-6）是最懂创意写作的历史学教授。史景迁以研究中国历史见长，在那些泛黄的历史数据背后，挖掘并塑造逝去的时

① 沃尔夫.创意写作大师课[M].史凤晓，刁克利，译.北京：中国人民大学出版社，2013:67-68.

空里的人和事，并以不同于一般的“第一人称”的方式展开非同凡响的写作历程。在其著作《康熙》一书中，史景迁以“朕”的口吻和视角“自述”了一位中国皇帝的生活日常以及他开创的康熙王朝。

> 朕常对诸皇子说：“春夏之时，孩童戏耍在院中无妨，毋使坐在廊下。”
>
> 朕常告诫诸皇子，切勿如无赖小人，动辄恶言相向，宜把持喜怒之气。少时血气未定，戒之在色；壮时血气方刚，戒之在斗。
>
> ——第五篇《阿哥》

图4-6　史景迁与《康熙》

富有创意的叙述方式使得史景迁的作品敏锐、深邃、独特而又好看，使他在成为蜚声国际的汉学家的同时，也成为学术畅销书的写作高手。

跨越历史长河和文化风烟，无论是以第一人称为古人，还是为同龄人、同一代人写作，都是搜寻脑海深处共同的记忆符号，唤醒内心潜藏的情感共鸣。这是此类型文案“自”带的能量。

2016年初，豆瓣推出了其诞生11年来的首部宣传片《我们的精神角落》（见图4-7）。谈及创意理念时，策划人李三水明确指出：“整个创意的逻辑就是要诗意化：最大化地抽象概念，增加可反复解读的空间。片中运用的视觉符号都是超现实的，同时也是现实的反射。”这个透着浓浓文艺格调的宣传片，4分钟内引用的文学、影视、音乐作品包括《沉默的羔羊》《现代启示录》《恶童日记》《图腾与禁忌》《告白》《医院风云》《红白蓝三部曲》《2001太空漫游》等，以“豆瓣Style”向一些经典的人物和作品“致敬”。逼仄的物质现实，更呼唤超现实的诗意安抚，“豆瓣，我们的精神角落”可谓应运而生。这部以“我”和“我们”的名义发布的创意视频引发了豆瓣文艺青年的强烈共鸣。

有“豆瓣er”评论，“感觉心里某处在不停地流泪，很痛”；也有人说，“这句‘我们的精神角落’，直击灵魂，我必须承认这真的戳中了我的痛点”。这种字里行间透露着文艺风格、却又不矫揉造作的文字，传递着豆瓣自身的品牌调性，也赢得了用户的心。“我们的精神角落”，正是豆瓣的自身定位——为用户提供精神栖息地。

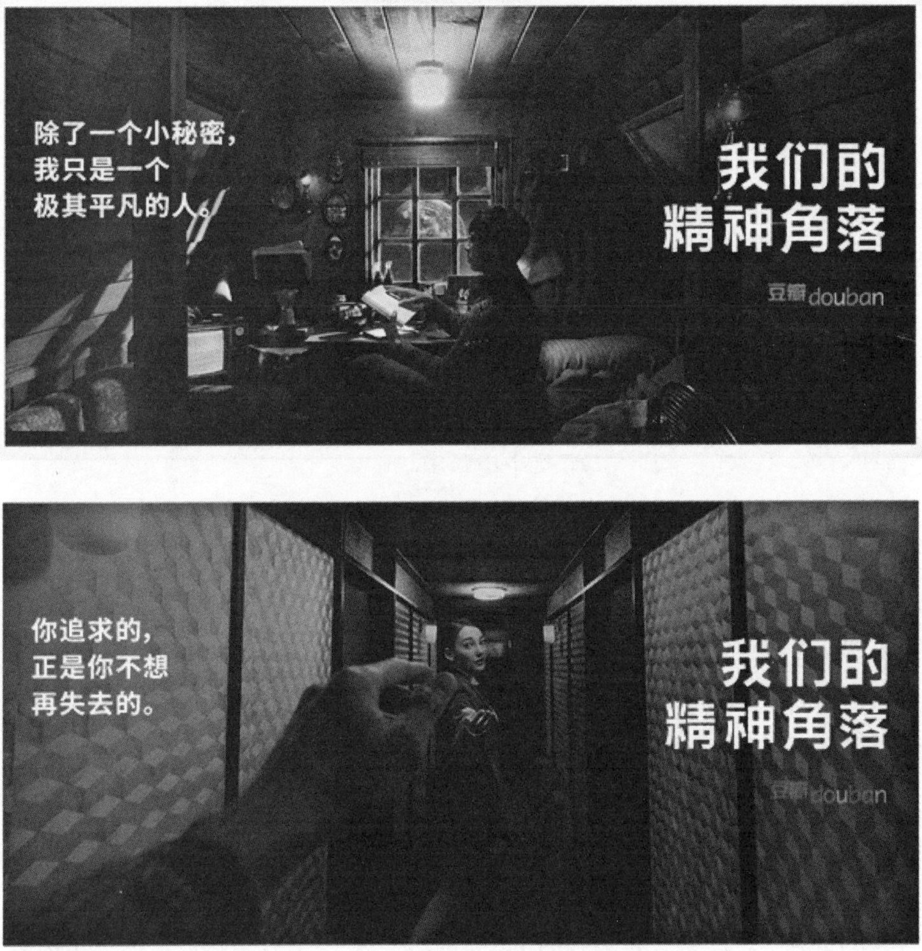

图4-7　《我们的精神角落》截图

除了一个小秘密

我只是一个极其平凡的人

我张开双臂拥抱世界，世界也拥抱我

我经历的，或未经历的

都是我想表达的

我自由，渴望交流

懂得与人相处，但不强求共鸣
我勇敢，热爱和平
总奋不顾身地怀疑
怀疑……我在哪里，该去哪里
童年，或许还有……
可和你一样
小时候的事，只有大人才记得
我健康，偶尔脆弱
但从不缺少照顾
也尝过
爱情的滋味，真正的爱情
如果不联络
朋友们并不知道我在哪里
但他们明白
除了这个小秘密，我只是
一个极其平凡的人
我有时，张开双臂拥抱世界
有时，我只想一个人
我们的精神角落
豆瓣

从滋养灵魂的精神食粮到满足果腹之欲的汉堡包，以第一人称为叙述主体的文案无疑会带给受众更真实可信的主观感受。

将“我”作为受众本身也是一种操作手法。2014年麦当劳推出宣传短片*Super Good*（见图4-8），担任短片导演和摄影的Joe Murray曾说：“短片以第一人称视角拍摄一个人吃麦当劳、与朋友分享以及他们和麦当劳度过一天的生活。这不仅让我们可以在每个镜头中展现产品和Logo，而且第一人称视角还能抓住观众的注意力，让他们有身临其境的感觉。我和Stern Advertising广告公司紧密地合作，确保全片有一种积极的氛围，充满能量和持续的移动，从而带动观众。”这种方式给人一种更为真实的身临其境之感，就像是通过人眼而非摄像机亲自看到了这些画面，相应的信息也在体验之中被受众接受。

图4-8 *Super Good*截图

第一人称式文案的能量在《我是歌手》（见图4-9、表4-5）中得到了充分释放。对于"秀出真我"的竞赛节目而言，嘉宾出场前播放的人物简介短视频采用自述的方式再合适不过。每位登上《我是歌手》舞台的选手都是星光闪耀的实力唱将，在音乐界都有着自己的名气和光环，来与实力相当的唱将们同场竞技，除了需要勇气，还要有情怀。而经历、缘由、苦衷……这些都由嘉宾自己说出口才更有味道。作为这个舞台上的主角，他们站在同一起跑线上公平竞争，每一个人都有自己的分量和决心，一个个不同的声音拼凑在一起，诉说着自己的故事和心声，少了些华丽的修饰，多了份真诚和亲切。

图4-9 《我是歌手》宣传片截图

表4-5 《我是歌手》文案

镜头	画面	文案
1	缥缈黑暗的宇宙中，露出小半个地球的轮廓	是谁同意
2	工作的吊车 汹涌的水柱 被锯倒的大树 脏乱的港口 漂浮的垃圾 如山的垃圾堆	把这个世界让给噪音
3	地铁里拥挤的人潮 冒着浓烟的烟囱 忙碌的农民 运作的机械 隧道中全速前进的机车	是谁困顿着
4	万人齐声欢呼的体育场 捧着水杯微笑的黑人小男孩	万物静默如谜
5	成群的记者纷纷按下快门 工厂的流水线上相同的制成品 工人们在作业	除了大张旗鼓的喧嚣
6	黑白的楼房、城市	或悄无声息的沉寂
7	宇宙、星云	我们和声音，有多少种关系
8	毛线上的粉尘被抖落下来 斧头劈开柴火 冰块融化、碎裂 洗手池里的水被放走	节奏
9	水中的冰块互相碰撞	音符
10	被风吹动的风铃 轻轻震动着的三角铁	旋律
11	华晨宇在布满雾气的汽车前玻璃窗上写字 雨刷刷过玻璃窗	才是声音的初衷

续表

镜头	画面	文案
12	手掌拍打鼓面	而也许只有乐音
13	雨水冲刷大海里的礁石	才能让人类 重拾倾听
14	广袤的星空 巍峨的山川 起飞的鸟	【发光的字幕】 “节·奏”
15	蝴蝶在凹凸不平的山川表面飞舞	借我们一些生灵 还原声音的诗意
16	发光的金鱼漂浮在山川的上空	【发光的字幕】 “音·符”
17	金鱼浮到水面上喝水	借我们一点时间
18	甲壳虫在干枯的枝干上爬行	勿忘初心
19	又黑又亮的甲壳虫	【发光的字幕】 “旋·律”
20	一株绿色植物，发着荧光 露珠滴落在植物的叶片上	借我们一首歌
21	歌手孙楠的近景	承担生命的温柔和张力
22	歌手胡彦斌的近景	歌唱，是对人生释然的体谅
23	歌手谭维维的近景	歌唱，让爱和梦境联手飞翔
24	歌手The One的近景	歌唱，穿梭于日常和真相
25	歌手李健的近景	歌唱，为音乐镀上天真的光泽
26	歌手A-Lin的近景 山川、河流、晚霞	歌唱，让人成为人
27	歌手韩红的全景	我们歌唱，逆流而上
28	绿色的山峰、蔚蓝的天空、流动的白云	生命不息，音乐不朽
29	耀眼的日光照亮整个画面	我，是歌手

综艺节目，就是多数时候搞怪、耍贫、卖萌、逗你笑，少数时候煽情、演戏、卖惨、惹你哭的，不需要多余的思考的，完全靠直观感受打动人的节目。这样的节目，预告也好，宣传片也好，都走不出“以搞噱头为最终追求”的套路，要么让明星单独录一段

VCR，说一些求粉丝关照的话，要么进行恶魔剪辑，把有意思、有看点的部分都剪在一起再删去一半，制造着悬念，做着宣传。但是，2015年《我是歌手》总决赛的宣传片，却把综艺节目的宣传短片提高到了另一个层次。

这个宣传片能够在电视台播出，背后还有一个故事。在总决赛直播的时候，参演的歌手之一孙楠在演唱完一轮之后，突然决定弃权，退出冠军的争夺，此举一下子打乱了比赛的节奏，包括票数的统计和赛制都要临时调整。在眼看就要出现放送事故的情况下，先是主持人汪涵不慌不忙，临场发挥，挽回着局面，也为导演组争取了一些时间；然后，直播暂停了3分钟，此时电视台播出了这个宣传片来救场。也算是因祸得福吧，这个宣传片广受好评，顺势把《我是歌手》的口碑也给带了起来。那么，这个宣传片到底好在哪里呢？

从整体上看，这个短片不像是一个艺能节目的宣传片，反而像是歌手这一群体的自我宣言。它一针见血地指出这个社会浮躁、嘈杂，噪音无处不在，然后代表歌手这个群体发声。从细节上看，它的每一句台词在视频里都用花字装点，字体酷炫，配上精心拍摄的画面，给人一种冷酷、高级的感觉。加上华晨宇的念白，一切都搭得刚刚好——稍显空灵冷淡的嗓音配上锋利直白的文案，和触目惊心的视频融为一体，震撼观众的心灵。尤其是后半段，念白和每个歌手的歌声重合，后期精心处理的音效让听众折服。可以说，这一部短片一石三鸟——解决了放送问题，提高了节目格调，宣传了竞演歌手，效果很棒。

能够让人由衷地对一个职业产生敬意，是一件不容易的事。看过这个短片的我，由衷地尊敬每一位用心歌唱的歌者。[①]

图4-10　《十三邀》海报

反观腾讯新闻出品的访谈节目《十三邀》（见图4-10），每期访谈嘉宾的预告小片都是不同版本的许氏“偏见”，以第三人称的视角进行描述和评述。节目一改传统新闻访谈节目客观中立的态度，带着“偏见”与时代碰撞。以许知远的“偏见”视角来采访十三位来自各界的具有“模板”作用的人，邀请他们分享个人体验和心得。既然是别出心裁的访谈节目，那么嘉宾介绍自然也不同以往。以姚晨（见图

① 选编自《2017年夏季文案班案例报告》。

4-11）的嘉宾介绍视频为例，没有高大上的推介语言和刻意的噱头制造，只是从许知远与工作人员的交谈中，透露给观众嘉宾身份的线索，以及采访中将会提及的问题，用他述的方式记录嘉宾的真实，卸载名人嘉宾自带的光环（见表4-6）。

图4-11　《十三邀》嘉宾姚晨的介绍视频截图

表4-6　《十三邀》文案

镜头	画面	文案
1	嘉宾姚晨坐在楼梯上拍摄写真；摄影师不断按下快门，并看着电脑对她的动作进行指导	脚再出来一点点
2	许知远走下楼梯，回头与节目前期采访导演对话	你和她说了吗 说了
3	姚晨在做拍摄前的准备	（无）
4	在一个古朴的露台上，一名身穿黑色短袖的男子在采访许知远	那你当记者的时候对她什么感觉 一开始 就觉得一个人，面对一个突然来的名声，或者别人的注意，其实特别容易扭曲你 对，她没有扭曲
5	姚晨在做着梳妆准备，各路拍摄人员拿着相机在做拍摄前的准备	（无）
6	许知远在走廊上与一名女工作人员相撞	对不起，不好意思
7	许知远在接受黑衣记者的采访；记者以及许知远的面部特写	生养小孩，然后事业已经很稳定。她不需要再通过比如一部又一部电视剧、大热电影来证明自己。所以她在这个状态里面，会不会担心被遗忘

续表

镜头	画面	文案
8	摄影师正在对姚晨进行拍摄；姚晨坐在床边，手指轻轻拨弄着一个白炽灯泡；许知远在摄影棚外站着，望向摄影棚内正在接受采访的姚晨	（无）
9	许知远在和黑衣记者对话；姚晨在摄影棚内进行拍摄	她是一个成功的“嘉莉姐妹”，面对一个突然跃升的巨大的城市，来找自己的位置，始终在试图寻找一个更大的自我。这么盛行的明星文化，这十多年，僭越到所有的领域 当然内心深处是深恶痛绝的 你知道我跟你一样深恶痛绝是吧 但是你节目的点击量会成倍地增加 你在讽刺我，是吗
10	许知远坐在沙发上看着书，戴着白色耳机；姚晨及其随行人员走下楼梯，朝许知远走来	（无）
11	姚晨走到许知远身边，与他打招呼；许知远看到姚晨，笑着放下手中的书，站起身来和姚晨握手；两人一阵寒暄，屏幕慢慢变黑	这位先生，你好 你拍完啦 没呢 你比我想象的矮 真的吗 我以为你高一点 你想象我特别高大魁梧吗 还挺好 你赶紧拍吧，拍完咱们再聊 你倒是比我想象的高大
12	字幕出	十三邀 许知远对话姚晨 敬请期待

所有的客观都是主观，所有的见解都是偏见。从创意写作的角度观察，自述和他述分担着不同的职能，但通往的都是受众的心灵。从认知心理学的角度看，认识自我、认识他人、认识世界的过程中不仅有偏见，更有偏差。而文案的治愈力也在说服心灵的过程中得以美妙地体现。

再来看一个短视频：多芬短视频系列之一《你比你想象的更美丽》（见图4–12、表4–7）。

图4–12 《你比你想象的更美丽》截图

表4–7 《你比你想象的更美丽》文案

镜头	画面	文案
1	一位来自FBI的法庭画师	Gil Zamora，FBI法庭画师，1995—2011年任职
2	两位女士分别在镜头前叙述	“我来到一个没去过的地方，那个人拿着一个画板，”Melinda说，“我们看不到他，他也看不到我们。”
3	Gil坐在画板前，和被画的模特之间隔着一层白色的帘子 Florence在镜头前叙述	Gil问：“你的头发是怎样的？”Florence说：“并不知道Gil在干什么，但之后通过他问的问题，大概知道他是在画我的肖像。”
4	Gil在画板前画画，镜头分别切入两位女士被临摹时的状态	Gil问：“你的下巴是什么样的？”Olivia说：“我的下巴有些突出，尤其笑起来的时候。”Florence说：“我的妈妈总说我的下巴很大。”

续表

镜头	画面	文案
5	再次切入Gil画画的镜头，再分别切入三位女士叙述自己模样时的镜头	Gil问："你最大的特征是什么？"一位女士说："我的脸有点圆，而且肉乎乎的。"另一位女士Shelly说："随着我长大，我的雀斑越来越多。"Kela说："我的额头很大。"
6	Gil坐在镜头前自述	Gil说："我每次画完以后和她们道谢，她们就离开了，我还是不看她们的模样。"
7	Florence在镜头前自述	Florence说："我来之前只被告知，我是来和另一位女士Chloe互相认识聊天的。"
8	Gil坐在画板前，和另一位模特之间隔着一层白色的帘子	Gil说："我想请你描述一下你之前认识的那位女士。"她说："她很瘦，你可以看到她的颧骨，她的下巴很瘦很漂亮。"
9	镜头切入多名体验者在帘子后面描述他们之前被安排要认识的伙伴的模样	他们对自己刚刚认识的伙伴进行了描述（他/她有蓝色的眼睛，等等）
10	Gil带Florence来到画板前，请她对比面前两张自己的画像，一张来自她自己的描述，一张来自别人的描述	Florence说："哇，这真的……"
11	镜头切入更多女士来看自己的对比画像，每个人都很惊讶。一位女士看到对比后热泪盈眶	（无）
12	一位女士和Gil叙述自己看到这两张肖像的感受，叙述这两张的区别，最后流下了泪水	她说："第一张看起来更胖一些，有点内向和忧伤，但第二张看起来更友好和快乐。"
13	镜头切入Florence的自述	Florence说："我应该更珍视自己最自然本真的美丽，这会影响到我们的生活，影响我们的工作，对我们孩子的态度，这会影响一切，我们不该对快乐和幸福抱着怀疑和批判的态度。"

续表

镜头	画面	文案
14	Gil和Florence站在挂满对比肖像的房间里进行了一段对话，之后镜头切到Florence的表情，她的脸上洋溢着幸福	Gil问："你认为你比自己想象的更美丽吗？" Florence答："是的。"
15	画面充满温暖的金色，镜头切入其他体验者在下午的阳光里看自己对比肖像的镜头，再切入一对情侣的拥抱	画外音：女人通常花很多时间去处理很多其实并不真的重要的事情，我们应该花更多时间去珍惜我们喜欢的东西。
16	镜头切换成白色的底和一行文字	"你远比自己想象的更美丽"。
17	最后镜头切入白色的底和多芬的商标	

这是一段非常触动人心的短视频，多芬请来了曾经给法庭工作的画师，只通过他人的描述进行肖像创作。在这个过程中，他为每位体验者都画了两幅画像，一幅来自她们自己对自己的描述，另一幅来自他人对她们的描述，最终将两幅画像放在一起对比，产生了非常大的差异，第二张来自他人描述的画像比第一张更为亲切友爱。这种对比不仅使体验者看到自己实际的外在美丽，更让她们看到自己内在的美丽和可爱。多芬短视频系列之一《你比你想象的更美丽》并没有对产品和公司进行直接宣传，而是选择挖掘生活中的话题，深度表达一种美好的人性和情感，通过同观众产生高度共鸣和引发观众对自己及生活的思考，与观众建立高度的感性联系，从而赋予自己的品牌温度和活力。①

即使是纵横比照自述和他述的长篇大论，也无法胜过这个视频文案的自证和他证。它将"我"与"她"一起推送到"我们"面前，唤醒的是新一轮探索自我的好奇心和嘉许自我的自信心。从第一人称到第三人称，丢却虚妄的主观与客观，我们在创造最好自我的道路上需要的只是正确的自省与内观。

第三节　对话体：文案剧

电影《教父》系列被权威的评论家誉为令人膜拜的"电影论文"（见图4-13）。两代教父的经典对白不仅成为电影编剧对白写作的模板，对白中的真知灼见也成了全世界男人生存与奋斗的经典法则。

---

① 选编自《2017年夏季文案班案例报告》。

图4-13 《教父》海报

老教父日趋衰老，在家中的后花园里，他与家族事业的接班人——儿子柯里昂展开了父与子的对话。一段看似家常而平静的对话，说尽了家族内外的爱恨情仇、老教父的智慧干货，以及儿子即将面对的惊心动魄。

一、对话——台词即文案

父亲：我现在比以前爱喝酒了（见图4-14），而且越爱喝就喝得越多。

儿子：这对你有好处，爸爸。

父亲：我不知道，你的太太和小孩过得还快乐吧？

图4-14 《教父》截图（1）

儿子：非常快乐，很好。

父亲：我花了一辈子就学会了“小心”（见图4-15），女人和小孩可以粗心大意，但男人不行。

图4-15 《教父》截图（2）

父亲（重复再问一遍）：你的孩子还好吗？他越来越像你了。

儿子前倾上身，抚摸父亲的手，关切地发问。

儿子：怎么回事？是什么困扰着你？我应付得了，我说能，我就能。

父亲起身站立，坐在儿子的背面。

图4-16 《教父》截图（3）

父亲：我干了一辈子，没什么遗憾的，我照顾了我的家人，但是，我决不当傻瓜，让那些大人物在幕后操纵我。我不必道歉，那是我的命运，但是我想过（见图4-16），有一天你会成为那些操纵的人，柯里昂参议员、柯里昂州长之类的，再建立一个王国，这个……

父亲叹息、摇头，与儿子对视。

父亲：时间不多了，迈克，时间不多了。

儿子：我们会做到的，爸爸，我们会做到的。

父亲亲吻儿子的面庞。父子两人拥抱在一起。

“电影对白就是这样：不是现实生活中说的话，而是电影里说的话，是真实对话的整体结果。”加州大学洛杉矶分校电影学院编剧专业主席理查德·沃尔特在其著作《剧本：影视写作的艺术、技巧和商业运作》中特别指出，“真实生活里的说话是免费的，大街上随处可听。但是，电影中的对话，却是排队买票去听的。它必须是特殊的，除非它会闪转腾挪，发光并闪耀，否则对观众来讲是不值得听的。”①

所有的编剧都听得懂理查德·沃尔特教授的话，但创作出特殊品质的对白却不是普通的职业功夫所能及的。不过，马里奥·普佐可以。作为《教父》的第一编剧（导演科波拉联袂编剧），他两次荣获奥斯卡最佳改编剧本奖，并作为封面人物登上《时代》周刊封面，被誉为“通俗小说的教父”（见图4-17）。小说《教父》甫一出版，即荣登《纽约时报》畅销书排行榜榜首，驻留达22周之久。从某种程度上讲，是马里奥·普佐造就了马龙·白兰度（饰演维托·唐·科莱昂，电影《教父Ⅰ》主角）、阿尔·帕西诺（饰演迈克·柯里昂，电影《教父Ⅱ》主角），甚至科波拉（《教父》系列导演）。

图4-17　第三位教父——马里奥·普佐

① 沃尔特.剧本：影视写作的艺术、技巧和商业运作[M].杨劲桦，译.桂林：广西师范大学出版社，2013:114-115.

马里奥出生于美国纽约曼哈顿的意大利移民家庭，他以批判现实主义为底色的畅销书创作风格打造了创意时空的“谍影重重”。观察马里奥笔下的两代教父，温情与残酷、骄傲与畏惧、小心与野心、守护与战斗的复杂调性在他们的性格中盘根错节。而这正是诸多美利坚人双重身份的生动凸显：一种是公开的社会成员身份，另一种是秘密的集团成员身份。强弱辩证，超越善恶，通过《教父》的演绎无限逼近现实。

人性、血性、兽性一起在对白中闪转腾挪，台词和潜台词一起发光并闪耀，马里奥创作与改编的对白不仅值得观众买票去听，更值得作为藏品级的经典藏纳于记忆的深处。

二、对话——串烧即文案

金句是所有文案创作者都想要的宝贝，用它来架构一部电影，真是一种罕见而冒险的行为。韩寒式的电影，创意起点往往只是一段金句。台词的风格延续金句风格，韩寒负责提供金句，他的主人公们负责在摄影机前说。“风中凌乱”的男主角们穿过人山人海之后，就没有然后了。一如戛然而不止的金句，此去经年，没有结局。

那些让我们日夜辗转，因为写不出一个好句子而忧思难忘的困难，遭到了《后会无期》（见图4-18）里所有角色的围观嘲笑，因为他们不论是教师还是骗子，张口就是苏格

图4-18　韩寒电影《后会无期》海报

拉底，镜头一转又诗人附身，毫不费力。作为语言风格独特的年轻作家，韩寒堪称“金句生产商”，言语虽犀利叛逆，却总是蕴藏着温度和趣味。首次尝试导演工作的他，执导的这部《后会无期》并不是改编自他的原著，而是全新的作品。文字正是标志性的韩寒风格，台词和对白更是影片的一大亮点。因文字功底而受读者追捧的他，在电影预告中放出大量金句串烧，并将情节在对白中巧妙地串联起来，影片的精彩在这部几分钟的预告中展现得淋漓尽致（见图4-19、表4-8）。

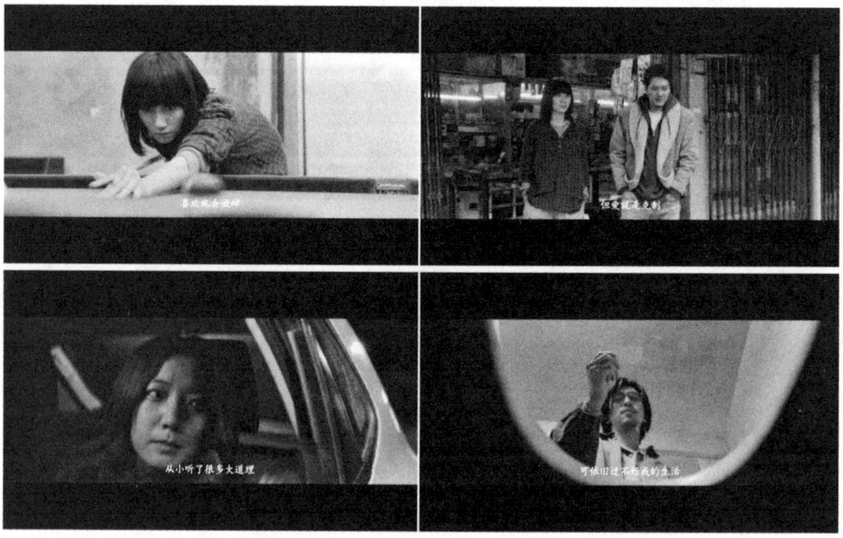

图4-19 《后会无期》预告片截图

表4-8 《后会无期》预告片文案

镜头	画面	文案
1	陈柏霖坐在床上给面包片抹酱，王珞丹站在收音机边，收音机里放着悠扬的英文歌，陈柏霖则跟随着音乐翻译歌词。王珞丹转身坐下，静静聆听	当我还是一个小女孩的时候，我问我的妈妈，我将来会成什么样呢？我会变美丽吗？我会变富有吗？她是这么告诉我的
2	王珞丹对陈柏霖说	568包钟，868包夜
3	年轻男子按下相机快门，跑到另外两人旁边，陈柏霖、年轻男子、冯绍峰勾肩搭背，对着相机合影，突然间冯绍峰带着另外两人前跨一步	未知旅程，合影留念 进一步海阔天空
4	陈柏霖、年轻男子、冯绍峰站在漂泊于大海中的小船上	连家乡都没有了，我们跟野人也没什么区别
5	陈乔恩看见三个男人开心地笑，行走在繁忙的剧组人群中。在街上回头与三个男人交谈，傻笑	背井离乡，就得要出人头地 要是以后你们还混得不好，可以来找我好啊

续表

镜头	画面	文案
6	冯绍峰拍了拍陈柏霖的肩膀	你这样的人，不太适合在这个社会上生存
7	陈柏霖与王珞丹坐在床边，沉重的敲门声让两人惊慌回头	查房
8	陈柏霖用力踢掉窗户的围栏，让王珞丹逃走	你名誉不要了啊？跑啊！
9	在荒漠中央的马路上，一辆车飞驰着	
10	袁泉精准地击着台球，在门口与冯绍峰交谈	喜欢就会放肆，但爱就是克制
11	王珞丹在汽车后座上，望着窗外。陈柏霖将印着王珞丹照片的小卡片扔进马桶	从小听了很多大道理，可依旧过不好我的生活
12	钟汉良坐在汽车后座上，扬起嘴角一笑。钟汉良和冯绍峰站在路边，钟汉良对着大山大喊，冯绍峰惊讶地看着他	命硬不敢说，命根子肯定硬
13	冯绍峰坐在驾驶座上，通过后视镜和刚上车、灰头土脸的钟汉良交谈	你是哪的啊 我东莞来的
14	陈柏霖在王珞丹面前低下头	你们这样是不对的
15	汽车前排，陈柏霖和冯绍峰戴着头盔，冯绍峰面向前方，向陈柏霖伸出手指	小孩才分对错，成年人只看利弊
16	冯绍峰坐在副驾驶位置上看着窗外	有时候，你想证明给一万个人看，到后来
17	台球桌的两边，袁泉微笑着向冯绍峰伸出手、摆出握手的姿态。冯绍峰也将手伸过去，却因为台球桌的阻隔握不到	你发现只得到了一个明白的人，就够啦
18	陈乔恩与三个男人交谈，冯绍峰站在最前面	接下来去哪里 去下一个地方
19	坐在汽车后排的钟汉良、小狗，握着方向盘的冯绍峰表情振奋、蓄势待发。汽车发动，飞驰向前	准备好啦
20	一名左手打着石膏的中年男子，右手拿着一支烟，身体倚靠在车上	既然大家都是没本事的人，各走各路

续表

镜头	画面	文案
21	冯绍峰被陈柏霖揪住衣领，按在车上。陈柏霖举起拳头	这才是现实 别XX教训我
22	一名男青年伸出手指，指向三人，另一边的眼镜男点头应和	开车撞死你们
23	电影精彩画面剪辑	（无）

将时长几小时的电影精剪为几分钟长短的微视频，电影预告片中蕴含的智慧和凝结的技巧不输电影本身。串烧式的创作方式，既可以满足金句发布者的创意冲动，又可以以金句的威力吊起观众的胃口；既留有悬念，又展现影片最精彩的内涵。串烧即文案，而且是文案的精华。

预告片中大量使用金句台词已屡见不鲜，而除预告片外，许多电影也会选择利用台词将剧情精彩处和悬念点串烧起来，几段精彩片段的前后总会有一些概括性的话语。以颇受好评的台湾青春电影《我的少女时代》为例，电影预告中出现了大多数人青春时都会有的片段，也有电影主角们自己的青春故事。对白串烧让我们看到了电影中精彩的场景，几个概括性的语句告诉我们剧情当中的连贯性，穿插起来连贯自然、丰富饱满，不仅用精彩的对白展示出影片最值得期待的部分，更用短短几分钟将情节中的看点介绍详尽。青春电影的目的是引起人们对青春年华的回忆与共鸣，见过相似的场景，说过同样的对白，经历过同样的心境，在预告片中找到这些的观众自然会期待着影片主角们所演绎的青春故事，电影预告片也就发挥了它的作用（见图4-20、表4-9）。

图4-20　《我的少女时代》预告片截图

表4-9　《我的少女时代》预告片文案

镜头	画面	文案
1	长大后的林真心满脸堆笑地为同事们加油	我是林真心，我常常幻想，长大后的我会是怎样的
2	粉色背景上显示白色字幕	如果青春可以倒带

续表

镜头	画面	文案
3	教室里女教师拿起一位女学生偷看的明星照片，指着照片训斥学生	我都还没有嫁人，你怎么会有老公
4	一名帅气的男生慢慢走来，林真心躲在货架后面犯花痴	我觉得欧阳看过来了啦
5	三个女生为篮球场上的欧阳欢呼加油	欧阳加油！欧阳加油！
6	校花敏敏推着自行车走出来。教室里，她的好朋友正在和全班同学讲话	各位同学，不要再帮那些臭男生传情书给我们的敏敏，好吗
7	粉色背景上显示白色字幕	是幸运？是意外？
8	校园痞子模样的男生戴着袖标，威风地对过往的同学指指点点	服仪不整、边走边吃、书读太多
9	林真心被校园痞子堵住，害怕地躲在墙角和他说话，被他交朋友的邀请吓得目瞪口呆	你喜欢谁的电影啊 周星驰 家家家……《家有喜事》 几个家 一个家 我们，交个朋友吧！ 哈？
10	陶敏敏与欧阳亲密互动。校园痞子和林真心并肩坐着交谈	帮我追陶敏敏，你的欧阳，不就单身了吗
11	校园痞子和林真心趴在二楼、躲在墙后偷看欧阳和陶敏敏	女生啊，是很难捉摸的
12	校园痞子和林真心在走廊中跟踪欧阳，跨过几个女生抬着的绿色球筐。欧阳觉得不对劲，回头看	我们说没事，就是有事；没关系，就是有关系
13	粉色背景上显示白色字幕	献给99%的平凡少女
14	林真心换了发型后清爽好看，正在吃面的校园痞子看到后愣住，从背后将林真心推向欧阳。林真心鼓起勇气送给欧阳一根冰棍	因为他，我才是现在的我
15	欧阳与校园痞子针锋相对，欧阳揪住校园痞子的衣领	你赢不了我的啦

续表

镜头	画面	文案
16	林真心滑冰时害怕尖叫。众人一起骑摩托车出游，校园痞子用手臂钩住林真心的脖子	没穿过高中制服翘过一次课，长大以后才会后悔
17	林真心和校园痞子在咖啡厅一起学习，大量的复习材料一本一本堆叠。校园痞子在一群人中打架	如果我们没有考到同一个地方，你可不可以答应我，不要再打架
18	两个人的背影，校园痞子对身边的林真心说	我答应你
19	校园痞子被人从背后打中头部倒地。林真心拿着刘德华的公仔发呆。推着自行车的林真心走在路上，前面的校园痞子突然回头递给她那个刘德华的公仔	在那个没有手机、没有网络的年代，消失，是很容易的事
20	长大后的林真心对着镜子推推眼镜，审视自己，站在车水马龙的街头沉思	瓦仔，是从哪一天开始，不再闪闪发亮
21	粉色背景上显示白色字幕	永远记得青春的勇气
22	校园大会上，林真心独自站在所有人面前激动地说	只有我们自己，能决定自己的样子
23	长大后的林真心自信地走着。当年的林真心也坚定地迈着自己的步伐。长大后的她将辞呈甩在老板的桌子上。当年的她和欧阳站在一起相视而笑，全校同学们欢呼着跳起来	（无）
24	校园痞子指着刘德华的人形纸板	以后我叫刘德华，唱给你听 最好是啦
25	长大后的林真心被人从背后拍拍肩膀，回头之后表情震惊	你东西掉了
26	陶敏敏为校园痞子撑伞。林真心独自淋雨，回头道谢后跑开	不用啦，谢谢
27	校园痞子拉着林真心奔跑	谢谢你，出现在我的青春里

无论何种影片，将影片中的精彩桥段串烧起来是制作预告片时惯用的手段。虽然动作片会放更多的动作片段，科幻片则会着重表现华美震撼的特技效果，文艺片和青春片会更多地把有情怀的东西投递给观众……但再漂亮华丽的宣传海报，再著名的明星

助阵，似乎也比不上一段精彩的微视频对观众产生的吸引力。在台词即文案的对话体预告片当中，观众似乎切实体会到了观看这部电影时的感受，也许是被某一段对白打动，也许是对某一个场景好奇，便决定买票到电影院观看，预告片的目的就此达成，而微视频的魅力也正在于此。

三、对话——吐槽即文案

在人人都在发布金句的新脱口秀时代，吐槽是互联网一代独特的发言方式。小主们说出的可能是话，吐出来的就不一定是什么了。就像科技大片中有超强繁殖力和衍生力的终结者，“软软其实不太硬”多角扮演、多口味秀远远超越了某些吐槽君的视频创作之格局（见图4-21、表4-10）。

图4-21 “软软其实不太硬”的视频作品截图

表4-10 “软软其实不太硬”的某视频作品的文案

镜头	画面	文案
1	软软室友精心打扮后微笑示意要出门 软软戴了一顶休闲帽坐在沙发上拦住室友	我出去吃饭喽 哎，帮我带两包假烟
2	软软室友探出头，一脸茫然 帽子软软面露无奈地摇头，用手比画	假烟？ 唉，是啊，我在附近四家不同的店买了四包一样的烟，每包味道都不一样。当它全是假的，心里还好受些
3	帽子软软肢体动作夸张，靠近室友	（无）
4	黑屏，屏幕出现小标题	闹心的假货
5	帽子软软坐在椅子上，面向镜头无奈吐槽 翻着白眼，双手比画着举例说明	唉，现在的假货实在太泛滥了 就拿穿的来说吧，衣服、鞋子、袜子，等等，只要是穿到身上的，就没有找不到假货的
6	软软换了一件土气的条纹衬衫，头发梳成非主流状，手拿一只假冒的Nike鞋，咬牙切齿地吐槽	假鞋最多，商标一个比一个“栩栩如生”，质量一个比一个“生不如死”

续表

镜头	画面	文案
7	软软换了一件干净的白衬衫，戴副眼镜，坐在沙发上接着吐槽 土气软软对镜头嘶吼	我遇到过最狠的，一只真的一只假的，一只软一只硬，那走起路来，一米六、一米七，一米六、一米七 喔，那还分辨不出来啊
8	眼镜软软义愤填膺 土气软软手靠橱柜，面露惊讶 帽子软软摸着下巴	有些专卖店都卖莆田货，你知道为啥吗？ 为啥呀？ 因为爱情……
9	眼镜软软打断帽子软软 帽子软软摸着下巴沉思	错！是因为专卖店都分辨不出来 能分辨出真假的，应该都去参加那个最强，什么来着
10	软软室友出现，背后黑屏，屏幕打出标语	最强下丘脑
11	软软室友动作夸张，向观众介绍	欢迎来到最强下丘脑，现在在台上的是被誉为最有可能夺冠的男人：火哥！
12	火哥出现，双手捶胸展示力量，面前的桌子上摆了两只皮鞋	火！
13	软软室友接着介绍比赛规则	今天他最后面临的挑战是在两只鞋中找出属于A货的那一只，他已经持续观察了3小时15分钟了
14	火哥眼神呆滞，往眼里滴了滴眼药水	再来一瓶
15	软软室友一脸遗憾	留给他的时间已经不多了
16	火哥最后疯狂了，指向左边的一只鞋	我选这只
17	软软室友表情激动，拿起答案纸宣布	他已经做出了他的判断，那我们看看是否正确，左边是A货！
18	火哥激动捶胸，软软室友夸赞火哥，接着问	不愧是火哥！在短短的3个多小时内就作出了判断，那么你是通过哪一点判断它是假鞋的呢？
19	火哥稍显犹豫	呃，我，蒙的
20	画面切回帽子软软，软软表情严肃又带有讽刺	莆田假鞋厂格言“让世界都穿得起名牌”，从来都不是一句空话，啧啧啧，太伟大了

续表

镜头	画面	文案
21	土气软软暴跳如雷	假名牌就算了，好歹不太容易出人命，现在有的吃的都是假的
22	眼镜软软附和	对，你永远不知道你吃下去的是什么
23	软软室友叼着烟，扛着剑向一家小卖部走去 软软室友一拍柜台	无 老板给我出来！
24	火哥扮成老板，嘴里叼着牙签、手拿锅铲出现	我就是老板，什么事啊
25	软软室友和老板对峙	我兄弟吃了你家的牛肉，得了疯牛病，赶紧赔点医药费
26	老板一脸不屑	不可能
27	软软室友急了，一拍桌子	怎么不可能？
28	老板一脸轻松地剔着牙	我家牛肉都是拿鸡肉做的
29	软软室友急了，又拍桌子	我兄弟得了禽流感，赶紧给点医药费
30	老板冷哼一声	不可能
31	软软室友一脸茫然	怎么又不可能了
32	老板轻蔑地看着他	我们家的鸡肉都是拿面粉做的
33	软软室友再拍桌子	我去告诉工商局，赶紧给点封口费
34	老板还是一脸淡定	大兄弟，实话告诉你吧，我这店也是假的，连营业执照都没有。你要真想告，我跑就是了
35	软软室友彻底无语，响起背景乐	只能说我输了……
36	软软扮成在旁边吃面的顾客，一脸惊恐，老板无所谓地摆摆手	没事没事，接着吃，死不了
37	眼镜软软出现 帽子软软痛心疾首	就问你怕不怕 太可怕了
38	土气软软表情激动 眼镜软软分析	黑心商家不怕啊，钱比人命都重要 为了赚钱往食物里加这加那的多了去了

续表

镜头	画面	文案
39	土气软软出现 眼镜软软一本正经地胡说八道 帽子软软摸着下巴思索	什么防腐剂啊、荧光剂啊、瘦肉精啊，咣咣往里倒啊 当然，你想啊，吃了这东西，又瘦又白，死了还不腐 木乃伊，头再大点就成阿木木了
40	眼镜软软出现 土气软软猥琐地笑 帽子软软附和	我告诉你们啊，不光吃的东西是假的，人也有假的 你单身这么久，买个假人，咯咯咯咯咯可以理解，可以理解
41	眼镜软软无奈地翻白眼	你们俩想什么呢，我说的是职业证书，现在有些人，没有经过专业培训，买个证就敢上岗
42	土气软软附和	对啊，我在网上看到有些保姆买个证就敢看房子、带孩子
43	眼镜软软出现	房子倒是小事，孩子出事了可怎么办
44	眼睛软软面露疑惑	这个世界，假货为什么这么多啊
45	土气软软崩溃	我都怀疑人生了
46	眼镜软软摊手	会不会我们都是假的啊
47	眼镜软软和土气软软消失，只留下帽子软软，他高兴得手舞足蹈	啊，我是真的、我是真的，哈哈哈哈，太好了、太好了，我是真的！假货即将消失，真货必将延续，我要和假货抗争到底，我是消费者，不是提款机
48	帽子软软站起来大喊，他全身上下的衣服都消失了	消失吧，假货
49	屏幕黑屏，打出一行字	造、卖假货的，祝你们早日破产

“软软其实不太硬”是类似于papi酱的自媒体博主。在这段视频中，他对人们生活中经常出现的假货进行了吐槽，从穿的、吃的到“人”，都有可能是假的。一人分饰几角，

代表不同的人群，这是一个创意点。另外，除了单纯的吐槽外，视频里面还穿插了各种各样有趣的小剧场，便于我们更好地理解博主吐槽的情况。微视频里小剧场的运用活泼有趣，让人忍俊不禁。博主对假货的描述基于事实又夸大了事实，将平时见不得光的假货摆在台面上来说，能引起人们共鸣。各种假货确实存在，我们每个人也许都遇到过，他这一番吐槽，把我们想说的话都说了出来。娱乐之后，就像视频里说的那样，我们也希望那些制造假货的人早日破产。①

“让他们说话”是创意写作课程上学习的重要环节。作家海明威指出，当人物在说话的时候，重要的是人物而不是作家在说话。无论经由对话发布、发泄，还是表达、推介，对话都是创意写作者和文案创作者乐于采纳的方法，因为“以说话的方式写作”是接近自然主义的有效途径，而金句的偶得又恍若神灵的偏爱与垂青。

人人都爱金句，何为金句的正确定义？金主想让说的话就是啊！如何才能创作出金句？反复对话。

乔·斯特森：我看起来像个名人吗？

好　朋　友：太凶了，斯特森。衬衫紧绷绷的，放松点！笑一笑，说茄子。

乔·斯特森：为什么说茄子？我要说朗姆！更有笑容，干朗姆酒。

好　朋　友：干朗姆酒，难以置信！

乔·斯特森：波多黎各朗姆酒。清澈透明，浅色瓶身，正是上等的饮料。多个品牌备选，每种都别具风格。

好　朋　友：有什么牌子的？

乔·斯特森：这里有Merito。全力推荐，快点，再不喝不凉了。②

这是一则被奥格威推介的对话体文案，由加森·爱瑞斯以《匹克威克外传》里艾尔弗雷德韵诗的风格撰写。但是我们能听到的只有“波多黎各朗姆酒”。这才是文案中金句该有的腔势。

第四节　政治操作文案

相信自己的直觉！

20世纪90年代，商业畅销书作家特朗普（见图4-22）在《做生意的艺术》中特别分享了这个文案力十足的理念。

---

① 选编自《2017年夏季文案班案例报告》。

② 奥格威.奥格威谈广告[M].曾晶，译.北京：机械工业出版社.2016:14.

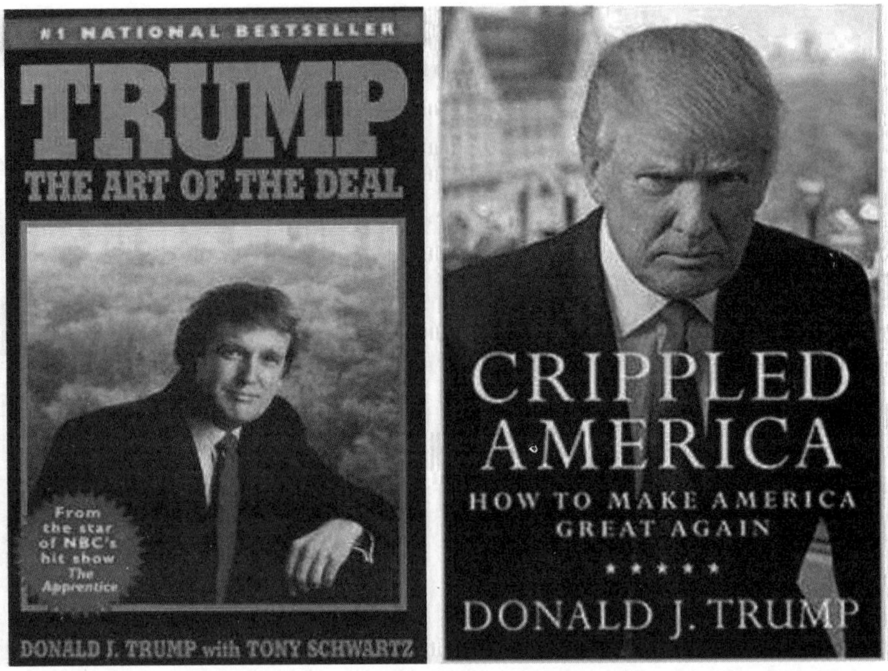

图4-22　特朗普：从畅销书作家到美国总统

当他以直接而率性的风格冲进2016年美国总统大选的战场时，恰逢社交媒体的2016直播元年。“直觉”遭遇“直播”，两种“直”交互作用，带来的是新一轮超越传媒与广告的创意文案的游戏博弈。竞选大战中，经典的电视广告“威力”在延续，只不过更强悍的“微力”体现于社交媒体的视频和图文中，而正是这种微文案的力量，成就了特朗普的总统梦想。

同样信奉以直觉为创意原则的文案大师乔治·路易斯曾经为政治客户服务25年之久，“攻击人的咽喉”是他创作政治广告的大创意。“我的工作就是让100万看起来像是1 000万！”“广告是一种有毒气体，它能使你流泪，它能使你神经错乱，它能使你神魂颠倒！”罕见的激情噱头、直觉信徒的特质在特朗普的身上也异常鲜明。“我是使用140字符的海明威。”特朗普的自夸不算夸张。回溯其丰富而光鲜的人生履历，成功的商人、成功的畅销书作家、成功的真人秀节目主持人三种才华在特朗普这里吹响集结号，使得他的创意力在崇尚率性、个性和真实的社交网络媒体上充分释放。

一、说服策略——要“现象体”，不要“本质论”

“让美国重新伟大!”是特朗普的竞选口号，也是当年里根的竞选口号。它在美国民众的右脑中成功勾勒出了两幅画面：其一，当年里根治理下的美国的各种繁华画面；其二，当下希拉里所属民主党治理下的美国的各种衰落画面。

下列文字选自特朗普宣传片*Laura*。

Trump: I' m Donald Trump and I Approve this message.

Laura: The man who murdered Joshua is an illegal alien and he should not have been here. The killer kicked him in the head so hard and it broken into four pieces. And he took him to a field and he dusted him with gasoline and set him on fire the hardest day of my life. Hillary Clinton' s Border Policy is going to allow people into this country just like the one who murdered my son.

特朗普：我是唐纳德·特朗普，我赞同以下观点。

劳拉：杀害约书亚的是个非法入境的外国人——他本不该出现在美国的。凶手狠狠地踢了约书亚的脑袋，把他的头踢碎成了四块，接着把尸体抛到田里，浇上汽油，烧毁了约书亚的尸体……那是我这辈子最痛苦的一天。希拉里·克林顿的边境政策正在让更多人涌入这个国家，就像害死我儿子的凶手那样。

综观两个竞选团队的宣传片，希拉里·克林顿的选举文案除了针对特朗普的负面宣传外，始终维持着幸福的基调，试图掩盖美国现阶段的社会问题，而脱离美国大众的内心诉求。反观唐纳德·特朗普的一系列宣传片（见图4–23），文案焦点尖锐明确，如短片*Laura*，聚焦于一个儿子被非法移民杀害的母亲；而另一短片*Change*则告诉大众，希拉里在华盛顿特区十年却没有带去任何有意义的改变。这些文案都直指现今美国社会非法移民、暴力犯罪等问题，加之极具说服力的实例和特朗普本人激奋人心的号召，每一句文案都砸在大众的心上，更大程度地激起了选民投票的意愿。

图4–23　特朗普竞选片截图

传播学者施拉姆说："传播曾被视为魔弹，它可以毫无阻拦地传递观念、情感、知识和欲望……传播似乎可以把某些东西注入人的头脑，就像电流使电灯发出光亮一样直截了当。"在"人人时代"，自媒体间的创意传播要实现说服和控制，依靠的不是抽象的本质论，而是现象体的语言。

如何解决非法移民问题？特朗普说："非法移民为什么不去中国？因为中国有长城，所以我们也要在美国与墨西哥边境上修一座长城！而且这钱必须由墨西哥出。"如何看待竞争对手希拉里？他说："连老公都无法满足，怎么满足我大美国人？"特朗普的网络段子般的语言魔性十足。再看希拉里的语言风格："我们一起变得更强!"以及"将继续捍卫并有可能扩展奥巴马的驱境缓和政策""任何贸易协定必须创造就业、有利于工资增长""中美关系不能归类于朋友或敌人""美国再次面临确定方向的时刻""信任和尊敬的纽带正在被磨损"……从这些言语中，你能想象出什么画面？这些言语空泛、不具体，不能在选民的头脑中勾勒清晰的画面，更无法助其记忆和理解竞选主张。①

在中国共产党成立95周年之际，中央电视台发布了名为《我是谁》的走平凡暖心路线的宣传片。宣传片从普通人的角度出发，用问题"我是谁"来引出故事，一个个优秀的人物最终汇聚在一起，所有的党员个体成就了中国共产党"始终和你在一起"的形象（见图4-24）。普通党员的身份、发生在人们身边的微小故事，更容易让观众产生认同感，可以消除人们对党的刻板印象（见表4-11）。这种接地气的表达方式能够有效地抓住观众的注意力和感动点。从文案本身的角度来说，每句话都准确地描绘出了每一个人物，且对应了他们的身份。

图4-24 《我是谁》宣传片截图

表4-11 《我是谁》文案

镜头	内容	文案
1	凌晨的海边，岸上有一簇火	（无）
2	一个人影随着镜头慢慢出现，他站在海边	我是谁，是什么样的人，也许你从来没有想过
3	一摊海水	（无）

① 黄郅城品牌触角.品牌文案如何写[EB/OL].[2017-10-18]. http://www.xwtoutiao.cn/p/o4kgm0ls/.

镜头	内容	文案
4	空荡的教室里只剩下一个女孩在擦黑板	（无）
5	女孩认真地擦着黑板	（无）
6	女孩踮起脚	（无）
7	女孩擦黑板	（无）
8	女孩关上了教室的窗	（无）
9	女孩关上教室的灯，回头看了一眼空无一人的教室	我是离开最晚的那一个
10	女孩关上教室的门，又看了一眼	（无）
11	深夜，一个环卫工人打开了大门	（无）
12	环卫工人拿起了扫把	（无）
13	空无一人的街道上，环卫工人扫地	（无）
14	天有点亮，伴随着鸟鸣声，环卫工人继续在扫地	我是开工最早的那一个
15	环卫工人看向东方，那是初升的太阳	（无）
16	一个穿手术服的医生摘下了口罩	（无）
17	手术灯熄灭，一台手术结束	（无）
18	一群医生聚过来，轻声讨论，然后一个女医生说“嘘”	（无）
19	一个医生坐在了地上，靠着柜子睡着了	我是想到自己最少的那一个
20	雨中，交警指挥着方向	（无）
21	空荡的街道上，只剩下了那个交警，他的四周是斑马线	我是坚守到最后的那一个
22	交警推着自己的摩托车	（无）
23	黑夜的没有灯光的小巷里，男男女女在走着	（无）
24	一个男生爬上了梯子	（无）
25	他在安灯泡	（无）
26	梯子下有一只小狗，卧着	（无）

续表

镜头	内容	文案
27	灯亮了起来，照亮了小巷，男子看着亮着的灯，微笑着	我是行动最快的那一个
28	小孩子们在小巷里玩着老鹰捉小鸡的游戏	（无）
29	凌晨，一个男子推着自行车离开了村委会	（无）
30	雨中，那个男子在码头拉着绳子	（无）
31	那个男子用绳子绑紧了岸上的柱子	我是牵挂大家最多的那一个
32	男子站在雨中奋力呼喊	（无）
33	所有出现的人物行走的画面	（无）
34	所有人物微笑的特写	（无）
35	出现的人物一起坐在草地上，面对着镜头微笑	我是中国共产党， 始终和你在一起
36	红字的“纪念中国共产党成立九十五周年” 下面是黑色标志“CCTV” 下面一行黑色小字“中国中央电视台广告经营管理中心”	纪念中国共产党成立九十五周年 CCTV 中国中央电视台广告经营管理中心

“真实、干货”是社交媒体的发言准则，文案人不拘泥于学者的严谨，但一定要知晓网络受众的心理需求。正如特朗普团队的新媒体主管贾斯汀·麦克科尼所说：“对社交媒体上的名人而言，有两个最要紧的方面，一个是要真实；再一个是给你的粉丝他们想要的。”

二、议题设置——孩子，或者女人

《手无寸铁》(*Defenseless*) 是特朗普竞选宣传故事短片（见图4-25）。镜头中，一个处于睡梦中的女人在听到卧室门外有动静时惊醒，发现是有人非法入侵，女人急忙奔向旁边柜子上的电话，拨打报警电话，并且拿起柜子上的枪支，可是这时候枪支从她的手中消失不见（枪支是幻影）。画面最后是女人所居住的房子的外景，警察已经到来，拉起警戒线（说明女人已经遇害）。

图4-25 《手无寸铁》截图

画外音：她马上拨打了911，太迟了。她拉起了火灾警报以求得安全保护，但这不能给她及时的保护。

这个视频是一个情景短片，讲述一个独居女人夜里因无法自卫而遇害的故事。漆黑的场景，恐怖的音效，似乎随时都可能发生在身边的剧情，的确很扣人心弦，直击要害。特朗普支持合法持有枪支，此政见与希拉里相悖，这个广告毫不避讳，在视频末尾更是直接指出“Don’ t let Hillary leave you defenseless”,其鼓动人心的威力不可小觑：尖刻、犀利、不留情面，抓住对方要害加以攻击，以赢得更多的选票。

一个女孩在田野里，一边从1数到10，一边一片片地撕落雏菊的花瓣，中间穿插着原子弹从发射台升空的镜头和从1数到10的男声（模拟原子弹发射倒计时），然后是原子弹爆炸的声音和林登·约翰逊自己的声音，他正在信心满满地发表下面这段有史以来最有力的文字：“这就是赌注，要么让这个世界成为上帝之子的宜居之所，要么走向黑暗。我们要么相爱，要么面对死亡。”广告最后是这样结束的：11月3日为林登·约翰逊投票，待在家里，赌注就太高了。①

这是1964年的美国总统竞选电视广告《雏菊女孩》，当时民主党人林登·约翰逊对垒共和党人巴瑞·戈德华特（见图4-26）。选举背景是肯尼迪总统遇刺一周后，社会背景是越南战争。文案以小女孩的死亡事件预置了一个观点，将两个竞争对手对战争的不同政见放大，极大地影响了选民们的态度与行动。最后，让雏菊女孩死去的林登·约翰逊以486票对52票大胜对手。

① 盖廷斯.牛文案是怎样炼成的[M].陈志娟，译.北京：中国传媒大学出版社，2011:133-134.

图4-26　巴瑞·戈德华特（左）与林登·约翰逊（右）

用弱势群体做创意素材是政治类广告文案的老梗，具有屡试不爽的效果，但效果也和使用者的性别有关。在希拉里的竞选广告中，“妻子，母亲，祖母，妇女儿童权益倡导者，第一夫人，参议员，国务卿，经典发型头像，职业装爱好者，2016 年总统候选人”是她公共形象的基调。在与公众沟通的过程中，希拉里向我们展现了一个家庭事业双丰收、心态积极健康、紧随时尚潮流的女性领导人形象；但是，她的温情风格，相比特朗普的极端制作，在文案吸引力的层面上是略逊一筹的。

这个世界需要柔情与温暖，文案的世界却需要力量与呐喊。政治文案尤为如此。无论做文案人，还是做总统候选人，胜出概率大的依旧是雄性的操盘手。

三、合唱范式——怎样唱，和谁唱

互动，是互联网文案的特质。视频文案如何呈现互动，选择谁与主角一起出镜，如何在镜头前说话，考验的是创作者对竞选者三观的深度解读。

2015年，中国共产党首次推出的英文宣传片《中国共产党与你一起在路上》（见图4-27），在国内和国际上获得一致好评。这个视频摆脱了过去的既定宣传模式，比较亲民和贴近群众。它选择了几个不同的场景与人物，使用同期声的方式，把小人物的心愿都如实写上，表达了党与民心、民意一直同在路上的中心思想。对政治营销而言，诚实和真实才是最重要的、最能够打动民心的。正如“真善美”中，“真”永远在第一位，在

"善"和"美"之前，切莫为了追求表面的、虚浮的所谓"美"而违背了"真"的本意。

图4-27 《中国共产党与你一起在路上》截图

这是一个古老而又朝气蓬勃的国家。

这是一个快速成长但发展不平衡的国家。

这是一个充满机遇却又面临无数挑战的国家。

这是一个有13亿人口，每个人都有不同梦想的国家。

"我想明年有个好收成。"

"我想开个小饭馆。"

"我想养老金能不能再多一点儿。"

"我想娶个漂亮媳妇。"

"我想天更蓝、水更清。"

"我想大家都不打仗。"

（中国一大会址的路标）人民对美好生活的梦想，就是我们的奋斗方向。

8 000万中国共产党党员，与13亿中国人民一起，为了每一个人的梦想，为了给每个梦想搭建一座舞台，为了每座梦想的舞台上，都有人生出彩的机会，都有梦想成真的快乐，汇聚每一份舞台上的精彩，凝聚成13亿的中国力量，创造一个又一个的奇迹，迎接一次又一次的挑战。

追梦的路上，我们并肩前行，分享机遇，共迎挑战，超越差异，创造未来。

中国共产党与你一起在路上。

真实的语言、真实的表情、真实的生活细节，也在本·卡森的政治宣传广告*These Hands*中得到了生动的表现。不同阶层的人们以不同的手部表情为自己的阶层涂抹下了一个鲜明的个性符号。

修车工人：These hands have repaired 5 237 vehicles.
这双手修好过5 237辆车。

亚裔移民：These hands are working toward citizenship .
这双手正在为获取公民身份而努力。

黑人小女孩：These hands wait tables to get by.
这双手希望有顿饱饭可吃。

运输工人：These hands transport 6 000 gallons of milk pre day.
这双手每天要运六千加仑牛奶。

慈善工作者：These hands help hurting people.
这双手帮助困境中的人们。

老妇人：These hands lived through the depression.
这双手从抑郁症中走了出来。

跆拳道教练：These hands teach self-control.
这双手教授人们如何自控。

律师：These hands fought against prejudice.
这双手与歧视为敌。

——选自本·卡森的政治宣传广告*These Hands*

本·卡森是美国著名的神经外科医生和保守派领袖。他的童年生活与一般美国贫困区黑人儿童无异，后来，他发奋考入耶鲁大学拿下心理学学位，又考入密歇根大学医学院，成为一名神经外科医生，并因连体婴儿手术成为美国传奇医生。2014年，本·卡森宣布参加2016年的美国总统大选。他的竞选宣传片具有鲜明的个人色彩。少年贫困、发奋拼搏的经历，让他对各阶层、各种职业都有深入的接触和了解，宣传视频以“These Hands”为主线，对社会中各种工作者、各种身份的人的双手进行特写并配上文字，除视觉冲击以外，还有其特别的寓意（见图4-28）。如黑人小女孩的双手是对种族平等保护法案的渴望；工人的双手代表劳动者对建设美国的职责；老妇人的双手是经历经济危机的沧桑；律师的双手代表对维护正义的责任……视频里的文案，都紧扣他进行总统竞选的三个关键词：健全、激励、再生。本·卡森的宣传要点在于美国经济的复兴，他的支持者主要是工人阶级和中产阶级，再加上他本身经历被大众所知，这样的文案便容易被大众所认可、接受。①

图4-28　*These Hand*宣传片截图

如何完成有效的政治广告文案？基于美国政治竞选广告的丰富经验，文案大师乔治·路易斯总结出了10条秘诀。笔者选择更有借鉴性的8条，在这里与大家分享：

（1）相信你的候选人。

（2）迅速捕捉到候选人的个性特征。

（3）了解形象与本质之间的区别，不要将它们混为一谈。

（4）整个广告战役必须源于创意，而这个创意必须是令人震惊的，必须引起人思想上的惊恐。

（5）好的创意与你给你的候选人下定义的方式直接相关。

（6）事实比陈词滥调更加强大。

（7）不要做长篇大论。

（8）每种广告材料都必须传递你的主要想法。

第五节　花字操作文案

作为网络综艺时代的创新视听语言，花字被称为“看得见的文案”（见图4-29）。它

① 选编自《2017年夏季文案班案例报告》。

与特效、图像、声音一起构成了一个充满想象力的创意空间，同时也成为90后一代制作人与受众沟通的独特语言系统。本节仅从文字的角度关注花字文案的创作。

图4-29　浙江卫视真人秀《奔跑吧兄弟》截图

早期的中国综艺其实是没有明确的花字概念的，大多数节目包括综艺节目里，只有在需要解释说明的时候才会出现一些辅助说明式文字，且大多数的电视制作人员认为，这类字幕的出现会削弱电视本身的画面表达，所以早期对花字没有足够重视。然而随着综艺节目的不断发展，观众收视习惯和心理的不断变化，日韩（见图4-30）及中国台湾地区综艺的逐渐“侵袭”，花字在综艺节目中的地位被不断提高，以至于现在的综艺走上了一条“无花字，不综艺”的道路。

图4-30　韩国综艺节目*Radio Star*截图

作为一档从韩国MBC电视台引进的亲子类户外真人秀节目，湖南卫视《爸爸去哪儿》（见图4-31）的火爆被归功于“神奇的花字”。那么，神奇的花字到底是什么？它又是如何在各类型真人秀节目中大展创意拳脚的呢？

图4-31 《爸爸去哪儿》截图

花字究竟是什么？从字面上来分析，字，当然是文字，是文本内容；花，是指呈现字体的形式，包含字体设计、图形、动画设计，甚至音效设计。由此我们可以看到，花字是一个集文字、图形、动画、声音为一体的叙事表达手段。对于一个节目而言，在已经剪辑完成的画面上进行花字创作与合成，是在节目第一次创作（编剧文本）、第二次创作（剪辑文本）之后的第三次创作，但这次创作毫无疑问是在已经成型的故事情节之上的一次亚文本创作，它的目的不是覆盖原有的故事情节，而是对已经存在或潜在的故事基因进行提炼、放大、改造，补充完整故事背景元素等。①

一、花字版台词——讲故事

如果说2013年的《爸爸去哪儿》首次展现了花字文案的魅力，那么2014年播出的首季《花儿与少年》（见图4-32）则是花字文案的完美释放。在节目大开场，伴随六位嘉宾出场的是风格感强烈的花字文案：持重的大姐、优柔的二姐、少女感爆棚的三姐、精干的四姐、灵动的五妹。在金色与粉红系花字系统之外，是蓝色系的潇洒导游张翰。在故事展开之前，不同基调的花字文案完成了对人物形象的初步设定与铺垫。这无疑是一个精彩故事的精彩开端。

① 方卓然. 花字创作全攻略（上篇）[EB/OL].（2015-10-23）[2017-10-17].https://mp.weixin.qq.com/s?-biz=MzIwMjEwNTQ5NA%3D%3D&idx=1&mid=400699313&sn=7cfe3e940f1c15ff57a0b48d492cadf8.

图4-32 《花儿与少年》截图

在综艺节目的操作文本日益故事化和剧本化的今天，花字文案在人物性格的塑造方面也发挥着重要的作用。关键词式的花字文案成为摘掉明星光环、重塑真实个性的有效手段。正是依靠这种方式的文案创作，《极限挑战》（见图4-33）以个性鲜明的“三精三傻兄弟帮”赢得了受众的喜爱。

花字文案处于节目的第三轮创作阶段，剪辑导演和剪辑团队是花字文案创意的具体执行者。关于综艺“花字”是什么，爆谷传媒创始人莫文浩做了一个生动的比喻：“每一组镜头就像是一段文字，花字和动画特效就像文字中的标点符号。它们打在正确的位置会让剧情更丰富，帮助观众理解。”由此可见，用花字装点过的节目似乎有脱胎换骨、让人耳目一新的感觉，真人秀中的故事冲突、悬念，整体的节奏和情绪都得到了极大的改善。这种为节目内容增色加分的花字，很好地挖掘了节目本身的内在元素，让画面“活”了起来，将节目的传播效果放到最大。

图4-33 《极限挑战》截图

二、花字版辩词——说观点

2016年,《奇葩说》以一则创意微视频(见图4-34)拉开了年度决赛的帷幕。当主持人以分饰多角的方式出现,发起“该克制朋友圈秀晒炫吗”的辩论主话题时,一场花字文案高端秀也同时展开。主持人的声音作为一条逻辑线索——语言层面的对峙,而完美跳脱与切换的花字文案推进着另外一条线索——两种心理的纠结。两条逻辑线在辩题间隙相互穿插,交叠出辩证复合的意味。在一场辩论赛开场之前,花字文案已经将其烘染出了高潮感(见表4-12)。

图4-34 《奇葩说》创意微视频截图

表4-12 《奇葩说》创意微视频文案

镜头	画面	文案
1	黑色背景，彩色花字	今天
2	黑色背景，彩色花字	范范收到老公送的大钻戒
3	白衣女生站在黑色背景前，摆弄着自己的手机和钻戒	高贵的手机，名贵的钻戒，蓄势待发
4	屏幕左侧出现该女生的第一人格形象，她表情开心地对中间的女生说话，且中间女生有所回应	左：“快发快发呀，这么大的钻戒，当然要配这么美的脸。” 中：“嗯，有道理。” 花字：（左侧）肉松范儿；（右侧）炫出钻戒炫出美；（左侧）大钻石（图案）小脸相辉映；（右侧）不炫还是人？

续表

镜头	画面	文案
5	屏幕右侧出现该女生的第二人格形象，她皱着眉头用训斥语气对中间的女生说话。左侧女生形象在旁观	右："哎呀，哎呀妈呀，你这是要干啥啊？你怎么还敢在朋友圈炫富呢？你考虑过那些苦×加班狗买不起钻戒的感受吗？" 花字：（右侧）大紧范儿；急眼了。
6	中间女生做思索状，回应右侧女生的话。左侧女生表情惊讶。	中："你说得对呀，我怎么能在朋友圈炫富呢？我不是那种俗气的人。" 花字：好容易被说服；才不俗气。
7	中间女生继续说话，随后摆弄手机	中："那我发张和我老公的合影，表达一下谢意。"
8	左侧女生表示赞同，右侧女生生气皱眉	左："对了啦，快发快发，老公看到肯定开心死了，回头给你十个手指全塞满。" 花字：嘿嘿，孺子可教；（右侧）嫌弃；（左侧）金刚石手套乖乖奉上。
9	中间女生回应左侧女生	中间："嗯，有道理，就这张。" 花字：（右侧）看不下去；幸福的少女。
10	右侧女生生气训斥中间女生； 中间女生看向右侧女生，皱眉思考； 左侧女生表情不满	右："完了、完了、全完了，这年头你还敢在朋友圈里秀恩爱，你就不怕你那些单身的狐朋狗友给你屏蔽了，啧啧啧啧啧。" 花字：痛心疾首；啧啧啧啧啧。
11	中间女生回应，随后摆弄手机	中："这也不能发呀？那，那我发一张baby总可以吧？" 花字：陷入困惑。
12	左侧女生开心赞同，右侧女生惊讶	左："对了啦，看我们baby。" 花字：这才是我的公主。
13	左侧女生继续说话，画面中随着左侧女生的描述，出现相关人物的照片	左："金城武的眼睛、刘德华的鼻子和吴彦祖的嘴。"
14	右侧女生不满、嫌弃，并插嘴。伴随着右侧女生的描述，画面中继续出现相关人物的照片	右："还有郭德纲的腿。你可拉倒吧，我看跟隔壁老马长一样一样的，你看那性感的小眼袋。" 花字：眼袋已经没了耶。

续表

镜头	画面	文案
15	右侧女生继续反驳，左侧女生表情惊讶	右：“你还敢在朋友圈晒娃？你就不怕刺激那三年没开张的老艺术家？” 花字：（左侧）excuse me？扎谁呢？
16	左侧女生生气反驳，中间女生左右为难	左：“怎么就不能在朋友圈秀晒炫了？为什么要压抑自己的天性，发呀！” 花字：（左侧）委屈死了；为什么要压抑自己的天性；发呀！
17	右侧女生生气反驳，中间女生左右为难	右：“就是你这种坏心眼子，才让我们失去了朋友圈这片净土。” 花字：朋友圈网红难当啊！
18	右侧女生反驳，中间女生左右为难	左：“就要发，就要发，就要发。” 花字：就要发；就要发；就要发。
19	左侧女生反驳，中间女生左右为难	右：“不许发，不许发，不许发。” 花字：不许发；不许发；不许发。
20	中间女生捂住耳朵，左右侧两个女生消失，只剩下中间女生对镜头独白	“朋友们，我超想在朋友圈秀晒炫，括弧，秀恩爱、晒娃、炫富，括弧完毕。我到底该不该克制呢？” 花字：崩溃崩溃；超想在朋友圈秀晒炫；秀恩爱、晒娃、炫富；到底该不该克制。

网络脱口秀是网络综艺的主要品类，与传统脱口秀节目创作方式不同的是，在更强悍的技术创意的支持下，网络综艺是以更具想象力、表现形式更丰富的视听语言制造话语、传播观点。原创网络综艺节目《奇葩说》在花字文案创作方面堪称佼佼者。即使是“清谈”风格的papi酱，在将声音夸张至一定程度的时段，负责拯救她的也只有素朴风尚的花字文案。

三、花字版诗词——秀情怀

在网络综艺的创意风潮中，淡化娱乐性、接近文学性是吴梦知式文案的创作风格，她所进行的“在线写作”正是诗词风的花字文案创作。

井柏然的字加上吴梦知的文案，是典型的90后“少年与花儿”手作版本（见图4–35）。这种联袂创作的方式自《花儿与少年》首季登陆屏幕，就受到了同龄人的追捧；没有炫目的特效，没有无厘头的表情包，有的只是很“古老”的情感与情怀，作为“花字”文案，几乎只有字，不见“花”的踪迹。纯粹的创意也从另外一个角度印证着文字的独特力量（见图4–36）。

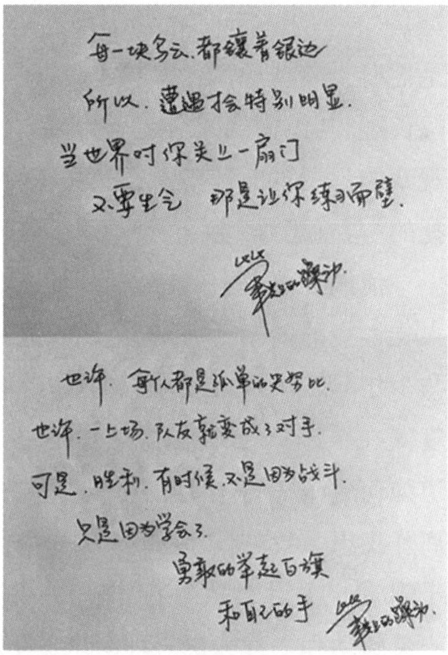

图4–35 《花儿与少年》吴井版文案

图4–36 《花儿与少年》花字文案

由雅虎高级编辑团队编著的《更具笔格：网络文案权威指南》一书指出：面对网页与屏幕，我们很难用声音和表情来表达含义。除了应景的笑脸，我们主要还是依赖文字。[①]作为创意形式突出的“在线写作”，吴梦知文案的走红回应了这个观点，但花字文案终究不是一种独立的创作。与传统的撰写思维不同的是，花字文案的创作秉承的一

① Yahoo!高级编辑团队.更具笔格：网络文案权威指南[M].何立，秦蓉，等译.北京：电子工业出版社，2015.

定是“导剪思维”。“电视与平面是两个不同载体，电视文案在动态影像之下，每一句话是需要带着剪辑思维去撰写的；它是流动状态下的文字，所以会有很多先天的限制。篇幅长短、与画面的配合度、与背景音乐的契合……都跟最后呈现的影像风格、节奏，包括观众能忍受的时长等有很大的关系。”吴梦知在接受专访时特别强调了花字文案所依托的“导剪思维”。

流淌在屏幕上的诗词，不唯美，只唯“心”。创意花火只有在一个不仅专业而且充满人文气息的前期、中期与后期的大系统里才能得到捍卫和实现。也许吴梦知出任《花儿与少年》第4季总导演，只是为了将文案中的自我进行到底吧——“我知道/如何把速度藏在鞋子里/如何深思熟虑不事声张/像成人一样/知道如何笑得像糖/出手像枪/我知道如何/给你一个栩栩如生的梦/如何跌得优雅/又爬起来漂亮/我知道如何让你爱上我/离开我想念我/我知道如何/从一个贫穷的孩子变成偶像/知道如何隐藏/巧妙地活出灿烂千阳/是的我什么都知道”——一如她为《快乐男声》撰写的宣传片文案，对于同龄人的心灵脉动和一代人的心理需求，写文案的吴梦知已经知道得太多了。

四、花字版乱码——玩“笑果”

嬉笑怒骂、插科打诨皆可成花字。在真人秀节目中，剧中人物常常会做出出人意料的反应。这些碎片式的镜头有的符合故事设定的主线，有的可能看似与故事主线关系并不紧密，但有些真人秀节目已经呈现出偶尔淡化逻辑的碎片化剪辑风格，而这些碎片化的镜头经过很好的花字构思，能够为节目增加笑料与娱乐看点。[①]

抓住看点，玩出“笑果”，常常需要花字创作者通过联想、类比、比喻等手法进行笑点的挖掘与设计。《奇葩说》善于用夸张的特效塑造主持人的多面形象（见图4–37）。在“黑”主持人、吐槽摄影师等方面，后期很是任性，用各种夸张的特效生生制造出了不少笑点，将网络综艺的后期风格快速吸纳后转变为更夸张魔性的“人格”，从而创作出许多“笑果”很好的花字文案。这些花字文案成为这档棚内节目独特的风景线。

在“导剪思维”的主导下，花字文案的创作者如何找到创作的灵感，并形成自己的创作风格呢？结合一线团队的操作经验，笔者在这里进行了简单的归纳总结：

（1）从日常生活中累积自己的幽默感，擅长发现周围人群的奇思妙想；

（2）做敏锐的心理观察者，掌握观众的心理节奏，找到更多的情感共鸣点；

（3）对世界充满好奇心，在行走与阅读中积累自己的创作素材；

（4）做B站（bilibili视频弹幕网站，简称“B站”）弹幕和微媒爱好者、微时代合格的

---

① 方卓然. 花字创作全攻略（上篇）[EB/OL].（2015–10–23）[2017–10–17].https://mp.weixin.qq.com/s?–biz=MzIwMjEwNTQ5NA%3D%3D&idx=1&mid=400699313&sn=7cfe3e940f1c15ff57a0b48d492cadf8.

原住民;

(5)相信生活会欺骗自己,但一定要写自己相信的话。

图4-37 《奇葩说》主持人形象

实践与练习

1.小组联合作业:《文案是什么》创意接龙视频。

2.以《我是谁》为概念文案,完成5~10分钟创意微视频。

3.以“文案工作坊·坊间话题”为创意平台,完成操作文案作业。

下篇 营销文案——微传播

引　言

从发出一个声音的整合营销传播，到共处一个数字生活空间的创意传播，预示着大众传播向“一对一”微传播的嬗变，营销文案的创意与制作进入了一个崭新的协同创意时代，颠覆传统的数字营销，重塑着微时代营销文案的规则。

- 什么是营销文案
- 创意文案系统的集成部分
- 创意作品到创意产品的价值变现文案

第五章 微传播的形式与边界

第一节 微整合：时间与空间

整个互联网占据多少物理空间？

美国科普作家兰道尔·门罗这样回答：“我们可以通过全世界存储空间的购买量来确定互联网信息总量的上限……这意味着最近几年硬盘的产量刚好只够塞满一艘油轮。得益于硬盘容量的不断增加，最近几年新增的存储空间占据了全球绝大多数的存储空间。这样看来，整个互联网还没有一艘游轮大。”

正是这不足游轮大小的互联网，构成了陈刚教授所说的“数字生活空间”，在其著作《创意传播管理》中，他并不认为互联网是媒体，而是把互联网定义为一种从未有过的空间。在这个空间内，消费者可以表达、接受、分享，成为这个空间的“生活者”，而营销者必须进入“生活者”的圈子，成为“生活服务者”，才可能实现精准营销（见图5-1、图5-2）。①

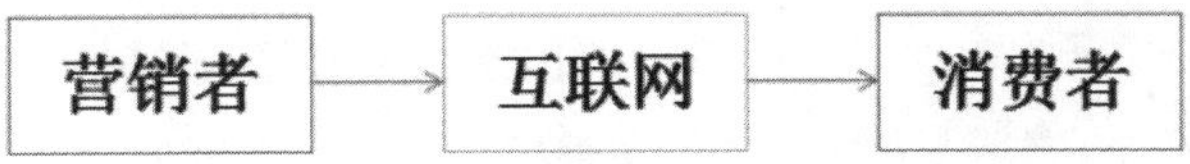

图5-1 互联网作为传播工具图示

① 陈刚，沈虹，马澈，孙美玲.创意传播管理：数字时代的营销革命[M].北京：机械工业出版社，2014.

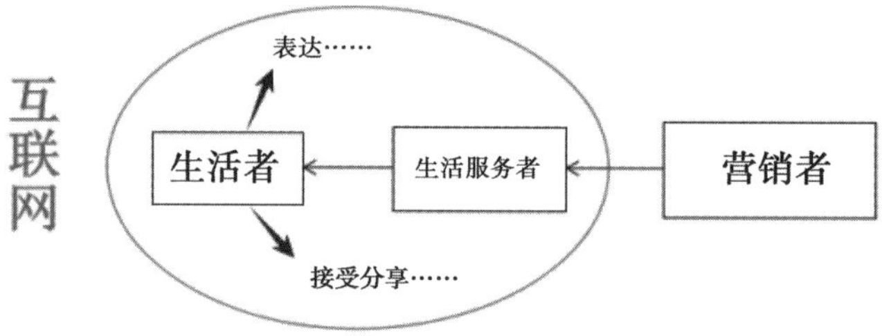

图5-2　互联网作为一种空间的图示

探究“空间论”的形成路径，其宏观背景是互联网时间在全球与中国的累积与跨越，而微观背景与一个舶来理念——“整合营销传播”密切相关。

20世纪90年代，全球互联网进入高速发展期，商业社会全球化态势初显，全球首本整合营销传播理论专著——美国西北大学教授唐·舒尔茨与两位合作者（史丹利·因纳本及罗伯特·劳特）联合撰写的《整合营销传播》于1993年诞生。整合营销传播理论（Integrated Marketing Communication，IMC）一方面把广告、促销、公关、直销、包装、新闻媒体等一切传播活动都涵盖到营销活动的范围之内；另一方面，则使企业能够将统一的传播资讯传达给消费者。所以，整合营销传播也被称为“Speak with one voice”（用一个声音说话），即营销传播的一元化策略。

整合营销传播以“目标市场”和“目标消费者”为中心，IMC体系中的营销文案通过对各种媒体和渠道的综合运用发挥集合影响，进而与受众及消费者建立忠诚的关系。营销文案聚焦的就是这种关系。

不过十年的光景，Web1.0时代的整合营销传播理论就已进阶为“第二代”。伴随因特网技术与电子商务的蓬勃发展，“网络互动”也成为整合营销的组成板块（见图5-3）。

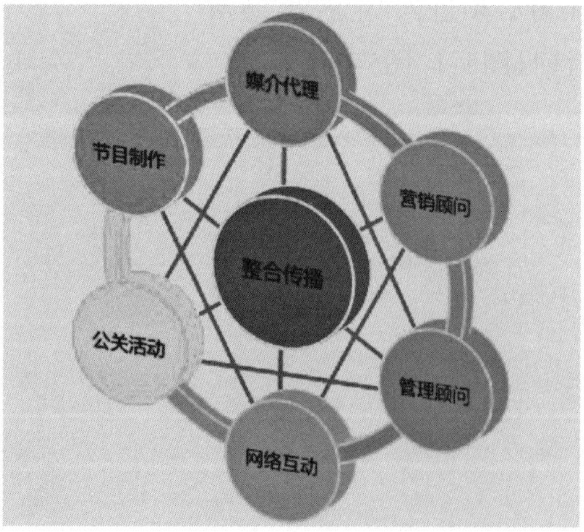

图5-3　整合营销传播第二代理论图示

2004年，唐·舒尔茨与妻子海蒂·舒尔茨联袂撰写的《整合营销传播：创造企业价值的五大关键步骤》出版。“整合营销传播的第一本专著虽然提供了概念性框架，但也承认实施真正的整合传播仍然是一项艰巨的挑战，主要原因是受到20世纪90年代初期技术的限制。今天，传播技术的迅猛发展为整合提供了新的平台。”舒尔茨教授在此书前言中的话音未落，快速的改变通过科技进步与社会协定的交合瞬间发生，伴随Web2.0时代的到来，新的平台真的开始被“抹平”。

2005年，《纽约时报》专栏作家托马斯·弗里德曼以万维网技术为基础概念，预言了十种可以“抹平世界”的力量，以“平坦无界、横向自由”为特质的新社会经济范式重新整合着全球化的格局与节奏。

互联网的迭代是如此迅速，一切都好像没有过渡。

当弗里德曼写作《世界是平的：一部21世纪简史》之时，商业刚刚进入以Web2.0为特征的信息时代，在Web2.0时代里被创造出来的新商业形态——免费、长尾、众包、维基、搜索引擎、博客、部落等，突然在2008年发生了质变：一个过去靠接受大众媒体信息，然后经过口碑传播，再反馈到大众媒体的信息传播路径，被每条只能发140个字符的Twitter及可以上传照片、视频的社交网络Facebook颠覆。[①]从数字化技术革命回归社交化的生活方式革命，带来的是对传统营销模式的挑战和颠覆；社会化网络的兴起，意味着由个体创意和协同创意共同驱动的文案创意时代的到来。

在每一次迭代和整合的背后，都是互联网时间的高速运转。互联网时间是“互联网先知”、麻省理工学院教授尼葛洛庞帝与斯沃琪公司共同创造的新计时方式：将一天分成1 000beat,1beat相当于1分26秒，以@符号表示，一天开始于@000,结束于@999。互联网时间突破了原来以不同时区和24小时划分的时间尺度，成为人类进入“数字时代”的标志之一。伴随“互联网不是媒体”论点的大胆提出，陈刚教授在《创意传播管理——数字时代的营销革命》中将数字时代的互联网空间进一步界定为“数字生活空间”（见图5-4）。

图5-4 《整合营销传播》与《创意传播管理》

① 营销4.0:云商业时代的新整合营销[EB/OL].(2012-05-17)[2017-05-18].http://www.woshipm.com/operate/2158.html.

时间感的变化带来了空间论的发端，在以媒介购买为特色的传统营销时代，时间与空间的交集也体现于营销文案的发布中。印刷媒体时代，营销文案被称为“纸上的传销术”；电子媒体时代，视频和音频成为继文字和静态图片之后，营销文案新的表现方式。营销者（广告主或广告人）无论在纸上、电视上，还是在广播中发布文案，一切都是围绕所谓的目标客户所进行的空间和时间选择：是选择在报纸上发布整版广告还是选择直邮广告？是购买机场的还是写字楼附近的广告牌？是购买资讯节目之前的时段还是购买综艺节目中间的时段？时间和空间的确立全部由营销者把控。

而在数字生活空间中，时间的界限被抹平，只有一个互联网时间；媒体在逐渐消融，只有一个共同的生活空间。在这个空间，营销者和客户（消费者）变成了平等相处的生活服务者和生活者，而不再是掌控者与接受者的关系。

随着互联网+时代的到来，“互联网+营销文案”向营销人发起了巨大的挑战。如同理解炫酷又深奥的互联网时间1 000beat一样，传统营销人因对数字生活空间的陌生而产生了严重的疏离心理，甚至是恐惧感。是的，对数字营销的掌握和驾驭，关键在于迅速成为数字生活空间的公民，而不是沦落为难民。这对全体营销人（广告人和广告主），尤其是专注于内容创作的营销人而言，意味着新一轮心理调适和专业知识学习的开启。

一、认知整合

从接驳传统营销时代到驶入数字营销世界，是从“进度导向和空间限制”到“时间平移和无边界营销”的自我解放旅程，是获得自由的奇妙体验过程。

肯特·沃泰姆和伊恩·芬威克在《奥美的数字营销观点》一书中提及了四种自由观念。（1）时间的自由。我们首先要认识到时间平移的意义。当科技发展到一定程度时，人们将从死板的时间表里解放。他们可以随时取用任何想要的内容。许多数字媒体甚至永远都在播映，随看随播，没有固定时刻表。（2）空间的自由。只要点击一下鼠标，就能轻易跨越国家的界线。每一个网站都是该品牌与全球接轨的前哨。（3）规模的自由。数字媒体是迄今最具灵活性的营销模式。它可以覆盖全球，也可以覆盖特定人群。（4）格式的自由。营销内容已逐渐跳出特定的格式。只要人们愿意看，病毒视频的长度可以不受限制。[①]对营销人来说，这四种自由有很重要的含义，最重要的是，每家公司都必须精通如何创作出消费者真正想要的内容，不能再单纯地通过购买媒体来传播大众信息。

---

① 沃泰姆，芬威克.奥美的数字营销观点——新媒体与数字营销指南[M].台湾奥美互动营销公司，译.北京：中信出版社，2009:29–31.

二、平台整合

要想建立自己的数字营销平台，营销人或者营销机构要将各个传统营销渠道通过创意思维整合为数字营销平台。

数字平台的创意要立足于两个基本点：

（1）跨媒体。必须对各种媒体形态（囊括传统媒体和新媒体）有明确的了解，并且能从众多的传播介质中吸收优秀的传播元素，选择熟知、适合使用的媒体表现形式来达到传播目的。

（2）跨屏。得益于4G技术的支撑，移动智能端成为兼容力极强的传播介质（见图5–5）。传统电脑（台式PC+笔记本）、平板电脑、电视等大小屏幕的任何一种格式的图文和音、视频文本都可以无缝连接到智能手机终端。只要有一个App账号，一条二维码，一个微信账号，音乐、文件、视频、微博等信息，都能在智能手机终端随心所欲地打开、欣赏、修改、存储、交流、共享。

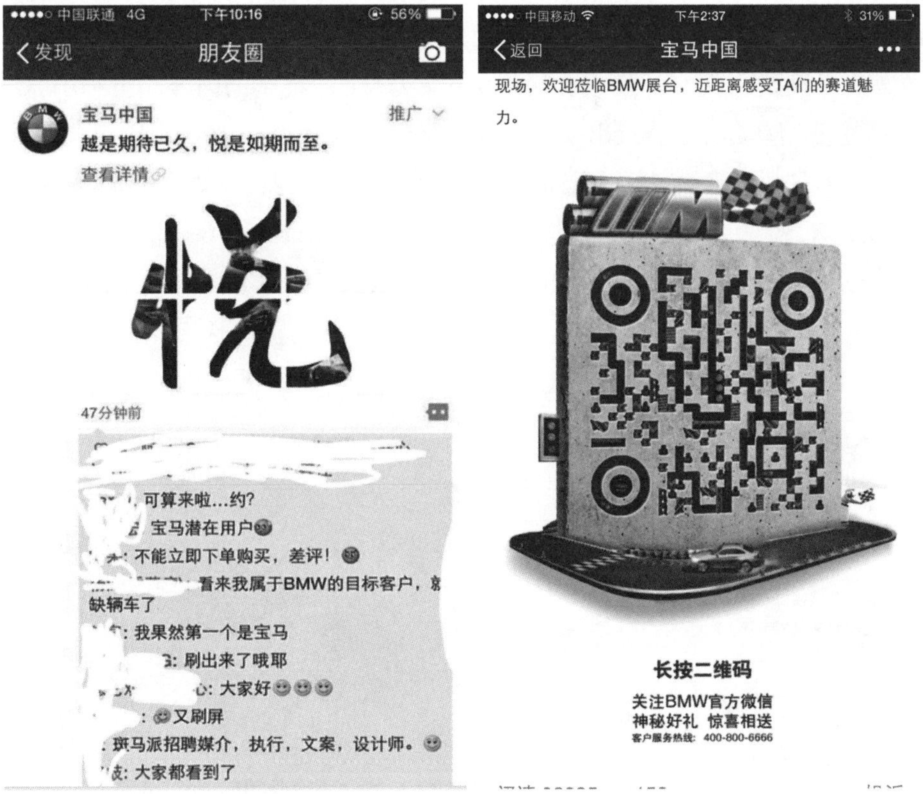

图5–5　宝马中国的朋友圈文案和官方微信平台

从跨媒体到跨屏，文案的跨界传播需要创意人对各种媒体形态有着明确的了解，甚至需要透彻地分析每一种媒体平台能够为文案营销带来什么，这样的平台适合文案呈现怎样的形态，什么样的文本组合能带来最优化的营销效果。在任何时候，对营销文案的写手来说，整合资源都是一种对统驭能力的考验，写手必须在众多的传播介质中立意明确地选择熟知、适合使用的媒体，利用互联网技术得到高效的展示效果。

三、语态整合

不同于传统营销点对面的大众传播模式，在数字生活空间，一对一的人际交流和口碑传播是主要沟通方式。“口语化，接地气”，成为数字时代营销者的标志语态。

每年9月1日是开学日，为了拉近与消费者的距离，宝马中国以调皮的口吻发布了一则微博文案（见图5–6）。如同调皮的熊孩子躲避家长、妄想逃学一样，一辆宝马车偷偷躲在大树后，文字的配合更是顽皮风十足：别躲了，快去上学。孩子一般的戏谑融合对家长作风的调侃，以及对假日的留恋，宝马中国与消费者分享了9月1日这一天包含的多重滋味，引来网友与粉丝纷纷跟帖。奥美中国的微信公众号更是自称“小奥”（见图5–7），凭借非同凡响的灵动与傲娇成为“文案狗”们的知心大小姐。要整合与调整语态，文案人必须跳出文字的烦琐和局限，去除无聊的、推销的内容，把一切可用的素材和传播途径调动起来，塑造出一个有血有肉有灵魂的立体文案形态，充分调动受众的情绪，让文案变得丰满灵动。正如《奥美的数字营销观点》中的观点：“每家公司都

图5–6　宝马中国微博截图

图5–7　奥美中国微信公众号截图

要对自己的创意内容进行优化，特别是要从销售导向转变为娱乐性强并能传递信息给消费者的品牌导向。”

即使世界是平的，它也有自己的边界，而数字生活空间则是无界限的，它给予了数字时代的创意人无与伦比的创造自由。营销人要充分利用巨大的空间及更丰富的表现手段来展现品牌或产品的创意，不局限于传统营销的认知，重新建造数字营销文案的创意核心。

第二节　微沟通：单向与互动

从单向的垂直到双向乃至多向的互动，营销者与用户之间的沟通不断在平台的变化中进阶。

以许知远《一个游荡者的世界》为例（见图5-8），该书腰封并未罗列名家推荐，而是以红色字体标出了本书的英文名“A Wanderer’s World”和三个关键词：许知远、70后公共知识分子代表、“个人精神”觉醒之作。一目了然，夺人眼球。

图5-8　《一个游荡者的世界》腰封文案

许知远创办的单向街书店，在传统营销时代，正如一个在帝都各个角落寻求落地生存权的游荡者，从西北郊区到东南边缘，几度兴衰。独立书店的死亡事件宣告了传统营销的没落。作为幸存者和幸运者，单向街书店在数字营销时代终于等来了它的新生——单向空间的创意复兴（见图5-9）。

智能手机移动端成为互联网时代“单向空间”的最大寄居地。在这个虚拟的数字空间，单向空间的创意文案集群丰富异常，有纯粹文字版本的图书精彩段落欣赏；有图文并茂的新书信息推介；有制作精良的创意微视频；有许知远亲自朗读的音频单元；还有独立的网上书城。而在每一个内容板块之后，都有专门的营销互动区域，小编与读者和粉丝的互动温馨又儒雅，充盈着单向街独立又充满人文气息的氛围与格调。

图5-9　单向街书店与单向空间

在单向空间的微信平台上（见图5-10），图书出版界的营销文案由封面、腰封的单向沟通转变为线上文字、音频、视频、图像、书评并行的双向沟通，一本书从颜值到内在被充分渲染，点进微店链接购买便成了手机用户的自发行为。

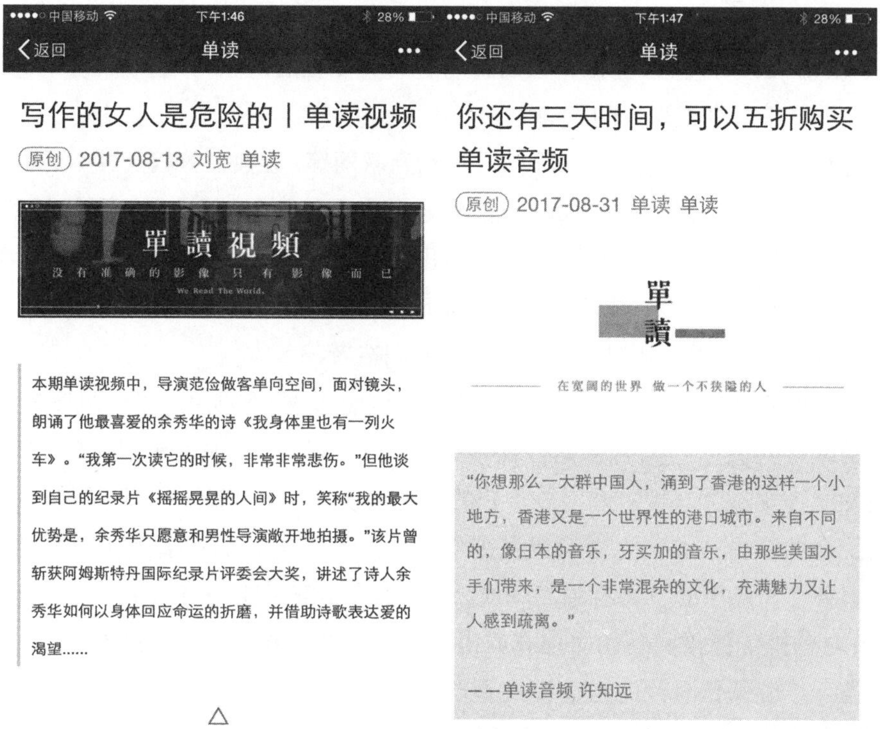

△

图5-10　单向空间微信内容截图

这是一个奇妙的反差和隐喻：在单向空间，却奔涌着创意的互动与协同。当数字营销时代引爆有价值先见的互动创意，一个个窃窃私语般的微沟通不断汇合成汹涌的潮流，溢出这个巨大的空间，可预见地成为社会思潮的主流。从一个单纯的售书地点到一个社交化的创意空间，单向空间的社会化媒体特质逐渐显现。正如《社交的本质》一书中所写：在Web2.0时代，社会化媒体的影响是实实在在的，集体声音也非常有感染力，能给现实世界带来真正强大的影响力。

依托社会化商业环境、云计算技术、移动互联网等，无数个体以低成本的方式连接在一起。陌生的人群被连接在一起，并能够通过媒介化平台自由表达而结成社群，进而产生了一种推动变革的新生力量，这股社会化的力量不仅可以“占领华尔街”，也可以充当新商业世界的意见领袖，成为社会化商业世界的发展力量。这个力量中的每一个人都是文案的接收者，同样也随时准备成为文案的创造者。

而这样的互动传播与传统营销时代的单向传播形成了鲜明的对照（见图5–11）。与传统营销理论对应的是整合营销传播理论，从广义来看，普遍的观点认为，整合营销传播是发展和实施针对现有和潜在客户的各种劝说性沟通计划的长期过程。其目的是对特定受众的行为施加实际影响或直接作用。整合营销传播认为，现有或潜在客户与产品或服务之间发生的一切有关品牌或公司的接触，都可能是将来信息的传递渠道，因此，整合营销传播需要运用与现有或潜在的客户有关并可能为其接受的一切沟通形式。[①]无疑，传统营销时代的沟通模式是单向的，只是通过整合各种渠道资源，用大创意的触角去扩大与用户和潜在用户接触的点。

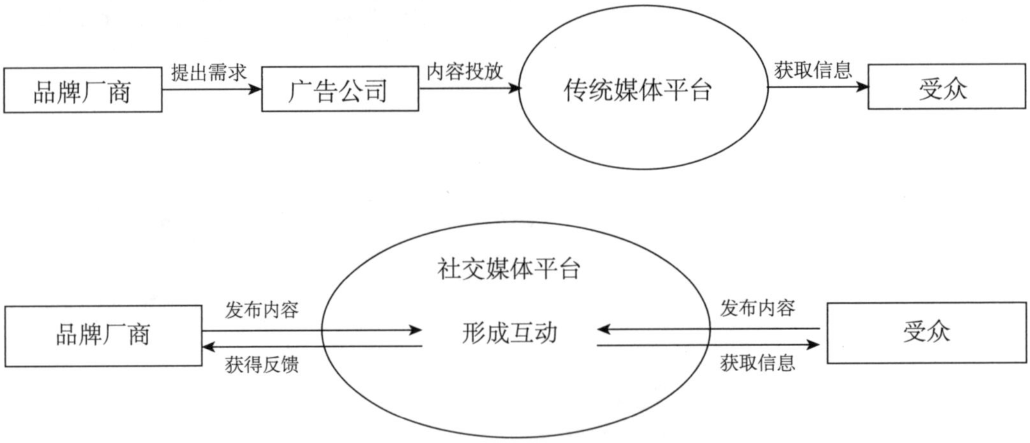

图5–11　传统媒体时代与社交媒体平台上品牌厂商与受众的营销沟通过程对比

在社交媒体平台上，因为生成速度缓慢，传统营销者推崇的大创意逐渐被抛弃，原生版本的营销规则与节奏全部被颠覆和重置，因为无所不在、无时不在的沟通更需要碎片化的即时创意，营销者和用户的即时互动需要另外一种更精确的创意激发机制。一个替代大创意的概念呼之欲出，它就是沟通元。

---

① 整合营销传播概念[EB/OL].http://www.cmic.zju.edu.cn/old/cmkj/web-xdggch/12/1/3.html.

什么是沟通元？“沟通元”源于生物学单词meme，最早由营销专家杰伊·康拉德·莱文森引入营销领域，他认为meme是营销传播的核心。学者许仲彦将其翻译为“沟通元”，寓意为在传播活动中进行沟通的基本元素。《创意传播管理》一书将沟通元定义为：“一种基于内容的文化单元，它凝聚了生活者最感兴趣的内容和最容易引起讨论和关注的话题，一旦投入数字生活空间，就会迅速引起关注，激发生活者热烈的分享、讨论与参与。并且，在传播者和生活者的积极互动过程中，沟通元不断地丰富和再造，并不断地延续传播。”因此沟通元就像魔方，每扭转一面都有不同的结果出现。

2017年4月，单向历获得了世界上最具盛名的设计奖项——红点产品设计大奖（见图5-12）。独特的艺文创意加上精心的技术细节，使得单向历成为新青年的老皇历，也成为刷爆朋友圈的魔性日历。它秉承旧皇历的仪式感，引用大师的箴言名句，又添加增强现实技术，让一本简单的日历嬗变为有趣味、有品位的创意之礼。

在创意制作过程中，单向历设计团队没有效仿传统印刷时代的单向和主观，而是和单向空间广大读书家们互动，共同生成单向历的内容。

图5-12 单向历

图5–13　2018年单向历征集海报

“与其让动人心弦的句子在笔记本中沉睡，不如让它在未来的某一天将自己唤醒，选择2018年某个特别或不特别的日子，留下感念的语句，它有可能出现在2018单向历中，默默等待与你的未来相遇。”这是2018年单向历的征集海报文案（见图5–13），也是一则典型的交互式营销文案。为了增强互动，单向历突破平面日历的概念，读者们可以选择上传本地视频，在单向历上看到视频的增强现实版。

依据沟通元的定义和分类，单向历是典型的主题传播型沟通元。主题传播型沟通元是指“生活服务者在相关主题上延展出各种附加活动与信息，力求通过系统性的活动与信息发布，将相关主题深入传送到生活者的周围”[①]。以多元主题触发沟通元，使读者和用户与单向空间建立日益忠诚的合作关系，而交互式营销文案维系和修护的，正是这种关系。

在体验式经济成为潮流的今天，消费者的媒介选择行为和购买行为在某种程度上不再是为了产品的功能属性，而是为了体验，为了产品和服务背后的文化价值。[②]触发主题传播类沟通元，以交互式营销文案提升与用户的黏合度，才有可能实现与消费者内心深层次需求的高度契合。如罗伯特·布莱在《文案创作完全手册》中所描述的那样：文案必须包含符合读者利益的卖点，无论这些使用效益、重要情报或产品如何解决读者的问题。文案不能仅仅发挥娱乐作用，还必须给出具有说服力的理由，解释读者为什么要购买你的产品。

探究数字生活空间营销文案的存在和运动，从横向观察，它是交互式的；从纵向观察，它是动态式的。正如陈刚等人在其著作《创意传播管理——数字时代的营销革命》一书中提到的，“在互联网时代，信息流通的速度是以秒来计算的，而且当所有的人都可以随时随地发布内容的时候，企业的所有行为已经被直播化了。也就是说，互联网推动整个社会进入了一个直播时代。危机随时可能发生，当然机会也随时可能出现。企业的营销传播不再是阶段性地按照某一个规划来执行，而是每时每刻都要准备应对危机，随时随地抓住机会进行营销”。营销文案的创作和发布也呈现出动态化和阶段性的

① 陈刚，沈虹，马澈，孙美玲.创意传播管理——数字时代的营销革命[M].北京：机械工业出版社，2014:143.

② 新媒体整合营销传播策略[EB/OL].(2010-11-03)[2017-05-12].http://www.scio.gov.cn/zhzc/10/Document/1014584/1014584.htm.

特点，从前期造势到中期助力，再到后期反馈，每一阶段都可供营销文案施展拳脚。

如何因时因势地探寻娱乐营销新模式？如今大热的网络辩论节目《奇葩说》给出了一个答案。一提起《奇葩说》，我们不难想起其中经典的文案，选手金句如：范湉湉的“为什么要压抑自己的天性”、马薇薇的“你跟你的肋骨讲隐私”；品牌营销如“有钱有势不如有范”的有范App、“喝了才能愉快聊天”的雅哈咖啡、“国际扛饿大品牌”谷粒多燕麦牛奶……这些“奇葩”文案是怎么形成的？其过程大致可以归为文案整合营销的阶段三部曲。

一、前期造势——明确诉求

《奇葩说》成为时下标杆级的纯网综艺节目，主要归结于三个原因：一是契合时下年轻人最关注的内容和话题，是一档有价值观的节目。二是《奇葩说》的制作形式符合互联网载体的特征，信息量大、节奏快、制作精良。三是整个节目的制作和推广团队都很年轻，绝大部分人都是90后，只有了解年轻人需求的团队才能制作出年轻人喜欢看的综艺节目。

图5-14 《奇葩说》海报

《奇葩说》是一档主打辩论主题的综艺节目（见图5-14），节目名字就显示出其特点——把网络中略带贬义的“奇葩”作为卖点，接着，节目组费尽心思从各个角落挖来能言善辩的“奇葩”选手。节目内容包括“看脸有罪吗”“该不该看配偶手机”“好朋友的恋人出轨该不该告诉他”等来自网友投票的热门社会话题。在电视上看不到的大尺度观点和言论，则是让观众欲罢不能的主要因素。

《奇葩说》最重要的成功因素是精准把握住如今的年轻观众“你若端着，我便无感”的心态。在整个节目中，无论是选手、主持人还是嘉宾，都秉持着一个“不装”的原则。营销文案主打“一秒钟把小清新烧得干干净净，硬生生把心灵鸡汤煮成麻辣烫”的泼辣劲儿，让年轻的观众看得十分过瘾。

《奇葩说》的营销文案（见图5-15）也可以说是千奇百怪、百花齐放。平面宣传如微博上的节目海报和选手海报，用富有冲击力的色彩，配合有趣的元素点缀，将主持人和选手都染上一层类似异次元的“奇葩”感。其中，文字文案尤为吸引人，比如“揭穿你苟且偷安的人生”“能bibi不是神经病，是理想”等一系列反常规的表达，很好地契合了年轻人对个性的需求。

图5-15 《奇葩说》营销文案

二、中期助力——品牌营销

在节目播出过程中，《奇葩说》团队也颇下了一番功夫：一方面是创新动画特效，紧紧吸引观众的目光；另一方面，编导对时下流行节奏的把握很是到位，很多话语效果通过后期剪辑被放大，视频时常会重复选手们的金句或者穿插相关搞笑视频，给观众留下了深刻印象（见图5–16）。

图5–16 《奇葩说》截图

《奇葩说》的另一个亮点是马东（见图5–17）在节目中的花式口播与“自嘲”的品牌口号，这位才华横溢的当家主持开创的“花式口播法”具有一种洗脑的魔力，能将观众本来反感的广告变成节目中的欢乐。即使在非广告时段，他也经常能找到机会临场发挥，见缝插针地植入广告，让品牌商和观众“惊喜连连”。[①]一方面，这种口播形式要求合作品牌有明确的诉求点，且越聚焦越好，忌讳发散。对美邦新上线的App有范来说，这个词是“有范”；对M&M’S豆来说，这个词是“逗比”；对伊利谷粒多燕麦牛奶来说，这个词就是“扛饿”。另一方面，这种直白的打广告方式反而让观众耳目一新，觉得“不装”，当广告变成笑点，观众也就能愉快地接受在节目中植入广告了。

《奇葩说》让我们看到节目可以“把软广告硬硬地打，把硬广告软软地卖”。[②]这靠的都是编导对文案的创意。在这里，我们看到的是品牌与节目的多元融合、整合营销。

图5-17 《奇葩说》主持人马东

① 《奇葩说》90后的商业逻辑到底赢在何处[EB/OL].(2016-09-24)[2017-05-12].http://www.itopmarketing.com/index.php/News/show/id/7301/lmid/197.

② 奇葩说牟頔：互联网内容创业团队即核心[EB/OL].(2015-11-23)[2017-05-09].http://tech.163.com/15/1123/16/B94A6N9000094PFP.html.

三、后期反馈——沟通互动

除了前期和中期对节目进行踏实彻底的掌握，《奇葩说》对于观众的反馈和互动也十分重视。正如总导演牟頔在采访中说的，《奇葩说》除了基本的宣传渠道之外，第三季节目还在做自己的粉丝社区（见图5–18），在大家能想到的所有的互动平台上运营粉丝群，包括微信群、QQ群，还有贴吧和微博。此外，团队还做了一些线下的活动，比如到各个城市搞《奇葩说》的聚会，2015年《奇葩说》团队操办了将近百场的粉丝见面会。通过与用户的即时互动和沟通，为节目的改进提供新的动力，也为营销文案源源不断地提供新的思路。

图5–18　《奇葩说》粉丝社区“奇葩基友团”

交互式和动态式营销文案的兴起，正印证着一个互动营销时代的繁荣。如何寻找热点传播型沟通元，并正确触发此类沟通元，考验着营销者即生活服务者的营销方案。

热点传播型沟通元是指“生活服务者传播的内容与热点事件相结合，捆绑投放，依靠热点事件所具有的高关注度和高参与度吸引生活者（受众）关注、参与，从而实现生活服务者营销传播的目的”①。例如演员唐嫣、罗晋宣布恋情时，许多品牌厂商便借势推销，脑洞大开的联想令人哭笑不得，却引来上万读者转发（见图5–19）。

从生活服务者的角度考量，热点传播型沟通元可以通过热点事件引发生活者（即消费者和受众）的无限复制，但前提是生活服务者（即营销者）对生活者心理的精准把握。资深文案人史蒂夫·海登直言：如果你想成为一名伟大的广告文案，就要取悦读者。但是，如何取悦也须谨慎有加。因为，营销者首先要清楚需要取悦的对象，即确定目标受众。

① 陈刚，沈虹，马澈，孙美玲.创意传播管理——数字时代的营销革命[M].北京：机械工业出版社，2014:136.

图5-19　名人与品牌的“互动营销”

2014年10月，一部有着奇妙架构和实验精神的电影加入了国庆档的营销大战。它就是以口述历史的视角拍摄的人物传记大片《黄金时代》，导演许鞍华与编剧李樯整合才华与创意，制作完成了这部长达3个小时的诚意作品。

《黄金时代》展现的是：在20世纪20年代至40年代里，以女作家萧红为代表的一群年轻人经历了一段放任自流的时光，自由地追求梦想与爱情，有人在流离中爱得刻骨铭心，有人在抗争中企盼家国未来。如此小众的文艺调性，与《黄金时代》前期的海报营销文案的高冷风格实现了高度的契合。

泼墨版本的海报映照出一位独立女性在一个时代的寂寞，黑白世间难以容纳一个纯粹的文学灵魂。与泼墨版海报一起推出的有营销活动，还有一系列学者名流参与的访谈沙龙节目。种种迹象清晰地表明了营销者的目标受众：高学历和大学生人群。这样的定位一直延续到营销中期欧洲笔锋版本海报的发布（见图5-20）。

图5-20 《黄金时代》泼墨版和欧洲版营销海报

金色的基调暗喻电影名称《黄金时代》，独立时代的女性却被一支笔囚禁，仿佛被自己的命运禁锢。此版海报的创意品相继续高走，以更加卓然大气的“文艺颜值”，将受众的范围继续缩小。

而中后期的营销方向，显然呈现出急转弯的态势。一系列“态度版”营销海报（见图5-21）的推出引来原目标受众——高学历人群和文艺青年的恶评。不幸的是，《黄金时代》也没有成功取悦它想取悦的受众——更年轻、更草根的互联网人群。

图5-21 《黄金时代》“态度版”营销海报

文艺影片与网络碎语格格不入，海报文案生硬突兀。“4A”与“2B”之间，也许只有一张海报的距离。

对于《黄金时代》的低票房，有的评论充满困惑：《黄金时代》是一部以互联网思维标准出产的影片，为什么会遭到如此冷落？这样的反思本身就不是互联网思维应有的方向。难道只是用几个网络语体，就可以服务好消费者吗？显然没那么容易。确定目标受众、了解其兴趣点和需求，这要求尽量将受众的形象具体化、视觉化，即在目标受众的圈定范围中进一步细化受众特征，把受众转化成一个具有个性特点的具体的个人。对受众来说，个人化的、自然的表述更能引起注意并且更容易理解。如果目标受众是“年轻人”或“青少年”，你可能会将他们当作广义上的年轻人群体，这其中或许还夹杂着你自己的偏见或偏好。这可能会导致你最终用一种普通方式与他们沟通，而且还会采用适合年轻人的信息传递方式，比如郁闷的年轻人滑滑板或空中翻腾等镜头。这也许能表明你想跟一群特定受众沟通的意图，但仅仅这样并不会让你脱颖而出，因为其他文案人也会采用同样的战术传递产品讯息。[①]充分明白说话对象是谁，不仅仅指你已确定受众是“青少年”或“家庭主妇”，这样的分类只是最低的要求。你必须真正走进目标受众的圈子，与他们交谈、认真观察，甚至把自己代入目标受众，这样才能够切实了解他们的兴趣点、需求点和用语特点，也许还能发现许多有趣的细节，而这些信息对于后期的文案创作发挥的作用不可小觑。

目标受众定位不准确是《黄金时代》营销失败的重要原因，但最主要的原因在于营销者与消费者的沟通方式不当。即使身在数字生活空间，《黄金时代》营销者的思维仍是主观加想象的传统营销思维，而不是真正与生活者进行平等而具体的对话，发起话题，乃至触发真正的热点沟通元。明星、家国、情仇，一场预想中的热点事件始料不及地黯淡收场。

相比传统营销时代营销者对目标用户抽象而笼统的观察和研究，营销者和用户这两个相距甚远的群落从未像今天一样在一个空间真实地沟通与相处。虽然数字生活空间聚集的形形色色、规模巨大的“个体”，远远超过其在现实空间中的规模和数量，但凭借一对一的鲜活沟通，这个空间充满了前所未有的温度和肉感。

第三节　微故事：制定与定制

> 在网上，人们对短小的文学形式情有独钟。史密斯电子杂志网站近年征集、发表“六个字回忆录”，让“六个字讲故事”的形式火了起来。这一形式的灵感源于下面这个故事，传说是出自海明威，不过这个说法是否正确就无从知晓了。
>
> For sale: baby shoes,never used
>
> 出售：童鞋，全新。[②]

以上片段是Johnson博士在《短！微讯息时代写作的艺术》中与读者分享的网络微故事。基于经济表达需要和吸引力需要，互联网时代的微故事在虚构和非虚构创意领域

① 盖廷斯.牛文案是怎样炼成的[M].陈志娟，译.北京：中国传媒大学出版社，2010.

② JOHNSON G. 短！微讯息时代写作的艺术[M].赵燕飞，译.北京：人民邮电出版社，2012:8.

日益得宠，“微故事”也几乎成为内容营销的代名词。

“重新审视你的新媒体创意时，不要再把内容想成是‘内容’，你应该转换思维，把它当作‘微故事’——小而独特的资讯、幽默小品、评论或感悟。每天，甚至每小时，你在平台上都要不断创造新的微故事，使用为平台量身定制的语言和形式来回应当今的文化、对话或即时事件。”[①]新媒体营销教父、全美最会讲故事的企业家加里·维纳查克（见图5-22）在《新媒体营销圣经：引诱，引诱，引诱，出击！》一书中，将“微故事+新媒体管理=有效的新媒体营销”作为新媒体营销公式。发表为平台量身定制的内容（Native content）是新媒体营销者“定制故事营销”与传统媒体“制定故事大纲”的根本区别。

图5-22　加里·维纳查克

所谓定制化微故事，就是根据各个平台的功能而发展出的不同语言、文化和氛围的风格故事。因为在这个独特的平台上，无时无刻不在进行着营销者与用户的微沟通，营销文案也层出不穷。此间的营销者并不需要主观而笼统地去制定什么通用版本的故事大纲，而是进入与用户共处的数字生活空间，揣摩每个用户的心理需求，跟从每个用户的心理节奏，以协同创意的思维去定制只属于“他”或“她”的故事，而不是“他们”的故事。

“事实总是立刻遭到怀疑、猜测和挑战。人人都知道统计数据会说谎，一图不再抵千言，因为我们都知道改图修图有多容易。但一个吸引人的故事却魅力四射。它绕开了怀疑的盾牌，让人们感悟、想象和认同。想知道更多。”[②]《故事营销有多重要》的两位作者、商业思想领袖尼克·南顿和杰克·迪克斯这样阐述“故事之重”的道理。

为什么讲故事？很简单，别的都不管用。《福布斯》说了实话。

① 维纳查克.新媒体营销圣经：引诱，引诱，引诱，出击！[M].张树燕，译.北京：北京联合出版公司，2016:43.

② 南顿，迪克斯.故事营销有多重要[M].闾佳，邓瑞华，译.北京：中国人民大学出版社，2016:2.

一、定制故事——主角

“我会对你的脑洞负责，文章尾部留言，为两款新品取名，如果你的名字被选用，没错，你就可以免费吃一年。”这是面包店原麦山丘在微信公众平台上与用户的彼此“挑逗”。从故事的内容到故事的标题，原麦山丘的每款新品都允许消费它的人们预约定制。而故事的主角，真的可以不再是面包，而是在小票上创作短篇小说的“你”（见图5-23）。

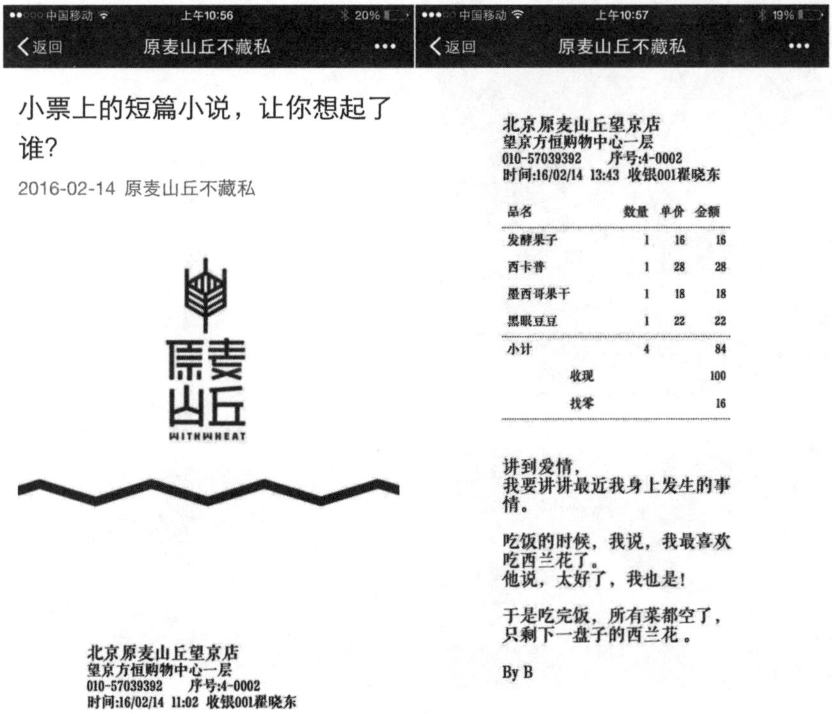

图5-23　原麦山丘定制小票

“用面包讲故事，和用户谈恋爱”，原麦山丘的营销者用“故事换面包”的方式成功地将自己做到了网红级。在微平台上，原麦山丘不仅自己讲自己的故事，它还会利用每个节日，从圣诞节、情人节到七夕，以面包“诱惑”消费者创作和提供自己的故事。例如，“跟你一起去原麦山丘买面包，就是一口气做了两件最喜欢的事儿”。消费者的脑洞够大，原麦山丘的更大，原麦山丘不仅在线上推介故事与各款面包，还将故事链延伸至线下，在购物小票上印制故事。“小票上的短篇小说，让你想起了谁？”无时无处不在的定制爱情故事，与面包的香气融合发酵，让每一个消费者在享用醇香面包的同时，又分享着微故事里的百般滋味。

当人们埋怨原麦山丘的面包个头太大时，营销者的回应是：“因为大，所以分享。”而这正是原麦山丘最核心的创意思维，也是网络社交时代最窝心的营销战略。分享面包，分享故事，消费者在线上线下的分享、复制、粘贴，使得消费者与平台成为原麦山丘面包最忠实、数量最庞大的营销员工，只不过，他们是无偿的。

面包只是社交工具，而每一个“你”才是社交网络的主角。拥有如此超前的互联网营销思维，原麦山丘成为“中国面包界第二会讲故事的企业”果然大有道理（见图5–24）。

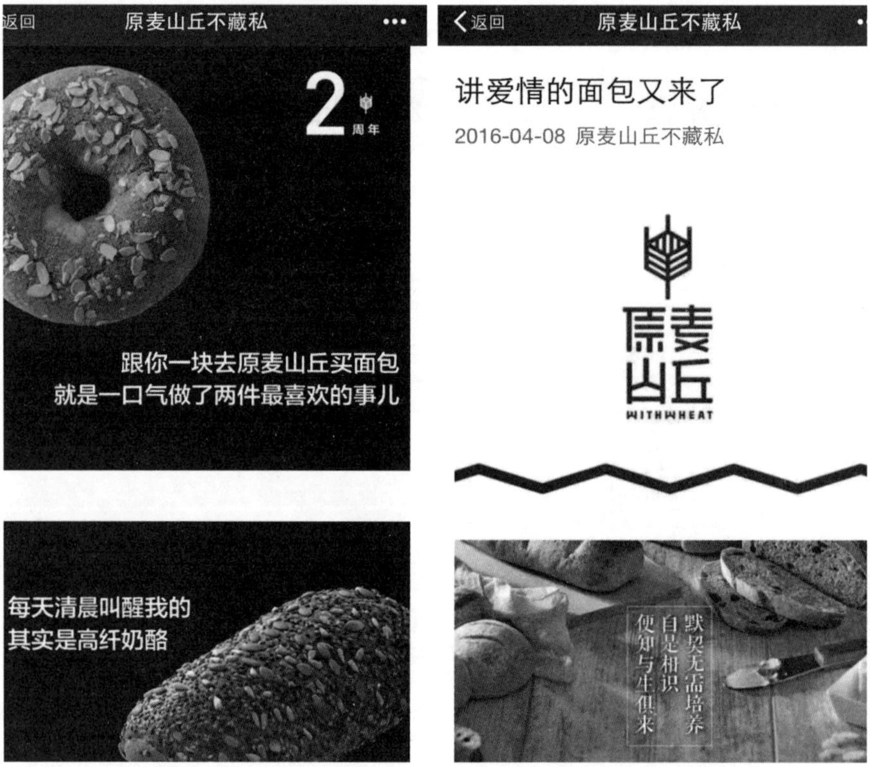

图5–24　原麦山丘微信平台

协同创意是互联网营销的主打理念，但是营销者发起的协同呼唤，有时消费者“应声寥寥”，有时会“石沉大海”，原因是什么？加里·维纳查克认为，在于营销人员贪图捷径，妄想一记右勾拳直接KO（knockout）用户，而忽略了用直拳试探用户的过程。“用‘直拳战术’试探消费者是非常重要的，在新媒体营销中，‘直拳战术’就是利用一次又一次的对话或互动，逐步建立品牌与用户之间坚固而值得信赖的联系。”加里给出了营销者的方法论：每天，随时随地使用直拳；聊大家都聊的事情；当他们开始讨论别的事情，你也随之改变；再做一次，再做一次，再做一次。[①]而最有效的直拳是“最轻柔的，定制化的”。

将消费者定位为主角，用直拳与消费者累积情感，这是最好的营销故事的精彩开端。

---

① 维纳查克.新媒体营销圣经：引诱，引诱，引诱，出击！[M].张树燕，译.北京：北京联合出版公司，2016:45.

二、定制故事——语态

“说人话”曾经是资讯语言解放的标志，这在网络空间依然是通用规则吗？回答这个问题，也许只能用感性的答案，一如微平台上的我们，要么一起变得很酷，要么一起变得很小。按照正常的方式说人话，你就会显得不那么正常。

图5–25是2013年戛纳广告节文案类银奖作品《一瓶椰子汁的独白》的文案。

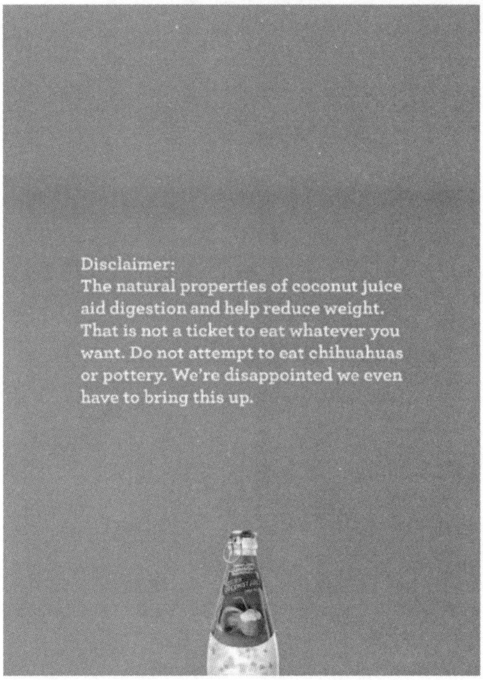

免责声明

我们的椰汁所含的天然营养能帮助消化，进而减轻体重。但这不意味着你可以随心所欲地吃。举个例子，吉娃娃和陶器就不可以。噢，我们竟然还需要做这样的警告，真令人失望。

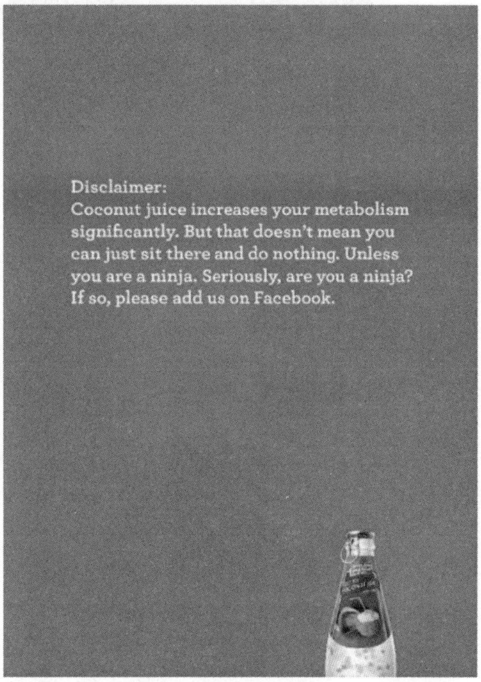

免责声明

我们的椰汁能显著提升你的代谢能力。当然前提是你不是坐在那儿一动不动。除非你是个忍者。说真的，你真的是忍者？快，关注我们的Facebook。

图5–25　《一瓶椰子汁的独白》文案

同一产品的两则广告开头都在一本正经地强调自己所含的营养价值及功能。蓦然文风陡转，变得不那么正经：不能随心所欲地吃，也不能总是静止地坐着，毕竟我只是瓶椰汁。之后更是开始一反常态地装疯卖傻——别随心所欲地吃，吉娃娃和陶器不能吃；别坐着一动不动，除非你是忍者。最后是失控版本的自言自语——太令人失望了，居然需要我做这样的提醒；你是忍者吗？你真的是吗？如果是，加我脸书！

装“萌”只是表象，其实本质依然是对幽默风格的追逐。作家车尔尼雪夫斯基说：

“幽默感是自尊、自嘲与自鄙之间的混合。”他认为一个幽默的人常常具有两重性：一方面看到了自己的内在价值；另一方面，也看到了自己身上存在的琐屑、可厌、可笑和鄙陋的东西。

不是不正经，也非不正常，而是幽默体质的人类在这个独特的空间自如地释放了一下自己。他们可以在微故事里呈现一瓶椰汁的怪咖口味，也可以在微平台上显摆一下奥美“爸爸”的鸡汤故事（见图5–26）。

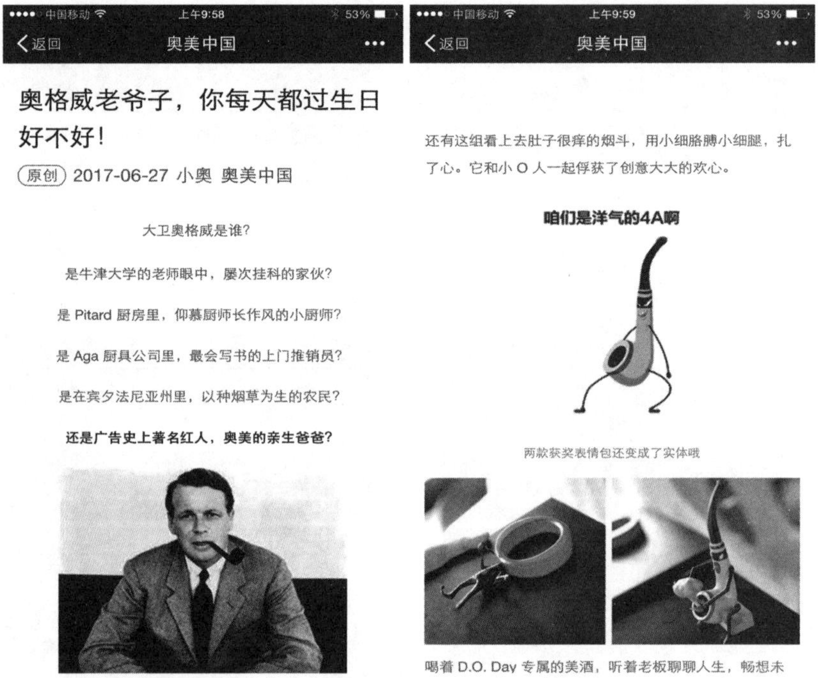

图5–26　奥美中国微信平台——小奥

图5–27　“中传教务”微信平台

洋气的4A在微平台上傲娇起来也是野性飞扬，毕竟是老手，打出的直拳都具有新旧媒体的共鸣腔。而语态，正是划分传统文案与社交文案的语言边界。

对于语态边界感的把控，最应该一本正经的是大学教务处，而微平台上的“教务君”低眉嬉笑得让学生用户心里总不免小吃一惊（见图5–27）。

哦，我们终于平等了吗？我们可以拥抱吗？当然，但只能在我们共同创作的故事中。

三、定制故事——场景

能去非洲狩猎/能在海上捕鲨/能上战场立功/能凭一本小说获得普利策奖/还能凭同一本小说获得诺贝尔奖/能飞机失事后大难不死/能在几天后飞机再次失事时再次大难不死/还能在经历无数死里逃生后一枪打死自己/能被毁灭，但不能被打败/他的名字，叫海明威。

“写出你心中漂亮的实力派”，每一个版本的微缩人物传记都由锤子科技与网友们协同完成，这是锤子科技罗永浩为推广坚果手机而定制的人物版微故事（见图5-28）。延续情怀的卖点，利用社交网站，借助网友们自发的创作，锤子科技把大人物的故事吸收到自身的品牌之中，充分拓展了品牌故事，也在微博上掀起了一股制图潮流，每个网友在参与制作海报的过程中，已经被故事营销侵入了。

图5-28　锤子科技人物版微故事

在《哈佛非虚构写作课》中，亚当·霍克希尔德在《重建场景》中这样说道：“我们可以写出两种场景：我们自己观察到的，以及我们必须借助别人的观察来重建的。”[①] 通过海明威的故事我们可以看到强悍，通过海蒂·拉玛的故事我们可以看到丰富，通过萨尔瓦多·达利的故事我们可以看到不羁，而这些精神特质统统经由微故事的演绎成为坚果手机的品牌内涵。锤子科技的微故事创意，可以说漂亮地实现了亚当·霍克希尔德所说的两个场景的重建。

---

① 克雷默，考尔.哈佛非虚构写作课：怎样讲好一个故事[M].王宇光，等译.北京：中国文史出版社，2015:174.

图5-29 *Trust in London Fog*（《相信伦敦雾》）

场景的重建可以通过图文配合实现，也可以通过对话实现。这是来自《广告狂人》中的一个经典案例：二战中为美国海军陆战队提供防水风衣的London Fog是斯特林·库帕的客户。当销售额逐渐下降的时候，他们开始考虑终止与斯特林·库帕的广告代理合作。库珀公司创意总监Don Draper和设计总监Sal Romano专门出差拜访了London Fog 在巴尔的摩的总部，Don用自己的话语设置了一个场景："There will be fat years and there will be lean years, but it is going to rain."（好一年，坏一年，但都是会下雨的一年）（见图5-29）。Don非常聪明地提到了"下雨"，用"未来总会下雨"来提示防水风衣的必要性，画龙点睛式的场景描述为自己留住了一个大客户。

通过场景引发情绪共鸣，以实现与受众之间的互动，成为许多营销文案的选择。电影《栀子花开》在上映前发布的"有一种青春叫宿舍"系列海报文案（见图5-30）勾起了80后、90后关于逃课、带饭、赖床等的青春记忆，首映日该片便获得超过一亿元的票房。

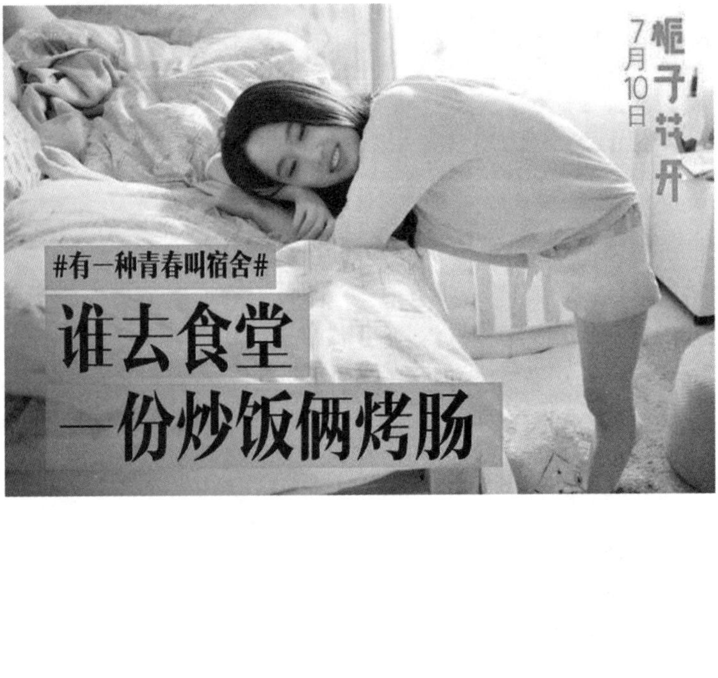

图5-30 《栀子花开》系列海报

场景化写作几乎是所有文本创作的规则，因为我们的生活就是由一幅幅场景构成的。一代人的生活场景有一代人的特质，选择场景对于故事的展开有着至关重要的意义。在网络空间，怀旧已然不是中老年人的特权，用场景去还原曾经的岁月，也成为年轻人的情感创意源泉。

为故事注入爱情激素是故事营销的法宝，虽然鸡汤文总是被网友们诟病，但是不可否认，人们依旧会为励志型故事背后的伤感、温暖、乐观、坚持等人类的美好感情而感动，所以故事营销也从不会放弃这类故事。

“雕刻时光”源自苏联导演安德烈·塔可夫斯基(Andrei Tarkovsky)所写的电影自传书名，大意是电影这门艺术是借着胶片记录下时间流逝的过程，时间会在人身上、物质上留下印记。这个极具诗意的词成了一个咖啡馆的名字：雕刻时光咖啡馆（见图5-31）。

《你是一杯勇敢的咖啡》是雕刻时光咖啡馆在微博平台上发布的微电影形象片（见图5-32）。一个失魂落魄的失恋女孩出现在咖啡馆里，服务生男孩为了安慰女孩，不仅默默地陪伴她到午夜，亲自冲泡热腾腾的咖啡，还特别为女孩制作了一款独特的甜品：用柠檬夹着咖啡豆，外面裹着白糖。女孩带着疑惑吞下它，味道又酸又甜又苦。若顿悟一般，女孩开始对生命有了深度的体验，一点点变得乐观，不再为伤心所困扰。

故事的尾声，屏幕上出现“优秀的咖啡取决于压力和温度，就像生活，必须面对压力，还要时刻保持热情”（见图5-33）的文字，给了这个故事一个完美的升华，也传递出雕刻时光咖啡馆积极面对生活的品牌精神。

图5-31 雕刻时光咖啡馆

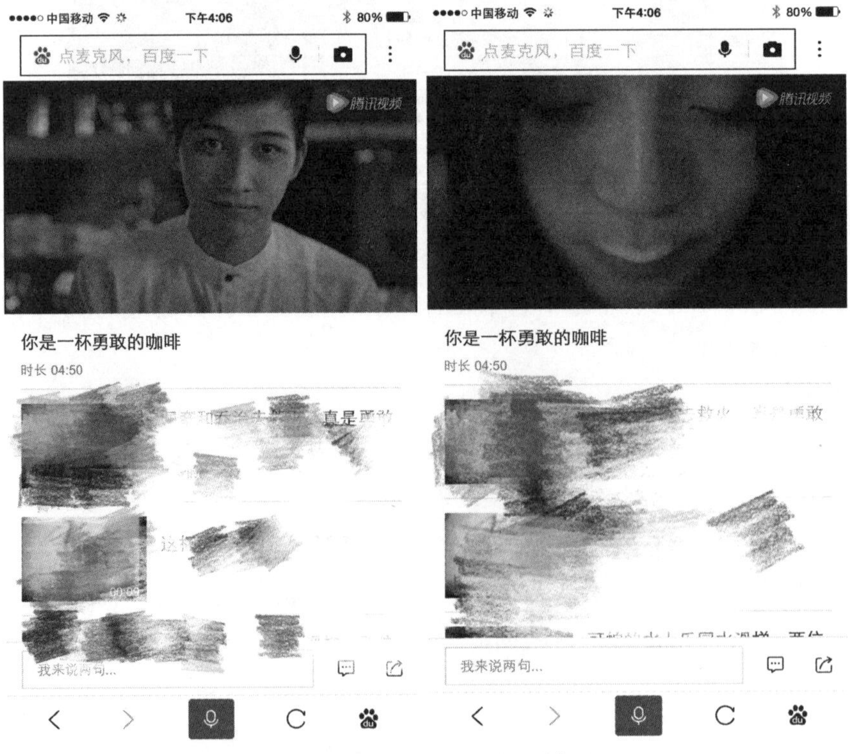

图5-32 《你是一杯勇敢的咖啡》截图

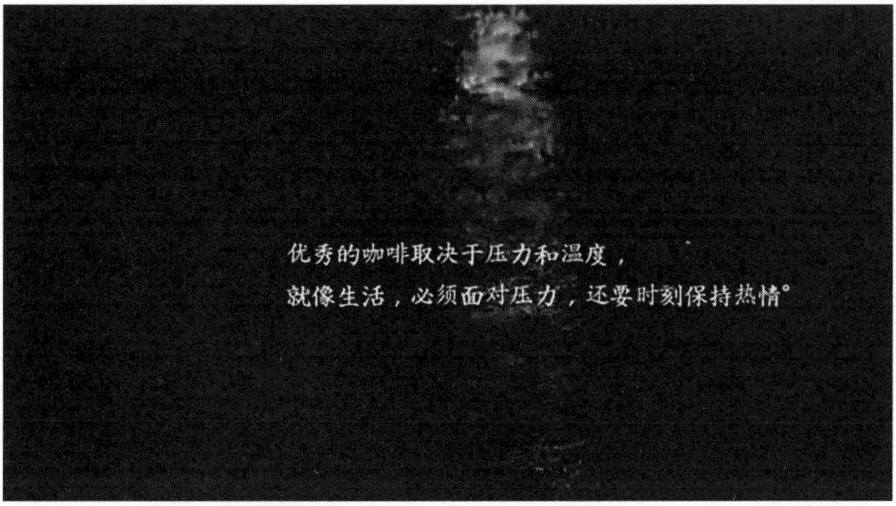

图5-33 《你是一杯勇敢的咖啡》片尾

故事不断膨胀。这个时代，又进入了一个说书人的时代，几乎每一个成功的品牌背后都能发掘出一个精彩的故事。这个时代，处处都是媒体，任何一个平台都能成为故事铺展开的场地，微博、微信、视频、App……这个时代，营销文案不再故步自封，事事皆内容，任何热点都能膨胀成为你的产品故事。

TCL用微电影《你不懂》讲述新生代独生子女与父母之间的矛盾与温暖的细节，传递新的品牌理念，重塑TCL的品牌形象……

耐克最新广告讲述了健身、长跑、橄榄球、网球甚至举重等运动员们都穿着耐克Free跑鞋进行比赛和日常训练的故事，诠释出新品牌耐克Free鼓励人们享受自由运动的乐趣的精神……

麦当劳推出新年大片，用春节回家故事诉说“你就是我的新年”，温暖人心的同时让人深深记住麦当劳外酥内甜的红豆派……

塑造角色，制造冲突，营造氛围，待观众进入情景里，再把目的铺陈开来。这时，观众即使意识到营销才是目的，也很难从一个吸引人的故事里轻松抽身。

在信息膨胀和碎片化阅读的时代，人们的注意力变得越来越分散，一个产品、一个品牌想停留在人们的记忆里，变得越来越困难。没有人爱听大道理，但一个精巧的故事里的情感和梦想，却可以激发人们的阅读兴趣和情感共鸣。事实也证明，人们不仅不反感故事，而且迷恋故事。

为什么人类需要故事？就职于美国广播公司的凯瑟琳·蓝菲如此阐述原因：故事是人类共同拥有的联结体。而在每件事的心脏处，都是一个独属人类的元素，一个能通向世界上最美的三个字的元素，那就是：“然后呢？”如果你回答了这个问题，那你就是一个讲故事的人。

讲故事的人让世界满足自己的好奇心，营销故事的人懂得如何去满足世界的好奇心。在做微平台的商务和事务之前，请准备好故事营销，定制你的主角、语态、场景，打出直拳、直拳、直拳！最后才是一击制胜的右勾拳！

买和卖故事，也许，比听和讲故事要付出更多的耐心、智力和体力。

第六章 微传播的互动与合作

第一节 营销中的CP

2015年七夕节，朋友圈被“我×你”体的文案刷屏了。

在两个化妆品品牌的营销战役背后，其实是三个营销活动的布局。时值《小时代》电影公映，韩后化妆品与《小时代》合作营销，以独具一格的“我恨你，小时代”发布报纸平面文案（见图6-1）和微电影文案。而另一品牌植美村则是借势营销，将“我恨你”演绎为“我不恨你。因为有你，我更出色”（见图6-2），以此表达对合作伙伴、客户以及消费者的感谢，这亦是与消费者进行情感上的沟通——“管他女王不女王，我就出色”，倡导年轻人自信的生活态度。

图6-1 “我恨你，小时代”报纸平面文案

图6-2　“我不恨你”朋友圈文案

植美村说：我不恨你。因为有你，我更出色。

无论是合作营销，还是对立营销，抑或借势营销，都需要双方或者多方联手才能展开一场场CP式营销。

CP一词，为Coupling和Couple的缩写，表配对之意。如今，组CP在各行各界都变得十分流行。电视行业有胡歌与刘亦菲等众多荧屏CP，电影衍生品里有美国队长与钢铁侠等“同人”CP，甚至微博段子手也抱团组起了CP……眼看CP组合成的化学反应在社交媒体的催化下不断升温，文案界也不甘示弱。

正如以反向思维说爱的“我恨你”文案，它是由营销者发起的男女之间的猜心游戏，不仅映照着《小时代》闺密版本的爱恨纠缠，也记录着文案江湖中男女CP的依托与疏离。

一、性如何别

两性差异不仅仅是生理上的区别，在思维、情感、性格等方面，男女都有不同之处。专家学者实验发现，在接收广告信息以及对信息进行加工时，两性之间会产生不同程度的差异。譬如女性消费者会更容易被情感诉求型广告文案所打动，而男性消费者更注重文案中关于产品性能等的理性诉求。因此，越来越多的品牌开始注重营销文案中对性别的处置，利用两性差异，针对不同性别人群创作出针对性文案。

例如著名运动品牌耐克在近几年都针对性别推出了不同版本的营销文案（见图6-3），并选择了不同性别的代言人。经历多年发展，耐克的“Just do it”早已深入人心，成为耐克品牌最广为流传的广告语。然而细细品读不难发现，这句广告语只考虑到男性追求直接、勇猛的心理诉求，因此一直以来耐克的消费群体以男性为主，而没能打开女性市场。为此，耐克针对女性群体的特点，制作了符合女性心理诉求的文案产品。

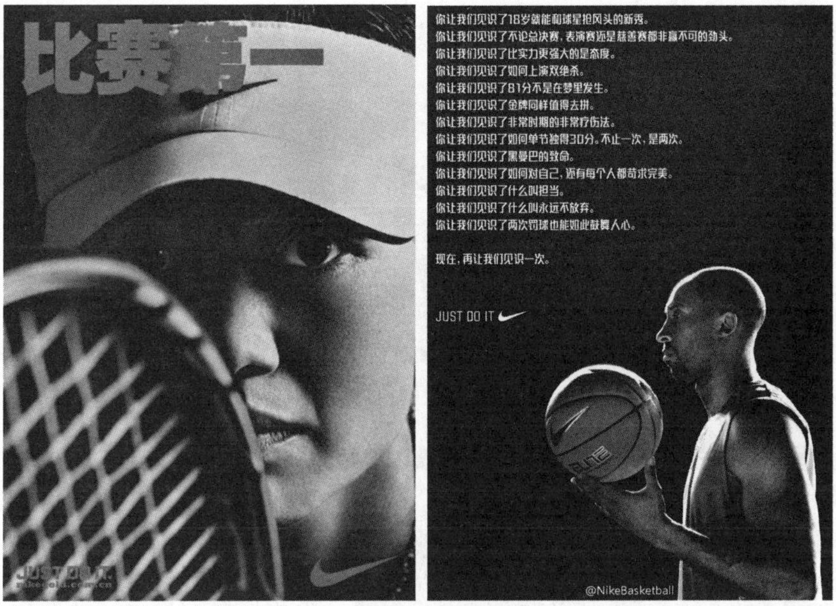

图6-3　耐克营销文案

竞争是女性的天性。

女生就是这样：什么都喜欢比——比成绩、比男朋友、比发型，总想凭着比别人更好来肯定自己。

其实比赛的竞争性更适合你，你可以比卡拉的速度，比勾射的狠劲，在游戏规则中泼辣紧张地比个过瘾。现在，就上场比一比吧！

在女生的游戏中，比赛比比较更有趣。

女生是1/2的人口，不是1/2的弱势团体。

你是不是总以为会输给男生，所以什么都不争不抢，事实是男生会哭、会逃避、会害怕，和女生一样，其实全力以赴的人最有力量。不要让你的梦想在别人的看法中死掉，放手去做，你就有赢的机会。这正是世界最公平的地方。输赢没有性格，各占1/2的概率。

在文案层面，耐克走进现代女性的内心世界，打破以往女性脆弱、娇柔的刻板印象，邀请各个领域的杰出女性做代言人（见图6-4），例如网球世界冠军李娜，以她们的自强精神感染女性消费者，并推出了“Better for it”的标语。中国将这句标语译为“只为更赞”，这句译文包含着网络点赞文化，它鼓励独立女性之间的对话、点赞，同时也道出当下每个心怀追求的女生心中的憧憬——希望更美，希望更瘦，希望做一个更好的自己。

图6-4　耐克女性代言人

图6-5　某手游微博营销文案

耐克勇于打破性别成见，鼓励现代女性独立自强的营销方式受到许多女性消费者的追捧。然而，文案创作者们也必须注意的是，在撰写针对不同性别的文案时应避免出现性别歧视。在《文案创作完全手册》中，罗伯特·布莱提道："文案写手必须避免带有性别偏见的词汇。无论你接不接受，性别偏见词汇会惹恼大部分人。在消费者愤怒的情况下，你是没有办法将产品卖给他们的。"例如国内某手游的微博营销文案（见图6-5）中将"简单、浪漫"概括为最适合女性的游戏体验，颇有性别偏见之嫌，不免引起女性用户抗议："女性的代名词难道只是简单和浪漫？"这种引起女性消费者心理不适的文案，即便针对两性差异做出不同版本，仍然无法取得预期效果，反而会产生触发女性集体抵制的反作用。针对不同性别的文案，应杜绝刻板印象。

这种利用两性差异创作文案的方式所考验的，是文案创作者对目标男、女消费群体的洞察力，前期需要对男、女消费群体进行大量的调查，关注不同性别人群的需求，在文案中戳中这些痛点，同时让文风和画面设计符合他们的兴趣点。例如，针对女性的文案可以更加强调画面美感，增加描绘性、故事性语句；针对男性的文案以干练和激励型话语为主。让不同性别的消费者最大限度地感同身受，以便提升消费者对产品的接受度。

作为崇尚设计和形式感的时尚产品，时尚生活类杂志从封面文案到内文标题文案，都针对不同性别的阅读者准备了有的放矢的创意（见图6–6）。

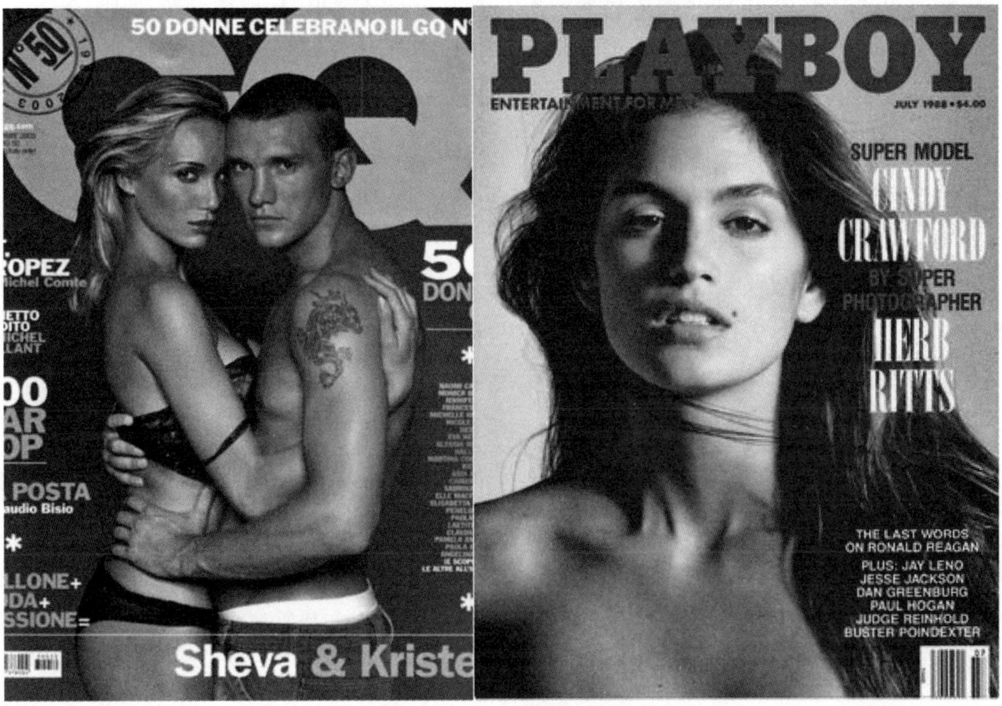

图6–6　时尚生活类杂志文案

每一个月，每一个星期，路过报刊亭，打眼一看，都是女明星的硬照。不论报刊目标对象是男性还是女性，女明星都有出现在封面的时候。杂志硬照多为单色背景，读者只能看见她的发型、脸上的妆容和身上的衣服，画面呈现着除了她自己之外的一切。为使读者在心向往之的同时能够掏出钱包，杂志列出女星身上一件件衣服的名称和价格，只差告诉你“往前走，左手边第二排的架子上就是了”。

这不是硬广，甚至不是软文，服装品牌没有花一分钱。女性杂志以一种迷幻药式的做法，暂时抹杀了每一种个性。小编和总监是一样的，女明星和路人甲是一样的，龅牙妹和整容女是一样的。“遇人不淑不见了，阿妈不见了，女巫不见了，女作业员不见了，姊妹不见了，盟友不见了。”①

有硬照，有没有软照？街拍、生活照都是软照。软照给了消失的生活环境、人际关系重现的机会，但也仅仅是个机会而已。镜头不再聚焦在明星身上，画面内容更丰富，文案与图片配合，展现一种美好而“昂贵”的生活幻境。文案简单矫情，杂志可以随时拿起，也可以随时放下，读时同交欢，看后各分散。我们的确好奇，阅读女性杂志的女性应

① 许舜英.大量流出[M].桂林：广西师范大学出版社，2014:103.

该怀着怎样一种心情来看待这其中的图景。

也许是硬照插入观众的眼睛，也许是软照春风化雨般地营造的使用场景进入大脑，女性读者被成功俘获，男性观众仿佛看见了敌对势力的战略布局，偷窥之余，暗暗发笑。

女性主义，使女性从最初的两性关系中的附属品、家庭主妇，走到二战后的自我解放，走上职场，参与政治文化生活。“心理上的单身”成为女性忠于自我、做回自己的不二法宝。

但是，最好做“她们”，而不是所谓的“自己”，这是女性杂志对于女性的告诫。

通过“让读者感觉不称职”来兜售服务性内容，几乎是所有顶尖女性杂志的做法，其做法甚至可以概括为一种公式：“你一定有这么一个问题，要解决这个问题，你必须做几件事，如果你听从我的建议做了那些事情，你一定会生活得更加幸福。”这几乎是“一加一等于二”的神逻辑，与兜售上升星座命格论的骗局无异。

无论做不了自己，还是做得了自己，幸福、快乐、美貌，每个女人都想要。

每一期女性杂志的封面都是一则极具杀伤力的文案，它兜售的其实就是以上三者，只不过更多地是制造假象、催生幻象。杂志里的生活，再怎么立念存真，最后也不过是个证伪过程。

女性杂志在美国出版业中占据重要地位——女性杂志是第一种发行量超过百万份的期刊。

《时尚》(*COSMOPOLITIAN*)（见图6-7）被认为是最性感的女性生活杂志，倡导“女性有权享受性，谈论性”。20世纪60年代，在海伦·布朗编辑方针的领导下，《时尚》向妇女发出了在当时看来十分激进的口号：“勇敢地生活，在你生命的每个领域中你都能做到最好！”

图6-7 《时尚》封面截图

“18~34岁，迎合单身女性以及在心理上单身的已婚女性”正是《时尚》的办刊宗旨。

《芭莎》（*BAZAAR*）（见图6-8）的执行总编辑说：《芭莎》上的一切必须典雅。《芭莎》的封面女郎会穿上晚宴的礼服，展示真正的时尚和典雅，以及背后的生活方式。

图6-8　《芭莎》封面

无论新潮，还是典雅，主编们要的封面皆趋于模式化。封面上的明星经常出现重复，“美丽而有品位的明星毕竟有限，因此会出现同样的人”。杂志社之间人员的流动也带有同样的问题，一句口号就能承包整个报刊亭。为了突破模式化，他们也在试图创新，《芭莎》曾经用水晶石颗粒装饰封面，也曾让一期杂志出现三种封面版本，希望借此引发讨论。

为了使封面文案能吸引眼球、增加销量，主编们费尽心机。他们从不采用高难度的内容，多用尽量短的描述和浅显的内容，仿佛世界二分之一的人口从来没有机会接受高等教育，无法理解最新款的特斯拉和iPhone的特点。讽刺的是，《芭莎》的目标受众正是这些产品的购买者。

“任何一本娱乐性的杂志，其提供的东西都会有逃避和幻想的元素”。社会问题报道稀缺，而这“稀缺”的一小撮，还停留在对于现象的简单描述上。“描述而不预测市场”，不对未来做承诺，而是倡导及时行乐。

“年轻的女性们比较缺乏安全感，她们往往需要求助于一本能告诉她们更多、为她们代做很多决定的杂志”。《魅力》（*GLAMOUR*）的主编直言不讳：“读者并不知道自己要读些什么……读者希望你超越他们一步，希望你经常性地教育他们，取悦他们……”科技发达的今天，知识的获取和积累已经不再是从传统媒体那里填鸭式地获得。女性杂志这种“白莲教”教主一样的“作态”，将女性物化的“做”法，全部要重新审视。[①]

女性阅读男性杂志，除了偷窥的欲望之外，还有一种试图取悦或分享利益的启蒙策

---

① 王栋.美国顶尖杂志总编访谈[M].北京：作家出版社，2008.

略；而男性阅读女性杂志，除了偷窥及不耐烦之外，还有什么？[①]

耐心地去写专栏，像胡歌一样。自2016年末开始，以《胡乱歌唱》为总标题，演员胡歌在中国内地版本的《服饰与美容》（*VOGUE*）上每期发布文字片段（见图6–9）。他的文字在《服饰与美容》（见图6–10）的微平台上总是可以获得巨大的阅读数量与大量点评。如果说偶尔的高潮是因为星味的诱惑，几乎每一则都如此，只能说明胡歌不仅是“文艺胡”，还是个好文案人。

图6–9　《服饰与美容》微平台上的胡歌专栏

图6–10　《服饰与美容》封面

那是雪吗？

那是血！

一定很冷吧？

不一定是热的！

怎么会有热的雪？

怎么会有冷的血！

那是新房子吗？

---

① 许舜英.大量流出[M].桂林：广西师范大学出版社，2014:103.

那是心房！

里面一定很暖和吧？

我没进去过！

里面有人住吗？

我没进去过！

胡歌书写在女性杂志上的文本并无男性的特别气息，有的只是不断打开的脑洞。在这个以中性为时尚的时代里，他以超越段子手的作品创作，与女性阅读者进行着超越性别的沟通。

二、友还是敌

“我们在1981年刊出这则广告，欢迎IBM进入个人电脑市场，有点像比利时欢迎希特勒入境。哦，好吧。它的巧妙之处在于，虽然苹果当时规模尚小，但该广告把一场二十匹马的竞争变成了两匹马的竞争，而苹果和IBM自那时起，便永远地联系在了一起。”[①]史蒂夫·海登以《讲真，欢迎IBM》（*Welcome, IBM.Seriously.*）文案（见图6-11），回答了“为谁写文案”这一问题所能达到的神级境界。

图6-11　1981年史蒂夫·海登为苹果电脑制作的文案

“合作营销”这一概念最早由艾德勒1966年在《哈佛商业评论》上提出，指的是两个或两个以上的品牌或企业，为了实现资源的优势互补，增强市场开拓、渗透与竞争能力，达成了长期或短期的合作联盟关系，共同开发和利用市场机会。但传统媒体时代的合作营销，往往只是商家为了在短时间内提高销售量所采取的一种低成本、捆绑式的联合促销活动。而营销专家艾略特·艾登伯格(Elliott Ettenberg)在其著名的《4R营销》(*The Next Economy: Will You Know Where Your Customers Are?*)一书中就曾

① 克朗普顿.全球一流文案——32位世界顶尖广告人的创意之道[M].邹熙，译.北京：中信出版社，2013.

预言：“合作营销(Co-Marketing)将是后经济时代新的大趋势。”近年来，借助社交媒体全民参与的风潮，品牌间的合作营销愈加具有创意，并衍生出不同种类的文案CP。

除“双11”“双12”外，苏宁易购和天猫在2016年联手打造“New Buy 418”购物节，作为双方首次全面联合作战。苏宁已连续五年推出“428”大促，而2016年首次与天猫进行合作，欲联手打造上半年第一个电商节日——家电、3C的“双11”。在这一场合作营销活动中，“猫宁”CP推出了系列宣传海报（见图6-12），不仅将天猫与苏宁的品牌特性进行组合，更是协调所有参加“New Buy 418”的电子产品进行整合宣传，文案风格等全部统一，大有为这个狂欢节日摇旗助兴之势。

图6-12　“猫宁”CP系列宣传海报

商场如战场，这里不是只有玩“互爱”的合作营销，对立营销的“相杀”大戏戏码更为精彩。同样是苏宁和天猫，2014年“双11”购物狂欢节的前一天，苏宁易购一组“小女孩捂脸”广告被刊登在多家都市报和公交、地铁等广告牌上。广告主题为“这个××的‘双11’你该多一个选择”，画风借鉴此前走红的网络漫画“妈妈再打我一次”，语言大胆直接，暗讽天猫。而同天，天猫的一组“回扇”广告也迅速走红，内容与苏宁广告一一对应。漫画则变成小女孩被妈妈扇的画面，并配以一句“这就是我××的‘双11’，你有且只有一个选择”。这种不禁令消费者捧腹的“互掐”，为天猫和苏宁带来的是史无前例的销售量。

“自黑”“互撕”是互联网移动营销时代十分流行的营销手段。它充分调动了看官们“坐山观虎斗”的积极性，既保证了品牌曝光率，赚足眼球，还能间接提升品牌影响力，可谓一举两得（见图6–13）。而“互撕”这条路往往更具风险，相对而言，黑别人的难度系数远大于“自黑”，稍有不慎便给人留下一副泼妇嘴脸的印象。

图6–13 “猫宁互掐”系列宣传海报

2015年6月25日，神州专车发布微博文案：“不仅舒适，更要安全，这就是我们的观点！感谢大家的支持。在互联网创新的浪潮中，我们永远做最极致、最安全的用户体验！乌伯，请停下你的黑专车！#Beat U！我怕黑专车#。”同时配发了9张海报，分别由海清等9位公众人物代言（见图6–14）。下文为其中部分广告语。

海清(演员)的广告语：毒驾，酒驾，罪驾！1%的风险，100%的伤害。别让自己，成为黑车司机的马路游戏。

孙英杰(马拉松运动员)的广告语：我爱第一，我怕万一，怕家人受伤害，怕隐私被买卖。切记！你的电话要保密。

姜勇(律师)的广告语：搭私家车，聊天熟得像家人，出意外时就变陌生人。私车理赔难，别自找麻烦！

刘二海(资本投资人)的广告语：提醒每一个负责任的父亲，诱惑再多，也别让家人搭上没保障的车！

张杨(学者)的广告语：为共享经济点赞，但不为你。让黑车换个马甲，用公关逃避问题！红眼的老卡，请自重！

柳实(汽车驾驶教官)的广告语：人员参差不齐，车辆新旧不一，90%的司机不懂如何避险。私家车，你们能为人民的安全负责？

图6-14　神州专车系列海报方案

在名人效应的带动下，微博内容很快席卷网络。文案内容虽未明确“U”的所指对象，但谐音“乌伯”普遍被认为是攻击竞争对手优步（Uber），多家媒体也纷纷以“神州专车批优步”“引爆专车大战”等为题进行报道。而神州专车“攻击对手求关注”的恶劣手法导致恶评如潮，网友指责神州专车广告设计者毫无原则和下限，涉嫌恶意诋毁竞争对手。

可见，无论话题怎么样，企业的话题营销都应该遵守“不伤及客户利益，不损害社会价值”的原则，否则极有可能弄巧成拙，招致受众的负面评价。

在市场江湖上，单打独斗不如抱团取暖，品牌之间的营销合作日渐增多。借鉴不同文化群落之间的相处之道，求同存异、共同发展，也许才是正确的营销理念。世界上最了解你的人不是朋友，而是对手。呛声只管呛，智慧的对手什么都懂。

手工笔记本品牌Moleskine的系列海报（见图6–15），戳中了智能手机三个普遍的痛点：隐私泄露、网络覆盖和容易被盗。在这个电子数码时代，年轻人几乎放弃纸笔书写，但Moleskine笔记本在这里却没有表现出丝毫的不自信，反而大声数落着智能手机的缺点。

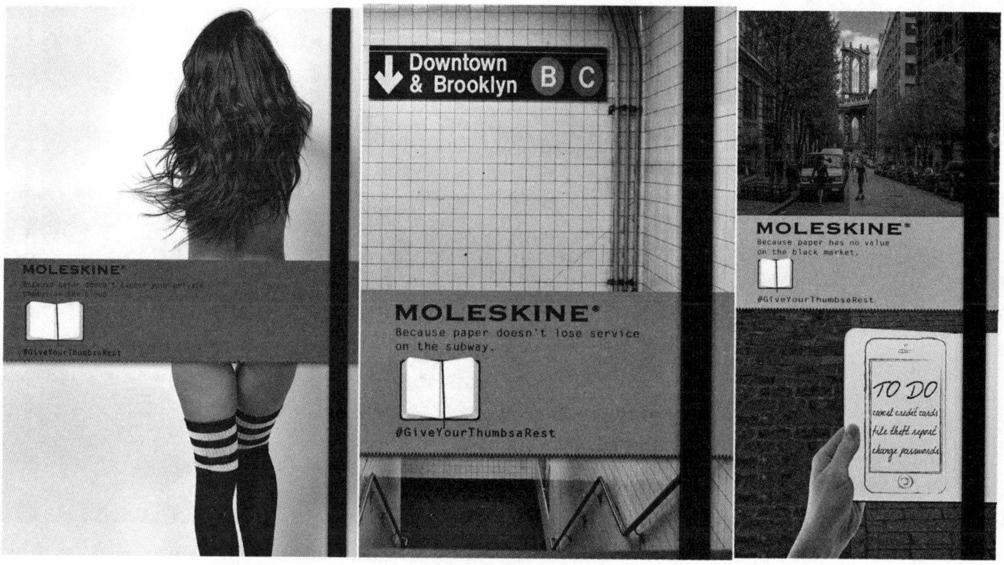

图6–15　Moleskine系列海报

广告文案：Moleskine笔记本
因为笔记本不会将你的隐私照片上传到网盘里。
因为笔记本不会一进地铁就没有服务。
因为笔记本在黑市上卖不出高价。
#让你的拇指歇一歇#

消费者到底要什么？这是每一份文案最渴望探触到的神秘高潮点。在这个一切皆能测量的大数据时代，相关比因果更有效。卖安全套的杜蕾斯可以骄傲庆祝“父亲节”，只因一句犀利的话：“To all those who use our competitors' products: HAppy Father's Day.（致所有用别家产品的人：父亲节快乐!）”

有人说世界杯是全球所有男人四年一次的集体狂欢，雄性荷尔蒙在这个时刻集体高涨，所有人的心在绿茵场上共同进退。作为全世界规格最高、含金量最大、关注度最高的赛事，世界杯所吸引的眼球，超过世界上任何一种盛会。巴西世界杯比赛首日，2 202万球迷“微”观世界杯，揭幕战两小时内的微博讨论量超过8 300万，相当于每一秒钟发布1.1万条微博。热门话题#世界杯#阅读量暴涨至11.2亿。这只是中国一个国家，新浪微博一个平台一天的数据而已。

这是足球的盛宴，更是广告的海洋，是所有顶级文案进行终极PK的战场。奔驰与宝马向来是德系轿车的终极PK种子选手，2014年德国对战葡萄牙的足球赛上，曾经的老对手却变成了亲密的“好基友”。两家公司分别在相同的时间,选取具有相同元素的图片和文体一致的文字，发布官方微博，用词惺惺相惜，颇似互诉衷肠。比赛开始之前,宝马和奔驰的官方微博同时发布图文（见图6-16），宝马唱:“敬友谊，为悍将，齐喝彩！”奔驰和:“共把盏，齐上阵，同进退！”一样的配图展示着双方旗下的赛车车型，图片左下角统一标出:We Are On!

图6-16　宝马与奔驰的合作广告（1）

当德国队4∶0战胜葡萄牙队之后,宝马和奔驰再次同时发布微博庆祝。宝马的上联为“再见江湖,相逢亦是对手”,奔驰的下联是“旗开得胜,合力所向披靡”（见图6-17）。时间一致，话题契合，配合完美。同类竞品在网络平台上互动营销,汽车圈内未有先例。文案，打的就是出其不意。

图6-17　宝马与奔驰的合作广告（2）

竞争多年的宿敌一旦双剑合璧，果真天下无敌，矛头直指当天发布新款车型的德系汽车销售冠军——奥迪。强调高性能的奥迪R7跑车，精心举办了新品发布会，盛情邀请媒体观看德国与葡萄牙的比赛。结果到头来，媒体和网民都为宝马和奔驰的“好基友激情”齐声喝彩。作为德系轿车的老大，奥迪这一次结结实实地被老二、老三“高级黑”了一把。只是老大久战江湖，兵来将挡，水来土掩。宝马和奔驰秀恩爱，大声喊出“We Are One”，奥迪淡定神回复“I Made One”。官微海报（见图6-18）上奥迪跑车驶过绿茵场，撕开绿茵场下棕色的土地，露出拜仁、慕尼黑球队的Logo，一行小字无比清晰：拜仁慕尼黑足球俱乐部第二大股东@奥迪。幽默、睿智、霸气，堪称文案反击的经典。

图6-18 奥迪宣传海报

这场文案大战，到底哪一份文案更牛？写了文案的不一定笑到最后，没写文案的一定结局最惨。德国队征战世界杯，球迷们在朋友圈和微博里讨论的全是奔驰、宝马和奥迪。足球，反而成了舞台的配角。

能与奔驰、宝马CP齐名的还有下面这两大可乐公司——百事可乐和可口可乐（见图6-19）。

图6-19 可口可乐与百事可乐合作广告

百事可乐和可口可乐之间的恩怨已经持续了100多年，两个品牌简直是CP中的宇宙CP。说到两者之间的关系，可口可乐倒是有点无可奈何，特别是百事可乐异常执着于对可口可乐的贬损。这或许既是对权威的挑战，也是在为自身造势。人们对于这样的竞争颇有兴趣，一方出手，一方回击，创意的花朵也在出手和反击中绽放得分外艳丽。

第一个案例是来自百事可乐的一段恶搞视频：为买到心仪的百事可乐，小男孩选择先买两瓶可口可乐垫脚，潜台词不言而喻。可口可乐不甘示弱，即刻反击，用视频指出百事可乐才是最好的“垫脚石”，这可谓一场“垫脚石大战”（见图6-20）。第二个是2014年的万圣节海报PK，先挑事的依旧是百事可乐：祝你有个恐怖的万圣节（潜台词：可以穿着可口可乐的披风吓人）；可口可乐：每个人都渴望当英雄（潜台词：穿上可口可乐的披风，拥有超人英雄范）（见图6-21）。第三个则是两台可乐自动购买机图片大对比，表示大家都爱购买百事可乐，以至于地板都磨破了，而可口可乐前的地面光滑如镜（见图6-22）。虽然“没有对比就没有伤害”，但多轮对比并没有对两个品牌造成什么伤害，反而成了两家公司展示品牌不同特质和理念的对比营销。

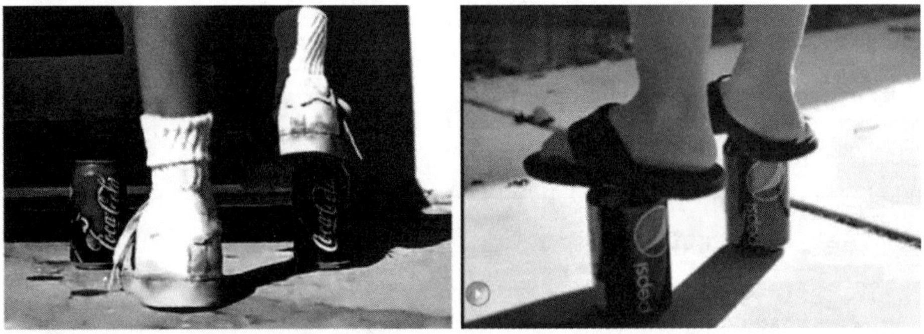

图6-20　两家可乐品牌的“垫脚石大战”

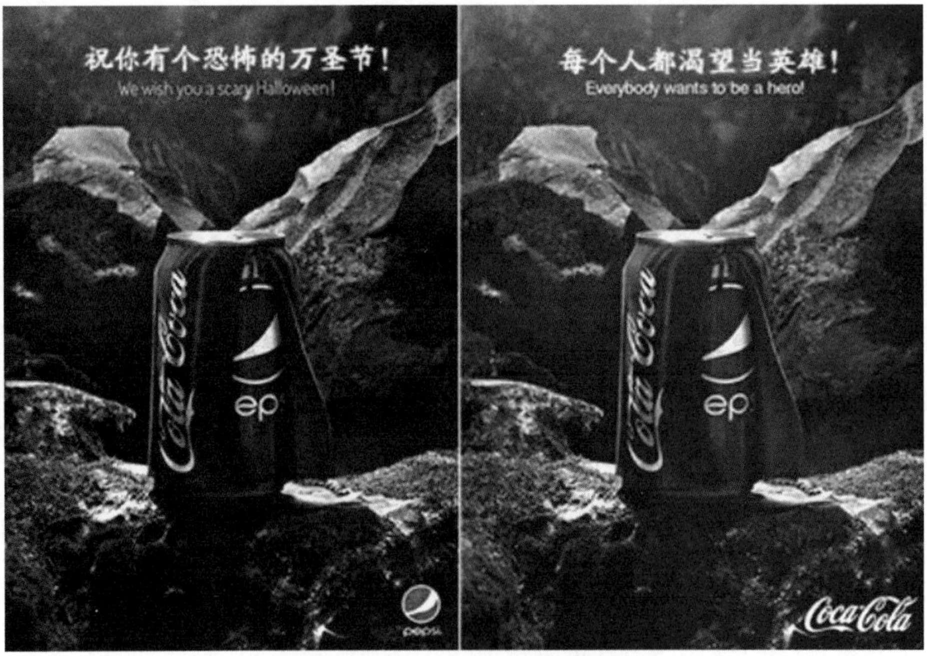

图6-21　两家可乐品牌的万圣节海报PK

图6-22 可乐自动购买机图片对比

哦，还有麦当劳与汉堡王。

一个拿着麦当劳的金发小男孩被小伙伴们包围，他们总是抢他手里的麦当劳，这可怎么办？后来，金发小男孩灵机一动，他拿着汉堡王的袋子挡住自己的麦当劳，于是再也没有人来抢，因为孩子们对汉堡王实在是提不起兴趣（见图6-23）。

图6-23 两个快餐品牌的PK：麦当劳与汉堡王

为争夺汉堡界的第一宝座，麦当劳和汉堡王上演了无数戏码。麦当劳的这个广告可以说是很巧妙地黑了一把汉堡王。它并没有非常直接地表现麦当劳的优点和特色，而是通过和同类型品牌的比较，突出麦当劳的受欢迎程度，从侧面体现出麦当劳的优势，使观众的感受更加强烈和鲜明。同样，为了显示自己的店铺比汉堡王更密集，麦当劳还为自己以及竞争对手分别树立了一个广告牌：“亲，再走上5公里你就能吃上麦当劳了噢，不仅如此，你只需要左拐右拐右拐20多次，就能到达285公里外的汉堡王！加油啊，亲！”看客们经过自己的判断，本能地就会认为麦当劳的覆盖率更高，对人们的生活来说更加方便。[①]

CP们的竞合游戏也是越来越虐心。虽然“我恨你”，但我依然会说“我爱你”。在2016年宝马100周岁生日的时候，奔驰送来了一条祝福：“感谢100年来的竞争！没有你的那30年好孤单！”友好的文案背后分明是显摆自家“历史更悠久”的优越。之后，宝马也不甘示弱，推出了同样风格的海报，并附上了一句文案：“君生我未生，我生君已老。”回敬得也足够优雅（见图6-24）。这种营销文案上的对抗，非但没有激起恶性竞争，反而提高了两个品牌的曝光度，增加了趣味性，令围观群众觉得“萌萌哒”。

图6-24　奔驰与宝马的竞合文案

① 选编自《2017年夏季文案班案例报告》。

有明面的你来我往，也有暗器在江湖上“嗖嗖”。Jeep在其广告中提及大众、奔驰、宝马三个著名汽车品牌，只不过是将他们的品牌名字融进平常的句子中，而非特意引用，只是见者都能明义，“每个人心中都有一个Jeep”的概念也在这样的创意杀气中显得更为闪耀（见图6–25）。

图6–25　Jeep营销文案

在营销文案进阶的路途上，CP是组合级的助推力，永不绝望、永不放弃、永不退却的他们成为互相激发创新因子，消解彼此百年孤独的创意英雄。

无论是百岁的奔驰、宝马，还是70多岁的Jeep，丝毫不会阻挡年轻途胜（见图6–26）的营销野心：“去征服所有不服，去开拓从未有的路，去凌驾无人敢及的高度，去自由，去SUV！”

图6-26　途胜营销文案

第二节　营销中的数字

“看见一只鸽子在Smart车上拉屎，并击沉了这辆车。”

一个网友在Twitter上对自己4 000多个粉丝玩笑般地吐槽，却触及了Smart的槽点，引发了社交媒体潮水般的大量转发与评论。这是一个典型的社交网络危机公关案例，常规的选择可以是置之不理、正面辟谣，抑或发动水军、侧面反击，Smart却抓住这一机会，在自己的官方Twitter上和网友一起玩起了数字推理的创意游戏（见图6–27），严肃认真地做出计算——450万只鸽子的粪便才可以击沉Smart车，或者36万只火鸡的粪便、4.5万只鸵鸟的粪便。官方Twitter的参与让品牌与消费者的互动迅速升级，一场趁势而上的自黑，成为瞬间刷新价值观的高级洗白。

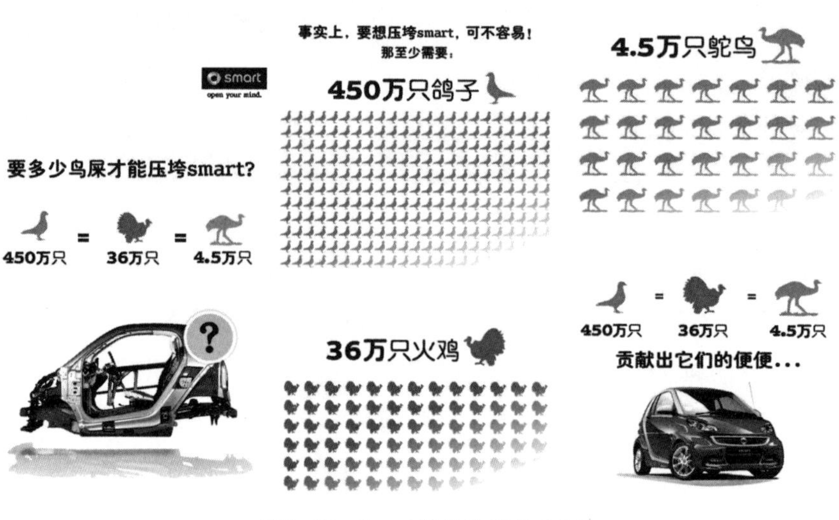

图6–27　Smart的社交媒体文案

一、数字——推理与证明

Smart貌似戏谑的数字推理其实走的是标准的科学范儿。什么是科学的广告？克劳德·霍普金斯在《科学的广告》中这样阐述：华丽的辞藻和优美的文笔在广告中并不受用，风格独特的广告策划会夺去原本属于产品的注意力，任何刻意的推销都会招致人们对于过度宣传的恐惧。任何一个超出产品性能和服务之外的别有用意的宣传都是致命的失败。显然，通过事实支撑营销观点，是确保得到科学的说服效果的方法。而在组成“事实”的内容板块中，“事”指“故事”，“实”更多指向的是数字和数据。甚至，在某种情况下，数字的说服力量要大于故事。因为，在数字中我们看到了很多在故事中看不到的真相与细节，正所谓“耳听为虚，眼见为实”。

“数字”是文案大师奥格威的创作杀手锏，运用数字证明方法论，他写出了此生最为得意的汽车广告：At 60 miles an hour the loudest noise in this new Rolls-Royce comes from the Electric clock［当这部新款劳斯莱斯以每小时60 英里（约 96.6 公里）的速度飞驰，您能听到的最大噪音来自车的电子钟］。在另外一则推销奥斯汀汽车的文案中，奥格威更是借一位外交官之口，将数字的推理与证明功能做到了极致。

《我用驾驶奥斯汀轿车省下的钱送儿子到格罗顿学校念书 ——来自一位外交官的匿名信》文案：

最近我们收到一位曾为外交事业建功立业的前辈的一封信。“离开外交部不久，我买了一辆奥斯汀车。我们家现在没有司机——我妻子承担了这个工作。每天她载我到车站，送孩子们上学，外出购物、看病，参加公园俱乐部的聚会。”

我好几次听到她说：“如果还用过去那辆破车，我可对付不了。”

而我本人对奥斯汀车的欣赏更多是出于物质上的考虑。一次晚饭的时候，我发现自己在琢磨：“用驾驶奥斯汀轿车省下的钱可以送儿子到格罗顿学校念书了。”

出奇地经济实惠

亲爱的读者们，您可能会觉得我们这位外交官先生太夸张了吧。其实不然，根据下面的事实，您可以自己算一算：

您现在只要花1 795美元（包括250美元的额外配件）就能买到新款的奥斯汀·默塞特豪华车，非常合算。

英国的汽油价钱是每加仑（约3.79升）60美分，因此我们要研制出更省油的车，新款奥斯汀车每加仑油可以跑30英里（约48.3公里），如果开得慢一点，则更省油。

油箱里可以加10加仑（约37.9升）的油，能行驶350公里——从纽约出发，不用加油可以开到弗吉尼亚州的里士满。

奥斯汀车的折旧率很低，原因有两个：第一，汽车全部在英格兰生产。第二，对奥斯汀旧车的需求量远远超过供应量，因此奥斯汀折旧之后的价值是所有优质汽车中最高的。

能省钱的地方还有很多。总而言之，就我们的估算，奥斯汀使您的总费用下降近50%。

可以享受到服务吗?

消费者经常问我们，怎样才能享受汽车服务和买到零配件?

就我们的情况，答案很简单，从东海岸到西海岸，我们在美国和加拿大的经销商超过1 000人。

因此，汽车服务和提供零配件对奥斯汀来说不是问题。我们的车不像过去那么稀罕了，事实上，今天，公路上有85 000辆奥斯汀车在行驶。

以每小时 65 英里（约 104.6 公里）的速度行驶

新款奥斯汀汽车的性能可与跑车媲美，精密制造、带顶阀的四缸发动机，压缩比高达7.2∶1。

汽车起步后在19.8秒内可加速到时速50英里（约80.5公里），行驶速度达65英里（约104.6公里）。

由于它有四种前进速度和超强的牵引力，您可以驾驶到任何地方，无论道路泥泞或冰雪覆盖，无论是越野还是登山。

奥斯汀安全可靠、性能卓越，任何情况下都能保持平稳。安全可靠，工艺精湛。

时速30英里（约48.3公里）时，急刹车可以减速到32码（约29.3米）。

假如您带着小孩，尽可放心，奥斯汀的后窗配有安全锁，绝对安全。这可不是什么普通材料做的，奥斯汀选用的是比其他家用车更厚的钢材。

充分的空间

第一眼看上去，奥斯汀比其他美国家用车小，但当你打开车门进去后，你会惊讶地发现车厢如此宽敞舒适。

里面没有多余的空间，每一英寸都可以利用，大得足以让4个身高6英尺（约1.83米）的人舒服地坐在里面。

另一个主要的优点是：您随时可以找到地方泊车，这是驾驶车的人和他们开车的妻子一直关注的问题。

奥斯汀的售价里包括250美元的附加配件

新款奥斯汀四门豪华车售价是1 795美元，包括250美元的附加配件，这些配件通常是要另外花钱买的。这些免费的配件包括：

1. 海绵橡胶坐垫和真皮座席，您不必再买椅垫。
2. 革命性的千斤顶系统，直接在车内操作。
3. 高级暖气设备和双除霜器。
4. 特别安全的电动挡风玻璃刷。
5. 足以发动卡车的12伏特电池。
6. 显示转弯方向的照明灯，转弯后自动熄灭。

出国吗?

如果您计划出国旅游，您可以在这里以通行的美国市场价格订购新款奥斯汀轿车，在英格兰提货。在您回国的时候，我们将免费将您的车运回来。在巴黎、罗马和杜塞尔多夫等地也有此类服务。

“客观如实”这一条原则不仅适用于学术论文，同样也适用于营销文案。文案人可以通过运用顾客满意的证词、实地展示产品功效以及研究测试结果来建立可信度，只有这样，才能够真正打动消费者并将其发展为忠实顾客，以此带动更多的潜在消费者。广告大师萨利·霍格斯黑德为宝马广告写了一个标题：这里有3 129个相互独立的部分，总有一个是你最终想要的。看到这个标题的人很难不被“3 129”和“你最终想要的”所吸引。“细节比笼统的叙述更奏效”，比起用华丽却空泛的辞藻自吹自擂，人们更倾向于接受具体细微的事实。如果只有华而不实的描写，读起来很美，但实际上这个文案什么也没有告诉读者。

如果把“滴滴用户份额很高”和“四个小伙伴，三个用滴滴”进行比较，空洞的文句和具体的数据间的差距不言自明（见图6–28）。文案原本就是自我夸赞的过程，但是华丽的形容词早已无法刺激

图6–28　滴滴打车广告文案

受众的神经，只有将具体的数字和生动的事实呈现在眼前，人们才不会质疑其真实性，才能真正接受。正如克劳德·霍普金斯在《科学的广告》中指出，“提供真实数据，讲明确凿事实。以钨丝灯为例，如果说它释放的光芒比其他灯更明亮，人们对此不会有太多印象。但如果说钨丝灯的光是煤炭灯发出来的三又三分之一倍，那么人们就会知道你将两者做了真实对比，进而相信你所说的每句话了”。

二、数字——抒情与夸张

通过事实支撑营销观点，从而取得说服的效果，这一方法被文案大师迈克尔·马斯特森（Michael Masterson）称为“伪逻辑”（false logic）。具体而言，是文案人通过筛选既有事实，引导受众得出结论：若非这些事实，产品可能不会那么好。利用“伪逻辑”并非说谎，而是在文案中重新建立一种逻辑。写作数字和数据元素，也可以像普通的文案写作一样，赋予每个数字独特的光芒，而不是让数字失去生命，只不过“事实与真相”一定是有分寸和界限的。文案人要做到的就是抓住受众的心理，用数字细节推开产品背后那个神秘的门。正如史蒂夫·海登在《全球一流文案》中所说，“止汗露的意义不在于保持干爽，而在于被他人喜爱”。文案所要宣传和销售的并不是产品或内容本身，而是其能够带给受众的价值和意义。只有通过统计调查和精确计算得到的数据事实及具体、有用的信息，才能让受众拥有更加充分和逼真的想象，也就是感受到文案背后那个世界的魅力，这一点是空洞的口号宣传所无法做到的。奥美曾为长城干红写过一篇经典的《三毫米的旅程》文案。

三毫米的旅程，一颗好葡萄要走十年

三毫米，
瓶壁外面到里面的距离，
一颗葡萄到一瓶好酒之间的距离，
不是每颗葡萄都有资格踏上这三毫米的旅程。
它必是葡园中的贵族，
占据区区几平方公里的沙砾土地，
坡地的方位像为它精心计量过，
刚好能迎上远道而来的季风。
它小时候，
没遇到一场霜冻和冷雨；
旺盛的青春期，

碰上十几年最好的太阳;
临近成熟,
没有雨水冲淡它酝酿已久的糖分,
甚至山雀也从未打它的主意。
摘了三十五年葡萄的老工人,
耐心地等到糖分和酸度完全平衡的一刻才把它摘下;
酒庄里最德高望重的酿酒师,
每个环节都要亲手控制,小心翼翼。
而现在一切光环都被隔绝在外,
黑暗、潮湿的地窖里,
葡萄要完成最后三毫米的推进。
天堂并非遥不可及,
再走十年而已。

营销文案写作中,用文字进行夸张和煽情有太多的技巧,用数字夸张则需要更巧妙的力度,重复、叠加、重复,只为夸张至令用户敬畏。但是,煽动性的元素要谨慎使用,正如伯恩巴克所言:要确保你的煽动性来源于你的商品。在北京星河湾地产一则经典的营销文案中,创作者巧妙地将植物的稀缺与珍贵性赋予了星河湾地产,用数字彰显出星河湾的独特品位与优越性。

她 400 岁　正值妙龄

三年前,在智利,星河湾挑中了她,很多必要的工作就在那时开始了。

两年前,所有启程准备终于完成,她乘船来到上海,她的体重和随身土壤,足足有27吨。

在上海,她生活了整整一年,这是她适应中国的必要程序。2004年12月,一个飘雪的夜晚,27吨的她,正式定居北京。一棵400岁,胸径一米、高六米的耐寒智利密棕,就这样来到了北京星河湾。

另一棵,也是。

注:智利密棕是南美珍贵树种,是棕科中最粗壮的种类,且耐干旱,耐-15℃~-20℃低温,其因硕大挺拔,年年开花结果,繁衍不息,而象征了福运和财运。寿命可达1 000年,最佳观赏树龄在350~500岁之间。

没有宣传地段的优越、户型的舒适、环境的优雅等“经济适用”的优点,文案只告诉消费者,这里有正处于最佳观赏年限的南美珍贵树种——智利密棕。这样含蓄而“高端”的风格，无须过多解释，便可告诉消费者们，这里有他们追求的格调和身份象征。

夸张并不等于有失真实或不要事实，而是通过夸张把事物的本质更好地体现出来。然而文案人需要注意的是，将产品夸张至令人敬畏并不是适用于所有产品的“万金油”。“高端化”和“神化”，还需由产品和品牌自身的定位决定。

三、数字——具象和抽象

在营销文案中，当具象的数字用来表现抽象时，如果运用精确，会产生用无数形容词和副词也无法获得的表现效果。

2014年12月13日21点26分，90后美女漫画家“伟大的安妮”在微博发布“对不起，我只过1%的生活”组图，用她最擅长的漫画形式讲述了她自己的追梦历程：如何从被人质疑的画手成为一名小有名气的漫画家，再到后来建设自己的公司，带领团队艰难创业。

这组图（见图6-29）在微博上迅速发酵走红，随后很快扩散到微信朋友圈，截止到2016年2月1日，该图在微博上已累计转发了39.9万次，点赞37.1万次，评论数超过10万。而其带来的转化也高得惊人，有超过30万的用户下载了“伟大的安妮”创业开发的“快看漫画”应用，该应用在App Store里曾冲到了免费榜榜首。

图6-29　“对不起，我只过1%的生活”组图的微博截图

"1%的生活"——数字的加盟在这次事件营销中起到了非常重要的作用。这个数字与一个无名的创业者身份十分吻合,更易唤起"大多数"的情感共鸣。创业者把自己真实的生命体验融入营销文案,低微谦卑的1%与自我期许的"伟大"梦想形成了强烈的反差。

在网络空间,1%的个体力量激发的是99%的大众参与度(见图6-30)。网友"姓赵无名"留言:"梦想系也许是唯一能和爱情系并列的一击即中的文艺创作题材了,因为它根本就是整个人类的软肋嘛。""伟大的安妮"借助漫画和微博展示出用数字叙事的出色能力,为她推广的创业平台"快看"App搭建出了广阔的创意空间。

纷繁的文案语言品类中,数字是最接近真相的那一种。作为营销者和文案人,我们需要想象;作为用户和消费者,我们更需要真相。

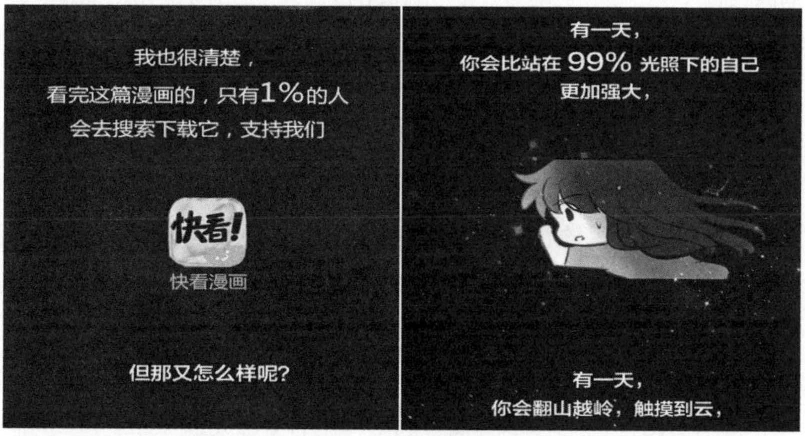

图6-30 "快看漫画"文案

第三节 营销中的证言

> 在未来,到底是每个人都能出名15分钟?还是每个人都会变成15个人眼中的名人?不管怎样,在阿猫阿狗都能写博客、拍视频的网络时代,名人还是会诞生。只不过游戏规则变了。①

"互联网最伟大的思考者"克莱·舍基在经典著作《人人时代》中的观点充满了睿智而新锐的判断力。在新的游戏规则中,名人到底是谁?继续引用克莱的话语:"诸如博客、论坛等社会化媒体已经铲平了出版的门槛,却也伴生着残忍的经济逻辑,有价值的不是信息,而是注意力。"②

①② 舍基.人人时代:无组织的组织力量[M].胡泳,沈满琳,译.杭州:浙江人民出版社,2015:2.

新的营销游戏已经开启，注意力经济时代的大幕已经拉开，出版界的营销文案——封面腰封中光鲜的名人渐渐遁形，名人们以及他们的证言去了哪？

作为营销文案的内容组成板块，证言似乎是名人和权威人士的专属领地。梁良良和黄牧怡在《走进思维的新区》一书中写到:人们在长期的生活实践和思维实践过程中，逐渐形成自己所惯用的、格式化的思考方法，这便是通常所说的惯常定势。而“权威定势”便是惯常定势的表现形式之一。作为传播学四大奠基人之一的卡尔·霍夫兰（Carl Hovland）等人也提出了“可信性效果”的概念，一般而言，信源的可信度越高，其说服效果越明显；可信度越低，说服效果则越不明显。正由于受众对权威的尊崇，借助名人和权威成为提升广告可信度常用的手法之一。

互联网时代是“无组织的组织力量”崛起的时代，自2016年开始，基于社群的图书自媒体营销异军突起，成为图书营销的强势力量。一个数据非常震撼：2016年，中信出版社旗下童书出版机构“小中信”在微信生态社群端一年的销售额就接近亿元。与多家出版机构和电商合作的“凯叔讲故事”“年糕妈妈”“小小包麻麻”等自媒体社群童书销售量创下多项新纪录。

在拥有500万父母粉丝的“小小包麻麻”微信社群中，文字、图片、视频、音频等丰富而直观的表现形式构成了新媒体形态的营销文案（见图6–31），信息详尽，又夺人眼球；对于每款产品，小小包麻麻还会提供个人版本的证言（见图6–32）——包妈推荐理由，不仅列出理性的1、2、3条，还会贴心地以讲自家故事的方式分享自己的孩子使用“小小包”的感受。理性与感性的证言“诱惑”万千父母果断下单，下单的同时父母们又继续在各自的朋友圈中复制推荐链接，口碑传播再度诱惑新的一批用户，微传播的巨大能量在不同社群持续爆发，营销战役在润物细无声中不断传来惊天动地的好消息。

图6–31 “小小包麻麻”微信平台营销文案（1）

从名人到人人，营销文案中的证言从单向度的宣传变成了互动与分享的传播。作为《人人时代》（*Here Comes Everybody*）的译者，北京大学胡泳教授这样解读“此即人人”：这意味着主人公是一个人，同时又代表着人人；他总是看上去类似和等于他自己，然而又暗自符合一种世界普遍性。

人人互联的网络生活空间，兼具个性和共性，具有话题度和粉丝群的名人用户才是理想版证言的提供者。

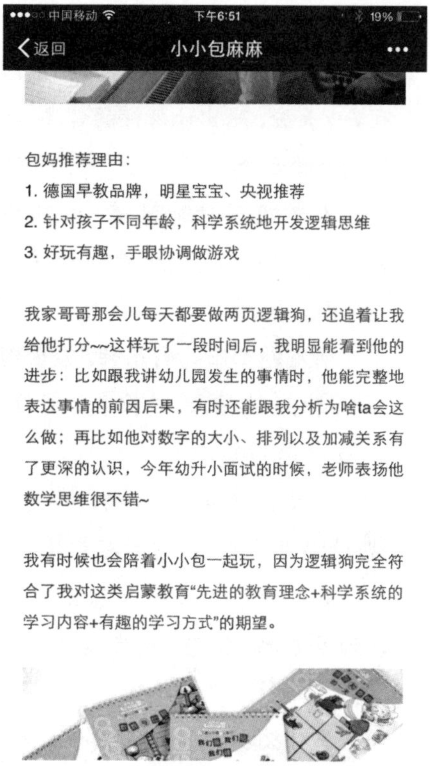

图6-32　“小小包麻麻”微信平台营销文案（2）

一、证言——来自理想户

New Balance在2014年推出系列宣传片，其中《致匠心》由音乐教父李宗盛（见图6-33）主演。视频以近乎白描的手法，通过李宗盛的口述，将他亲手制作木吉他的过程与远在地球另一边的鞋匠制作New Balance 990的步骤关联在一起。李宗盛创作30年，作品数量不多，但几乎每首都具极高的流行度，参与和影响着几代人的情感回忆。他在人生的后半段执着于吉他设计与制作的匠人世界，专注内心的声音，活成了最好的自己。虽然李宗盛没有开设微博，但是他的粉丝群跨越代际。高质的艺术创造与低调的创意人生正与New Balance意图传达出的品牌精神——百年手作，忠诚匠心——不谋而合。在轻柔的音乐中，李宗盛穿着New Balance 990，踩着节拍，弹奏着亲手制作的木吉他，人格化的精神完美呈现为一个有品牌风格的证言。

图6-33　New Balance李宗盛版营销文案——《致匠心》截图

人生很多事急不得，你得等它自己熟。

我二十出头入行，三十年写了不到三百首歌，当然算是量少的。我想一个人有多少天分，跟出什么样的作品，并无太大的关联。天分我还是有的，我有能耐住性子的天分。

人不能孤独地活着，之所以有作品，是为了沟通。透过作品去告诉人家：心里的想法、眼中看到世界的样子、所在意的、所珍惜的。所以，作品就是自己。

所有精工制作的物件，最珍贵、最不能替代的，就只有一个字——“人”。人有情怀、有信念、有态度。所以，没有理所当然。就是要在各种变数、可能之中，仍然做到最好。

世界再嘈杂，匠人的内心绝对必须是安静、安定的。面对大自然赠予的素材，我得先成就它，它才有可能成就我。

我知道手艺人往往意味着固执、缓慢、少量、劳作。但是，这些背后所隐含的是专注、技艺、对完美的追求。所以我们宁愿这样，也必须这样，也一直这样。

为什么?我们要保留我们最珍贵的、最引以为傲的。一辈子总是还得让一些善意执念推着往前，我们因此能愿意去听从内心的安排。

专注做点东西，至少能对得起光阴、岁月。其他的就留给时间去说吧。

同样是New Balance的视频广告，从《致匠心》到《致酱心》，两个人物的选择，两段不同风格的文案证言，是品牌力在网络时代向未来的微妙延伸。相对大叔李宗盛的正向三观，papi酱版本（见图6-34）的New Balance广告融合了她网络空间的“一派胡言”与现实空间的“一本正经”，而这种轻分裂型人格恰恰是90后、00后一代所具有的特征。

papi酱网络脱口秀：
什么是自己想做的事情?
为什么我想做的事，别人都不支持啊?
别人不支持，我该不该放弃啊?
坚持了就一定会胜利吗?
（papi穿起New Balance鞋开始夜跑）

其实，我不总是个搞笑的人，我是12年前，因为读书来的北京，并没有特别惨的遭遇值得在这儿说，我心里隐约知道自己能干点事，虽然又真不知道会是什么。虽然今天的我肯定不是我来北京时想要成为的那个，可也就是这12年间

图6-34 New Balance papi酱版营销文案——《致酱心》截图

的每个选择和决定，让我活成了今天的样子。我只是坚持，坚持给自己暗示，不放弃，在最无趣无力的日子也要对世界保持好奇。“谁知道自己会做的事情是什么？你知道吗？”我的搞笑是百无聊赖时脑中忽然出现的荒诞念头，是生活撞墙时拿来逗乐自己的，然后我发现，自己找到了另外一个看待世界的角度。

（papi穿着New Balance继续夜跑）

生活就是寻找自己的过程，在不知道要去哪里，不知道还有多远时，只管跑就是了，未来是什么样，交给未来的自己回答。我们都不用为了天亮去跑，跑下去，天自己会亮的。

你会对未来说什么？

——致未来的我

即使回忆北漂生活，papi也没有兜售励志味“鸡汤”，有的只是淡然的坚持与面对。谁的青春不迷茫？坚持自己的跑道，跑下去就会迎来清晨的阳光。papi正经版本的“奋斗说”其实与网络空间的“努力说”本质相同，在坚持中保持乐观甚至任性，才能消除对于未来的选择恐惧症。80后和90后的率性精神与New Balance的品牌理念实现了有机的匹配。作为网络脱口秀节目的领军人物，papi自带强大的流量和粉丝忠诚度，这些互联网优质基因也为她的证言注入了强势的话题传播力。为New Balance的未来证言，papi说得很卖力，跑得却很跳脱。

相比崛起于纯网时代的papi酱，韩寒更具穿越力，从青春小说盛行的纸媒时代到微博微信微时代，最终拥有了更具复合度的社会角色，韩寒作为营销证言人的张力更高一层。

> 韩导，录音可以开始了？
> 可以开始了
> 虽然这首歌不是我唱的，但是我念得好啊
> 他们找我代言CODOL，因为他们知道我手法惊奇
> 握笔　方向盘　拿相机　抓鼠标
> 通通没问题
> 老司机我今天开空中炮艇
> 别叫我韩少了
> 先保住你的命
> CODOL里我是主力　随随便便全场MVP
> CODOL里我最牛×　轻松甩狙炸弹飞起
> CODOL里我最牛×　做好自己就是第一
> CODOL里我是主力　不信十月二十七 游戏里比高低
> 我代言CODOL
> 这首歌　最后一句是广告
> 十月二十七　记住就好

这是腾讯推出的本土射击游戏《使命召唤Online》（CODOL）H5版本营销文案（见图6-35），邀请韩寒出演。韩寒本身就是一个CODOL的资深玩家，有着自己的战队和超高人气，所以选择韩寒做游戏代言非常理想。韩寒在微博拥有4 400多万粉丝，是微博时代红极一时的超级博主。同时，他又是专业赛车手，酷帅的运动形象深入人心。而电影导演是他的新身份名片，文案中显示出的超强驾驭力与战斗力丝毫不违和。虽然表现方式平淡，但所有的细节和内容处理依然得当，而且这样的旧梗对大多数粉丝来说依然有新鲜感。嘈杂的画面也能让人看到非常流畅的声画对位，网友心中的那个韩寒还是那个

图6-35　韩寒代言文案

韩寒，难怪他们大赞“好用心”。而恰到好处的形式、明星与内容，也许就是作品能够刷屏的关键。①

二、证言——来自现实用户

明星大咖们的证言往往成为高可信度信源，他们对实现营销传播信息效果，培养受众对产品、服务、品牌的信赖和注意，起到了较明显的作用。然而名人证言的滥用有时也会使效果适得其反。正如大卫·奥格威在他的书中所写：“名人的证言可以拿到高分，可我已经放弃了这一招，因为读者记住了人名，忘记了产品。更有甚者，认为名人是被‘收买’的，事情往往也的确如此。”

就好像人们不相信身价上亿的周杰伦真的会骑“爱玛”电动车，李嘉欣真的会用“欧莱雅”一样，名人推销往往会出现证言与现实之间的尴尬。所以，与不那么靠谱的名人用户相比，营销文案选择现实中的真正用户，其证言或许更有效。例如荣威750推出的“车主证言”系列营销文案，车主们通过现身说法，将自身感受以真诚、朴实的话语传递给相同身份的受众；消费者更容易将自己的身份代入，也更倾向于接受其所传递的产品信息 。

普通用户的证言与名人权威的证言具有不同的营销价值。文案中引用的证言本身是具有生命力和传播力的，虚假的证言会使这种力量大打折扣。因此，无论借谁发声，只有基于真实的原则，采用合法、合情、合理的言辞，才能真正地打动受众，达到

① 选编自《2017年夏季文案班案例报告》。

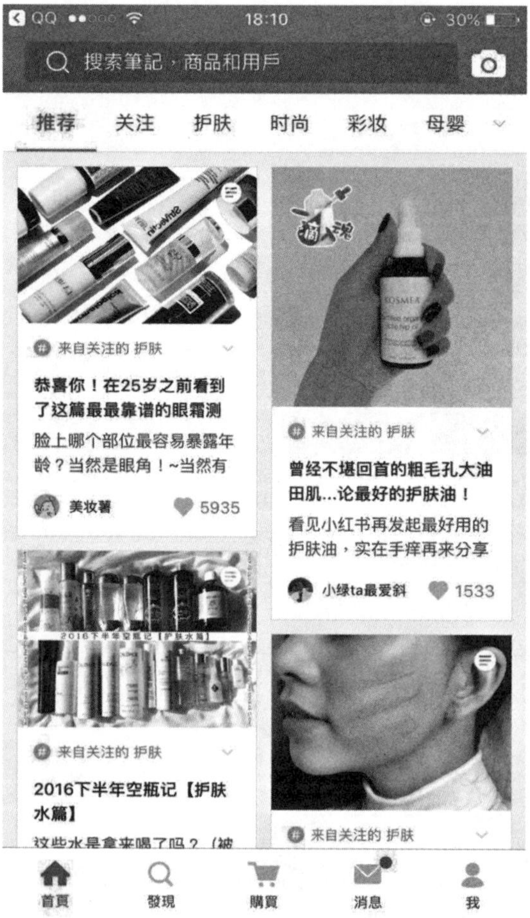

图6-36　小红书App截图

营销的目的。

图6-36截自小红书App产品首页，可以看到，其中的产品文案并非出自专业文案人之手，而是由消费者使用产品后的心得和评论组成。移动互联网的飞速发展早已让人们可以熟练地使用搜索引擎，尤其是在购物前，无论是线上还是线下购物，人们习惯于在各大网站搜寻大众口碑，电商平台也设置有评论专区，这些评论正逐渐地改变着人们的消费决策过程。事实上，如今这种将买家评论“融入”营销文案的做法，在行业中比比皆是。

这种文案本质上是一种互动式营销，商家将用户的评论巧妙地嵌入营销文案中，以实现更有效的销售。罗伯特·布莱（Robert W. Bly）在其著作《文案创作完全手册》中提到，满意顾客证词可以为广告里宣传的效益强化可信度。如果产品好评来自其他顾客或第三方，而不是制造商自吹自擂，一般人会比较容易相信。而一篇营销文案只有令人信服，才能发挥作为文案的作用，正如台湾全联福利中心与奥美合作的《全联经济美学》文案（见图6-37）。

图6-37　《全联经济美学》文案

当时，全联30岁以下的消费者很少，仅占所有消费者的9%，许多台湾的年轻人去全联消费会有一种“委屈感”，甚至为拿着全联的超市塑料袋而感到丢脸。文案中没有明星和权威人士，而是让14个衣着时尚的年轻人道出各自去全联购物的理由。文案就像朋友在劝导一样，每一个“省钱心声”仿佛与你我息息相关，极易让人产生共鸣，从而吸引更多年轻人光顾全联。

从酱肉推土机变成酱肉卷
再浇在刚做好的饭上
竟然有和米饭如此相配的东西
啊！活在这样的世界上真好
——盖浇饭的象征！酱肉卷心菜！
一口接着一口

该酱肉卷心菜广告，致力于塑造一个与普通消费者相似、与你我相同的食客角色。在证言广告中，由于普通消费者的形象与大众一致，观众很容易从中获得相同的感受，与视频中的人物产生共鸣。因此，生活必需品的广告用大众形象做推荐，往往能收获较好的效果。

与其他普通消费者广告不同的是，演员松重丰（见图6-38）曾出演著名电视剧《孤独的美食家》，其演绎的井之头五郎在工作间隙前往餐馆吃饭，沉浸在独自享受美食的喜悦中的场景深入人心。尽管并非以美食家身份出演广告，其娴熟的演技、享受美食的幸福表情与对菜品的了解都使得酱肉卷心菜显得更加美味，甚至让人感受到在美味的卷心菜之外的生活的美好。①

图6-38　“孤独的美食家”松重丰出演酱肉卷心菜广告

此外，虽然松重丰在这条广告中是以广告出演而非广告代言的形式出现，但其本人的粉丝和《孤独的美食家》剧集的粉丝依然能为视频的网络传播贡献相当程度的流量。

文案的最终作用是影响并改变消费者行为，国内学者的研究表明，广告文案如果

① 选编自《2017年夏季文案班案例报告》。

能在不为消费者所察觉和提防的情况下影响其行为和观念，便能得到较好的劝说效果。而与买家联袂写作往往能够让其他消费者产生亲近感，并放下心中的“戒备”，从而产生一种在平等语境下沟通的感觉，在潜移默化中接受广告文案所传达的产品好评，对品牌产生信任。

三、证言——来自营销者或者销售方

通过大众甲壳虫汽车的一则平面文案，我们获知了美国俚语“柠檬”的含义——残次品。作为营销文案的创作者，伯恩巴克向消费者“公布”了诸多难以从商家获知的“不对称信息”。

> 这辆甲壳虫没通过测试。
>
> 仪器板上杂物箱的镀铬装饰板有轻微损伤，这是一定要更换的。或许你根本不会注意到这些细微之处，但是检查员科特克朗诺一定会。
>
> 我们在沃尔夫斯堡的工厂中有3 389名工作人员，他们唯一的任务就是：在生产过程中的每一阶段检验甲壳虫（我们每天生产3 000辆甲壳虫，而检查员比生产的车还要多）。
>
> 每辆车的避震器都要测验（而不是抽查），每辆车的挡风玻璃都必须经过详细的检验。大众汽车常因肉眼所看不出的表面擦痕而被淘汰。
>
> 最后的检查更是苛刻到了极点！大众的检查员们把每辆车像流水一样送上检查台，让它们接受189处检验，再冲向自动刹车点，在这一过程中，淘汰率是2%，50辆车总有一辆被淘汰！
>
> 对一切细节如此全神贯注的结果是，大众车比其他车子耐用，却不需要太多保养（这也意味着大众车比其他车更保值）。
>
> 我们剔除了酸涩的柠檬（不合格的车），给您留下了甘甜的李子（十全十美的车）。

关于信息不对称理论，乔治·阿克洛夫（George Akerlof）在20世纪70年代发表的著作《柠檬市场》（*The Market for Lemons*）中作了进一步阐述。从经济学的角度阐释，信息不对称即在交易过程中，消费者与销售方在信息掌握方面处于不平等的地位。而在消费者与商家的信息博弈中，名人和明星的加入加剧了信息不对称的程度。

2015年佳洁士发布双效炫白牙膏广告（见图6-39），以台湾艺人小S（徐熙娣）为代言人，小S在电视上露着洁白的牙齿，微笑着说“使用佳洁士双效炫白牙膏，只需一天，牙齿真的白了”，其美白效果令无数消费者心动。但上海市工商局经调查后发现，广告画面中突出的牙膏美白效果实际是后期通过修图软件处理而成的，并非牙膏的实际使用效果。佳洁士为此被罚603万元，这也是中国国内虚假违法广告处罚案件中金额最大的一起。

图6-39　佳洁士双效炫白牙膏广告

如何面对处于信息劣势的消费者？如何避免柠檬效应的形成？越过名人和明星这一群体，销售方直接出面，以自我代言的方式出现在营销文案中，成为赢得消费者信任的新营销方式。

“让世界爱上中国造”，董明珠亲自为格力产品代言（见图6-40）。对于自己的出镜，她表示更多是代表“承诺”出现的，而不是代表自己美不美。从销售一线成长起来的董明珠熟谙格力产品的性能与细节，而代言的明星却对代言产品了解甚少；董明珠能为产品的安全负责，明星往往都没去过生产线，这使得董小姐的代言远比明星代言更具说服力。相比明星那张PS后完美的脸，董明珠眼神中流露出的坚定和不妥协更能打动人。在笔者看来，董明珠才是格力的“最佳代言人”。销售方的老板代言自己产品难

图6-40　董明珠为格力代言

免是王婆卖瓜，但谁又有王婆那样了解自己的瓜呢？[①]

你只闻到我的香水，却没看到我的汗水；你有你的规则，我有我的选择；你否定我的现在，我决定我的未来；你嘲笑我一无所有，不配去爱，我可怜你总是等待；你可以轻视我们的年轻，我们会证明这是谁的时代。梦想，是注定孤独的旅行，路上少不了质疑和嘲笑，但，那又怎样？哪怕遍体鳞伤，也要活得漂亮。

我是陈欧，我为自己代言。

伴随聚美优品上市，文案界也同时诞生了新的文体——聚美体（见图6-41）。不同于凡客体中由“凡客”明星用户组成的证言群落，聚美优品另辟蹊径，聚美体由商家亲自演绎。“我是陈欧，我为自己代言”。陈欧通过打个人品牌，提高了聚美优品的知名度。“为自己代言”的聚美体广告文案，不仅传播了聚美优品的品牌理念，唤起了80后观众的情感共鸣，更聚集起了追逐美丽的大批消费者。

图6-41　陈欧为聚美优品代言

无论是名人还是素人，营销中的证言应是促进销售者与消费者双向沟通的微传播，而不是隐藏与修饰真相和内幕的重重谍影。

本节的最后一位名人的证言，带来的也许是超越经济学与营销学领域的信息不对称。

玛丽莲·梦露：我也喜欢《尤利西斯》。

玛丽莲·梦露：I wear nothing but a few drops of Chanel No.5.（我只穿香奈儿五号入睡。）

① 董明珠为何亲自代言[EB/OL].(2014-06-16)[2017-10-17]. http://zqb.cyol.com/html/2014-06/16/nw.D110000zgqnb_20140616_2-10.htm.

在20世纪30年代之前，图6-42也许是《尤利西斯》最具煽动力的平面推广文案。自20世纪50年代诞生，图6-43已然成为美妆界的经典创意。

图6-42 阅读《尤利西斯》的梦露

图6-43 梦露为香奈儿5号香水代言

只是，作为消费者，你会去京东下单梦露营销的名著，还是在聚美拍下梦露营销的香水？

第四节 营销中的软文

《我害怕阅读的人》是奥美广告台湾公司为“远见·天下文化”出版股份有限公司创作的长文案。通篇鲜见天下文化的相关内容，充盈全案的是对阅读者的逆向赞美。“我害怕”三个字是它的营销关键词，五大段碎碎念折射出的是一个疏于阅读者的心理恐惧。有商业动机，又不动声色，心理白描的力道好似一篇微型小说。笔者认为，与其说《我害怕阅读的人》是一篇长文案，不如说它是一篇标准的软文。

不知何时开始，我害怕阅读的人。就像我们不知道冬天从哪天开始，只会感觉夜的黑越来越漫长。

我害怕阅读的人。一跟他们谈话，我就像一个透明的人，苍白的脑袋无法隐藏。我所拥有的内涵是什么？不就是人人能脱口而出，游荡在空气中最通俗的认知吗？像心脏在身体的左边。春天之后是夏天。……但阅读的人在知识里遨游，能从食谱论及管理学，八卦周刊讲到社会趋势，甚至空中跃下的猫，都能让他们对建筑防震理论侃侃而谈。相较之下，我只是一台在MP3世代的录音机：过气、无法调整。我最引以为傲的论述，恐怕只是他多年前书架上某本书里的某段文字，而且，还是不被荧光笔画线注记的那一段。

我害怕阅读的人。当他们阅读时，脸就藏匿在书后面。书一放下，就以贵族王者的形象在我面前闪耀。举手投足都是自在风采。让我明了，阅读不只是知识，更是魔力。他们是懂美学的牛顿，懂人类学的梵谷（凡·高的另一译名，作者注），懂孙子兵法的甘地。血液里充满答案，越来越少的问题能让他们恐惧。仿佛站在巨人的肩膀上，习惯俯视一切。那自信从容，是这世上最好看的一张脸。

我害怕阅读的人。因为他们很幸运：当众人拥抱孤独，或被寂寞拥抱时，他们的生命却毫不封闭，不缺乏朋友的忠实，不缺少安慰者的温柔，甚至连互相较劲的对手，都不至匮乏。他们一翻开书，有时会因心有灵犀而大声赞叹，有时又会因立场不同而陷入激辩，有时会获得劝导或慰藉。这一切毫无保留，又不带条件，是带亲情的爱情，是热恋中的友谊。一本一本的书，就像一节节的脊椎，稳稳地支持着阅读的人。你看，书一打开，就成为一个拥抱的姿势。这一切，不正是我们毕生苦苦找寻的？

我害怕阅读的人，他们总是不知足。有人说，女人学会阅读，世界上才冒出妇女问题，也因为她们开始有了问题，女人更加努力读书。就连爱因斯坦，这个世界上智者中的最聪明者，临终前都曾说："我看我自己，就像一个在海边玩耍的孩子，找到一块光滑的小石头，就觉得开心。后来我才知道自己面对的，还有一片真理的大海，那没有尽头。"读书人总是低头看书，忙着浇灌自己的饥渴，他们让自己是敞开的桶，随时准备装入更多、更多、更多。而我呢？手中抓住小石头，只为了无聊地打水漂而已。有个笑话这样说：人每天早上起床，只要强迫自己吞一只蟾蜍，不管发生什么，都不再害怕。我想，我快知道蟾蜍的味道了。

我害怕阅读的人。我祈祷他们永远不知道我的不安，免得他们会更轻易击垮我，甚至连打败我的意愿都没有。我如此害怕阅读的人，因为他们的榜样是伟人，就算做不到，退一步也还是一个我远不及的成功者。我害怕阅读的人，他们知道"无知"在小孩身上才可爱，而我已经是一个成年的人。我害怕阅读的人，因为大家都喜欢有智慧的人。我害怕阅读的人，他们能避免我要经历的失败。我害怕阅读的人，他们懂得生命太短，人总是聪明得太迟。我害怕阅读的人，他们的一小时，就是我的一生。

我害怕阅读的人，尤其是，还在阅读的人。

软文是什么？相对硬广而言，是一种以商业营销为目的的创作文体。区分软文与长文案，并不在于文案的长度，而在于以什么样的方式实现营销目的：是软营销？还是硬营销？这是一个重要的标准。

什么是软营销？《网络营销》一书中给出了定义：软营销是网络营销中有关消费者心理学的另一个基础理论。它是针对工业经济时代的以大规模生产为主要特征的“强式营销”所提出的新理论。该理论强调企业在进行市场营销时，必须尊重消费者的感受和体验，让其能舒适地主动接受企业的营销活动。该理论的产生源自网络本身的特点和消费者个性化需求的回归。妙笔生花，于无声处促成商业交易，软文营销自然是软营销的一种。

“阅读的人在知识里遨游，能从食谱论及管理学，八卦周刊讲到社会趋势，甚至空中跃下的猫，都能让他们对建筑防震理论侃侃而谈。”依据《我害怕阅读的人》的细节描述，“阅读者”更像一位在网络信息时代成长起来的杂食型创意写手，而不似来自传统纸媒时代的儒雅持重的读书人。

图6-44　库尔特·冯内古特

文与软文，分明是传统作家与网络写手的不同创作界面。

当作家做回写手时，他又会有怎样的写作动作？

图6-45　库尔特·冯内古特为国际纸业公司创作的软文（1）

库尔特·冯内古特（见图6-44），一个在反战情绪中成长起来的德裔美国人，头发多而杂乱，眼神寂寥，衣冠不整。

因为母亲的疯癫和自杀，他一生惧怕与女人交往。风流俊俏的文案人形象和他毫不沾边。而这样一个内向的人，是美国黑色幽默的代表。喜剧就是他的文案，用喜剧表现悲剧内容，在灾难、荒诞、绝望面前发出笑声。他以科幻小说起家，却热衷于讽刺政治。耶鲁的精英在他眼里多是假大空；投身二战，亲眼在战争中见到民族之间的仇杀，他只能说自己是一个“没有国家的人”。一生与字和纸的密切互动，让他在生命的最后十年中，为奥美公司写了一篇超长文案——为国际纸业公司创作的软文（见图6-45）。

How To Write With Style
如何用个人风格写作

…

So your own winning style must begin with ideas in your head.

所以，助你脱颖而出的个人风格，一定是从自己的想法观点开始的。

1. FIND A SUBJECT YOU CARE ABOUT 找一个你关心的主题

Find a subject you care about and which you in your heart feel others should care about. It is this genuine caring, and not your games with language, which will be the most compelling and seductive element in your style.

找一个你关心，并且你心里觉得别人也应该关心的主题。正是这种诚挚的关怀，而非你的文字游戏，将成为你的风格中最扣人心弦、最引人入胜的元素。

2. DO NOT RAMBLE, THOUGH 但也别东拉西扯

I won' t ramble on about that.

如你所见，别在这上面漫无边际地瞎扯。

3. KEEP IT SIMPLE 保持简明

Remember that two great masters of language, William Shakespeare and James Joyce, wrote sentences which were almost childlike when their subjects were most profound.

请记住这点，两位伟大的语言大师，威廉·莎士比亚和詹姆斯·乔伊斯，当他们谈及最深刻的主题时，所用的语言往往是最简单的。

…

The Bible opens with a sentence well within the writing skills of a lively fourteen-year-old: “In the beginning God created the heaven and the earth.”

《圣经》也用十四岁孩子般的话语作为开头：“起初，上帝创造天地。”

4. HAVE THE GUTS TO CUT 敢于删改

Your eloquence should be the servant of the ideas in your head. Your rule might be this: If a sentence, no matter how excellent, does not illuminate your subject in some new and useful way, scratch it out.

你的文采应该受你思想的驭使。在行文时，请注意这点：如果一句话没能以一种新鲜有用的方式阐明你的主题，不论它看起来多么精彩，都将其删去。

图6-46　库尔特·冯内古特为国际纸业公司创作的软文（2）

库尔特·冯内古特在这篇软文中并未提及国际纸业公司，甚至连“纸”都没有出现。一个年逾七旬，早就宣告“上帝已经要我停止写作”的老人，出镜表演他的文案：他以一种怪异教授的形象，带着“喝高了”的精神状态向整个“打印出来的世界”介绍如何打出真正有风格的文案（见图6-46）。

国际纸业并没有像寻常客户一样要求放大自己的电话号码，加粗自己的店名和地址，只在右下方最不起眼的位置上，说了几句“不痛不痒”的话：“今天，被打印出来的世界越发重要。今时更胜往日，我们需要更好地阅读、写作和交流……如果您能将这篇文章与其他人分享，我们会再给您寄一份……印刷的世界，力量的源泉，我们的信念。”

冯内古特在*How to Write with Style*的最后，以他在康奈尔大学念书时的校友E.B.怀特作为结束。他说：“我们也应该认识到，如果E.B.怀特没有写出充满魔力的内容，谁也不会在意他的写作风格是否能够表达他的意图。”显然这位《纽约客》的顶级文案大师深得冯内古特的欣赏。一手奠定了影响深远的《纽约客》的文风，怀特的*On Writing*一书自出版后就成了文字爱好者的写作圣经。

作家阿尔道斯·赫胥黎也曾写过软文，而用他的话来说，“写一个有效的广告比写10首看得过眼的十四行诗更困难”。软文绝不仅仅是文字的编排，软文的目的是提高产品销量或品牌知名度。正是基于文人的思想和情怀，与专业的文案写手相比，作家笔下的文字未必有直击痛点的魄力，但由于其自身的积累和文化涵养，作家往往比受众站得更高，也看得更远，因此也更能引导受众接受其笔下的思维方式或生活态度。当网络快餐文化、碎片阅读席卷而来之时，能够做到坚持思想内核而不为噱头所诱惑，写出依旧充满文人气息的文案，显得尤为珍贵。

为一个纸业公司鼓与呼，冯内古特搬出了大名鼎鼎的乔伊斯。也是为了乔伊斯的巨作《尤利西斯》，一位顶尖出版人几乎盘活了全部的社会与社交资源，为它制作了一个庞大而复杂的软文系列。

在梦露读到《尤利西斯》这本书之前，这部构思酝酿了10年又动笔写了8年的伟大作品被视为“淫秽之书”，在美国还被列为禁书。一些出版公司愿意为作者出版删节后的单行本，但乔伊斯宁愿不出也不肯修改一个字。

法国莎士比亚书屋的经营者西尔维亚·比奇，一个定居巴黎的美国人，对现代主义文学有着狂热的爱好，把莎士比亚书屋经营成了一处现代主义文学的圣地。庞德、艾略特、海明威都是莎士比亚书屋的常客，乔伊斯更是比奇的好朋友。莎士比亚书屋最初印了1 000本《尤利西斯》。乔伊斯对此的反应是：“只怕你们一本也卖不出去！”

自诞生之日起，《尤利西斯》就在欧洲富有争议地流行，吸引一众名士为它制作了各种版本的文案，或赞扬，或贬低，但这些文案只是一个区域内的“碎碎念”。是兰登书屋的创办人、杰出的出版人贝内特·瑟夫（见图6-47）将这些“碎碎念”整合成了促成超级畅销的高阶软文。

> 我花了三年时间才读通它。我很感激你写了这么一部大书，我从中获益不少。但我大概永远不会说我喜欢它，因为它太磨损神经，而且太晦暗了，我不知你写时心情是否畅快。我不得不向世界宣告，我对它感到腻烦。读的时候，我多么抱怨，多么诅咒，又多么敬佩你啊！全书最后那没有标点的四十页真是心理学的精华。我想只有魔鬼的祖母才会把一个女人的心理捉摸得那么透。
>
> ——心理学家卡尔·荣格

图6-47　贝内特·瑟夫

作为一个大出版家，贝内特的眼光和气魄在此刻充分爆发，他提前了解到乔伊斯在美国的出版事务并不顺利，在巴黎拜访乔伊斯时，一出手就是1 500美金；同时和乔伊斯打赌约定，并获得了乔伊斯本人的全面支持。

胸有成竹的贝内特除了良好的文学品位，更精通商业。为了让法庭确认《尤利西斯》的合法地位，他设置好了重重关卡，请君入瓮；说服“他和我一样喜欢出风头”的大律师莫里斯·恩斯特免费辩护；选定素来持有自由主义文学主张的约翰·W.伍尔塞法官，提高胜诉把握。

因为美国法律规定“不能把法庭以外的文学评论作为证据”，于是他们在一本巴黎出版的《尤利西斯》上贴满关于各类好评的纸条，以至贴完之后，整本书都鼓了起来。为了让这本贴满评论的《尤利西斯》成为呈堂证供，还必须让这本书被海关没收，于是贝内特请出版社代理人把这书带去法国，再从法国带回纽约。这部精心准备的《尤利西斯》终于成了开庭时的证物。经过一番法庭辩论后，伍尔塞法官为此书写了一篇著名的判词。

“《尤利西斯》可以进入美国。”法槌落下，美国人以特有的法律智慧，为一本貌似“淫秽”的文学经典打开了大门。

1934年1月，《尤利西斯》在美国公开出版。更妙的是，贝内特将法官伍尔塞里程碑式的判决书放进了书中。法理的逻辑和文案的精妙结合在一起，这也许是出版史上最为独特的营销软文！

伍尔塞法官写道：

> ……
>
> 《尤利西斯》在文学界的名声使我有理由花时间来检验本书的写作动机，因为一部书被判为色情，当然首先要判定它写作的动机是色情的——也就是说，是以利用淫秽获利为目的而写作的。
>
> ……
>
> 但是《尤利西斯》尽管过分坦率，我却没在书中任何一个地方发现好色之徒淫荡的目光。所以我认为它不属于色情作品。
>
> ……
>
> 此外，《尤利西斯》是一部令人惊异的杰作，不是一本很好读的书。它既精彩又枯燥，既可以理解又十分晦涩。许多地方让我觉得恶心，但是尽管它包含许多通常认为污秽的字眼，我却不认为它们是为了污秽而污秽的。书中的每一个字都像镶嵌在一幅画作上的细节，呈现在读者的面前。
>
> 如果有人不愿意跟乔伊斯描述的这种人打交道，那是他的个人选择。为了避免同他们接触而不去读《尤利西斯》，是完全可以理解的。但是像乔伊斯这

样一位真正的语言艺术家力图为一个欧洲城市的中下层画像，难道美国人民看那幅画也是非法的吗？

……

我注意到《尤利西斯》里的一些场景对一些敏感的正常人来说的确有些来势凶猛。但是经过深思熟虑，我认为尽管《尤利西斯》一书中无疑有多处给读者留下有些令人作呕的印象，但却丝毫没有煽情的倾向。

综上所述，《尤利西斯》可以进入美国。

美国地方法官约翰·伍尔赛

1933年12月6日[①]

《尤利西斯》甫一出版，销量惊人，成为兰登书屋第一部真正意义上的大众图书。

制造喧嚣无比的争鸣，抑或暗流涌动的争议，成为图书推广文案中屡试不爽的好招，直到今天。

精妙的点子生成优质的创意，精到的思考创造伟大的创意。贝内特的目的绝不仅仅是大赚一笔，而是往前一步，进而将《尤利西斯》打造成为具有超越文学价值的经典文本：将携带着多方创造文案的《尤利西斯》特别版本捐献给了哥伦比亚大学图书馆。贝内特于捐献信中写道："这本被海关没收时还完好无缺的书现在已经破破烂烂，可见每位海关部门的人员都在这本渊博的书上花了不少工夫。地方检察官也不辞辛劳地在每一行他认为是色情语句的地方画上了大叉，这些大叉与记号，将来想必会为众多学子提供帮助。"

60年过去了，兰登书屋《当代文库》评选出20世纪100部最佳散文小说，第一名是乔伊斯的《尤利西斯》。

这是出版商为一位作者撰写的保鲜期最长的营销软文，也是一个杰出出版人为未来创造的经典文案。

尽管"100个人里面没有10个人可以读完《尤利西斯》"，但不妨碍《尤利西斯》成为人们希望拥有的社交货币。宾夕法尼亚大学沃顿商学院教授乔纳·伯杰在《疯传》一书中诠释了何为社交货币："如果产品和思想能使人们看起来更优秀、更潇洒、更爽朗，那这些产品和思想自然会变成社交货币。"[②]贝内特作为营销者，成功运用一系列软文使得《尤利西斯》成为人们广为谈论的现象级作品。直到今天，《尤利西斯》粉丝读者群依然是豆瓣、知乎的热门圈群。关于如何完成社交货币的铸造，乔纳·伯杰提出了三

① 瑟夫.我与兰登书屋[M].彭伦，译.北京：人民文学出版社，2007.

② 伯杰.疯传：让你的产品、思想、行为像病毒一样入侵[M].刘生敏，廖建桥，译.北京：电子工业出版社，2014:40.

种方式：(1)发掘标志性的内心世界；(2)撬动游戏杠杆；(3)使人们有自然天成、身临其境的归属感。无论是传统软文还是网络软文，社交货币的铸造技艺越强悍，软文的营销力越可能搭乘传播力的快车飞速提升。发掘一代人的内心密码，使他们成为无可替代的代言者，使更多的"你"在文字中找到强烈的归属感，100 000+级的网络软文正是依靠这样的路数撬动了微信公众号平台的粉丝规模大爆发(见图6-48)。

图6-48 粉丝爆发模型

都是卖书人，与传统时代的出版人东奔西走卖力吆喝相比，网络时代更偏爱充满号召力的KOL！他们在利用软文留言，协同微博、微信与自己的读者和粉丝卿卿我我的同时，表面走高的是情商，背后提速的其实是图书下单的速度。

对于传统软文与网络软文的异同，《字里行间的商业秘密——软文营销》作者严刚阐述了如下观点：(1)传统软文发布时间长且门槛高，网络软文发布及时、迅速、有弹性；(2)传统软文游走在新闻与广告之间，网络软文行走于隐藏与发现之中。[①]从现实空间到数字生活空间再到现实空间，社交媒体的微传播模式正在剧烈地影响着软文营销的创作和传播路径。

得益于广泛的社交关系网络，新兴的消费者更加睿智而多疑。他们不喜欢被任何形式的软文操纵购买，而是享受在服务中进行消费抉择。在《内容营销》一书中，作者索尼娅·杰斐逊和莎伦·坦顿就社会化媒体时代的营销方法，进行了有价值的提示："教育或者娱乐消费者，并为他们提供最佳体验。告诉他们正确的追求，以及取得成功的捷径。最终让他们了解到你是如何为他们提供便利的，为他们答疑解惑，开阔眼

① 严刚.字里行间的商业秘密——软文营销[M].北京：清华大学出版社，2012.

界。”[①]创建并发布此类针对性强、价值高、易被关注的信息，会在不知不觉中转变消费者思维，把他们培养成你的长期粉丝。

软文的内容很重要，软文的创作者和营销者（最好是两种角色的合体）更重要。按照内容营销的游戏规则，通过软文建立与消费者和用户的高质量互动，当用户嬗变为粉丝时，软文营销也同时嬗变为我和你之间的互相致敬。

营销中的软文原来是心理梗。

图6-49　创意主题海报

第五节　营销中的异域

“世界上只有想不通的人，没有走不通的路”，图6-49中的创意海报的文案标题充满了哲思。

这是一幅创意主题海报，“在路上”三个字异常鲜明地映入眼帘，蓝绿色与自然的颜色相近，给人舒适清新的感觉。在路上，像一个遥远的呼唤，又像是来自内心的声音，简洁有力，如同回声一样，在人的眼里和心中回荡。配合文案主题语的是文案的正文，引自林语堂的文字：“一个真正的旅行家必是一个流浪者，经历着流浪者的快乐、诱惑和探险的意义。旅行必须流浪式，否则便不称其为旅行。”标题像热身，主题语仿佛发令枪，正文又似齐呼加油的观众，就等待你被文案打动，勇敢开启一段说跑就跑的“在路上”的美好旅程。

要知道，互联网创意时代风潮汹涌，已将文案创作人、客户、消费者统统变异成“生活者”。虽然传统的文案大师还在怂恿着同行“说完真相你就跑”，但跑得

① 杰斐逊，坦顿.内容营销[M].祖静，屈云波，译.北京：企业管理出版社，2014:17.

出CBD（中央商务区），跑得到燕郊，你跑得出文案的创意大法网吗？

文案人和旅行的关系，从来难舍难分。英国人毛姆一生酷爱旅行，在拥有22个时区的大英帝国的疆土上壮游。东方的行者更是多如繁星。旅行之于文案人，不是开发新大陆，而是逃离与趋避。正如普鲁斯特曾说的，每个读者只能读到已然存在于他内心的东西，这带来的是自己幻想中的世界。

剑桥写手、随笔作家阿兰·德波顿为自己的逃遁写出了一本《旅行的艺术》（见图6–50）。在这本"论文案人眼中旅行的艺术价值"的著作中，德波顿与波德莱尔一同欣赏旅途中的交通工具，与福楼拜同游埃及。

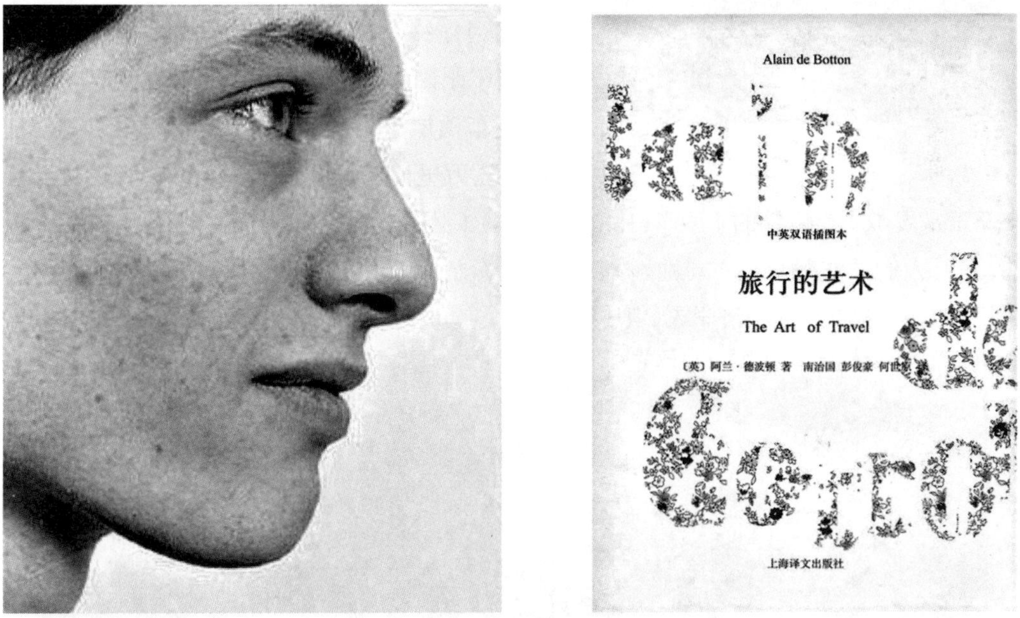

图6–50　阿兰·德波顿与《旅行的艺术》

"不论是多么不明晰，旅行仍能表达出紧张工作和辛苦谋生之外的另一种生活意义。"[①]在自歌德把心遗忘在海德堡以来的人类世界，基本的疏离和沉默是社群的载体，与自私自利的舒适对抗的是人们的漂泊经验。这使我们不难理解市面上的各种游记的火热。然而再滚烫的游记，也要从出发开始。

飞机之上的人群进入了一个短暂的第三次元。已经离开的，是我们的敌人和同仁，是想要抛弃的一切；尚未到达的，是添加幻想催化剂的希望。

我们倚着飞机冰凉的舷窗，这种感觉变得从未有过的真切——我们乘坐的飞机是一位渊博的哲学老师，是听从波德莱尔的召唤的信使：列车，让我和你

① 德波顿.旅行的艺术[M].南治国，彭俊豪，何世原，译.上海：上海译文出版社，2012.

图6-51 *Rest your case*文案

同行！轮船，带我离开这里！带我走，到远方。此地，土俱是泪。①

怀着与现实生活中的悲催决裂的雄心走进机场，将行李放在手推车上。*Rest your case*（《安放你的箱子》）——《经济学人》广告文案之手推车版本（见图6-51）做得悄无声息，却又铺天盖地地暗示读者可以通过阅读《经济学人》杂志获得帮助。

当你终于冲上云霄，忽然，又被什么东西闪瞎了眼睛：向高层办公室的所有读者问好！公交车顶层版本的《经济学人》广告文案若长虹霸占万里长空。当你落地又有点儿饿了时，公交车正在发放“有标签的土豆”（Hot Potatoes）（见图6-52）。每个土豆上都附有一个标签，呼吁人们关注棘手的“同性婚姻”“枪支管制”和“朝鲜问题”。棘手的问题，就好像烫手山芋，都交给《经济学人》吧！

图6-52 “有标签的土豆”（Hot Potatoes）

现实生活与文案，总是以这样秘而不宣的方式实现了共谋！

---

① 波顿.旅行的艺术[M].南治国，彭俊豪，何世原，译.上海：上海译文出版社，2012.

一、写出动感

“只要决定出发，最困难的部分就已结束。那么，就去啊！”2014年秋季，淘宝旅行推出新独立品牌“去啊”。动感十足的创意文案甫一发布，没承想竟引爆了一场中国旅游圈文案的大创意接龙（见图6-53）。

图6-53-1　去啊网文案

图6-53-2　去哪儿网旅游文案

图6-53-3　春秋网旅游文案

图6-53-4　途牛网文案

图6-53　旅游圈文案大创意接龙

创意文案的竞赛游戏挑逗着每一颗躁动的心，去啊，不要让“远方”成为“永远到达不了的地方”。

作为日本国铁（Japan Rail）每年春、夏、冬发行三回的乘车券，这类火车票有一个好听的名字——青春18券。买了这种火车票的乘客只能搭乘慢速列车，它的设计，就是为了让大家在“快世界”中放慢脚步，领略岛国美景。在历年海报设计中，“慢生活”的小资体验扑面而来。

海报文案：

会 如果不出发的话，永远不会遇见。

夏 在暑假，睡懒觉是最浪费的了。

始 当这一场旅行结束，下一个我即将开始。

有种景色，当你停下脚步回头望时，才能遇见。

青春18券就像哆啦A梦给大雄的法宝，沿途与你相伴的只有心中的天地图景，海报中被刻意弱化的文字内容（见图6–54）如同快生活中的紧迫压力，越少越好，这亦是青春18券倡导的理念。弱化甚至舍弃内容，对于文案创作来说，需要魄力。青春18券做到了，连同繁杂内容舍弃的，还有阅读繁杂内容背后的“劳心费力”。这原本就是一场轻松的旅行。

图6–54　青春18券文案

二、写出“风格”

因为通过自媒体发布“牵手照”，穆拉德和纳塔莉成为知名度很高的Follow Me To夫妇。每到世界上的一个地方，他们都会以独具风格的牵手背影照亮相网络。除了招牌牵手动作，纳塔莉的服饰搭配堪称“旅拍教科书”（见图6–55），两人联袂发布的图片也堪称优质而专业的平面文案。令人眼睛发亮的美人背影，加之令人眼睛发光的各式美景，虽是零文案的表达，但是其推广旅行地的效果一样令人惊艳。风格独特的创意旅行，使他们的自媒体（见图6–56）拥有了海量的粉丝，穆拉德的作品被400万名粉丝追捧，纳塔莉的身影让400万名粉丝着迷。

图6-55　纳塔莉的“旅拍教科书”

图6-56　Follow Me To夫妇自媒体页面

图6-57　伯恩巴克为法国创作的旅行文案配图

在旅行文案中，什么是表现的中心？又应该如何独特地表达？相比旅行目的地营销学的枯燥说辞，与各国政府和旅游机构有过丰富合作经验的文案大师伯恩巴克与奥格威的经验更值得效仿。为了说服美国人访问法国各省，伯恩巴克发布了这样一则创意文案：一旦游历法国各地，你永远不想回巴黎。再配合艾略特·厄韦特拍摄的法国乡间图片（见图6-57），完美实现了对于法国全境之美的散点推介，而不仅仅让游客只关注巴黎这个所谓的“中心”。

“选取这个国家最独特的东西”，是奥格威创作旅行文案的秘诀。最重要的或许是选对要刻画的主题。“倘若要说服瑞士人游览美国，不要推销滑雪胜地；如果要吸引美国人，就别提美国的饭菜。”①

说起旅行文案的“独特策略”，我们在奥格威的系列旅行文案中看到的是他罕见的感性笔触。“卫兵行进的时候，伦敦的心跳加快了”“轻轻地穿过国王们长眠的地方”，在细节风格的怀旧基调中，奥格威的两个旅行文案（见图6-58）标题将游客缓缓带入了维多利亚时代的古典英国。

图6-58　奥格威为英国创作的旅行文案

① 奥格威.奥格威谈广告[M].曾晶，译.北京：机械工业出版社，2016:134.

由此可见，无论是传统媒体时代，还是“微”时代，旅行文案撰写人在推广一座城市时，都会选取该地不同于其他地方的特点——有形的名胜古迹，抑或无形的文化。因为他们意识到，人们绕地球大半圈，希望体验到的，并不是在家里也能见到的景象。因此，旅游宣传文案作为引导受众将旅游想法化为行动的催化剂，将该地独有之处——看得见的“中心”，或是看不见的“中心”，以富有新意的方式描绘出来，就变得至关重要。

三、写出归宿

旅游的方式在不断进化，小众化精品游成为个性旅行的热门方式，一批活跃在移动智能端的旅游微信公众号脱颖而出。得益于移动4G的技术支持和微传播的互动力，创意文案从形式到内容充满浓郁的人性化风格。和其他推广精品民宿的微信公众号有所不同，“口袋旅游”的文案（见图6-59）将“家的感觉”做出了不一样的意味。

图6-59 “口袋旅游”微信公众号页面

文案中提到的“民宿灵魂”指致力于给游客提供温暖的感觉，让游客可以在星星屋看星星，可以在主人的书房放松阅读等。与家庭生活一样又不一样的感觉是文案中刻意渲染的。

远离与归来，在旅行文案中是一对彼此纠缠的复调元素。正如歌中唱道：“我们的一次次离开，是为了更好地归来。”旅行文案对家和归宿的渲染，是在为一颗不安分的心寻找启程的底气，还是为一颗眷恋的心找到回家的理由？

2017年，河南省发布了新版的宣传片，“豫见中国，老家河南”是该片的创意文案（见图6-60）。河南，在中国之中，是中华文明开始的地方，是炎黄子孙的心灵故乡。在这里，遇见中国河；在这里，遇见中国字；在这里，遇见中国艺术；在这里，遇见中国功夫……河南，遇见不一样的中国。

图6-60 “豫见中国，老家河南”文案

“老家河南”刚一推出，就受到了各个层面的纷纷点赞，它用“老家”这个关键词连接起了河南在中国的文化、历史与地理中的坐标。它不仅唤起了河南人的自豪感，更触发了中华儿女的故乡情愫和心灵归属感。如今，“老家河南”已经成为全国屈指可数的成熟旅游品牌（见图6-61）。

1985年，由于恐怖主义事件频发，美国国会向本国游客发出警告，不要去欧洲旅行，尤其是不要乘坐希腊国际航空公司的飞机。在这场风波中，希腊旅游市场受到重创。作为希腊裔的美国人，乔治·路易斯接受希腊国家旅游观光组织的邀请，策划制作了拯救“祖国”旅游市场的系列广告（见图6-62）。

图6-61　河南洛阳龙门石窟局部

图6-62　乔治·路易斯为“祖国”希腊发布的创意文案

乔治·路易斯的大创意简直绝妙，只有一句简短却精悍的口号语：我就要回家了……去希腊！他邀请了38位来自美国各界的名人，他们全部都是非希腊血统，祖籍分别是挪威、意大利、英格兰、法国、西班牙以及其他国家，而这些国家的人文传统和价值观都可以追溯到古希腊——“那个一切开始的地方”。乔治策动着庞大的主演团队，当他们出现在图片中和电视镜头中，分别代表不同的文化族群向希腊致敬，表达出对希腊的热爱与向往时，乔治的大创意向游客们释放出一种神秘而强大的诱导力：“让我们一起回家，回到希腊！”

谈及这次大创意的定位，乔治·路易斯在其著作《蔚蓝诡计》中进行了如下阐述：

> 对希腊旅游业的逻辑性、理性的定位是：
> 告诉世界去希腊旅游是安全的。
> 令人惊奇的解决方案是：
> 向人们展示著名的非希腊裔的美国人毫不在乎恐怖主义并前往希腊旅游——因为他们在回应作为西方文明摇篮的希腊的强大的吸引力。

图6-63 路易·威登广告文案：生命本身就是一场旅行

“生命本身就是一场旅行”，这一句话引发的文案（见图6-63）效应，是路易·威登（LOUIS VUITTON）从1998年开始每年出新、结集成册的城市指南。从纽约、巴黎、旧金山到北京、上海和香港，奢侈的箱包在一群艺术家、作家和记者对旅行及城市的所谓重新定义下，成为走进熟悉或陌生风景的脚注。在这里，文案，就是为商品而营造的生活。

无论前路多叵测，世界多残酷，对家人的爱是电影《教父》中柯里昂家族的信仰。对于导演科波拉而言，也是这样。

2010年，弗朗西斯·科波拉和女儿索菲亚·科波拉成为路易·威登的代言人。父与女沐浴在阿根廷布宜诺斯艾利斯市郊的夕阳中（见图6-64），整幅照片弥漫着强大又温柔的能量，一种无可替代的家族式传承与创造，完美地诠释了“Inside every story, there is a beautiful journey（每个故事都蕴含着一段美丽的旅程）”。

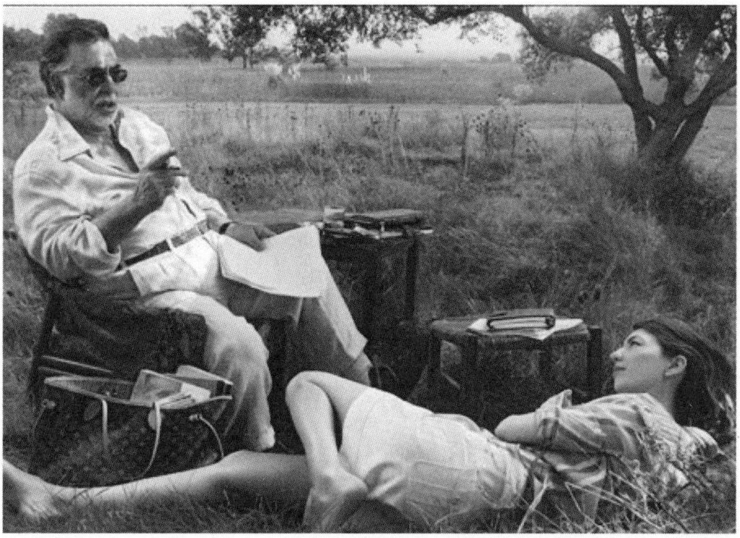

图6-64　弗朗西斯·科波拉与女儿

“有些旅程永远改写了人类历史。”为纪念人类登月40周年，路易·威登特别创意策划了一个大格局的旅行主题广告文案（见图6-65），邀请了三位曾参与太空之旅的宇航员：巴兹·奥尔德林（Buzz Aldrin）、吉姆·洛威尔（Jim Lovell）、赛莉·莱德（Sally Ride）出演。巴兹和吉姆分别于1969年和1970年踏足月球，萨利是第一位进入太空的美国女性。

图6-65　路易·威登广告文案：有些旅程永远改写了人类历史

无边的苍茫夜色中，三位宇航精英仰望太空，沉浸于各自的回忆中。他们身旁放着路易·威登经典的MONOGRAM帆布ICARE旅行包，ICARE也是希腊神话中向往飞翔的英雄伊卡尔。“有些旅程永远改写了人类历史”，文案标题既吻合路易·威登的旅行主题，又与1969年首次登月的阿姆斯特朗的名言“这是个人的一小步，却是人类迈出的一大步”遥相呼应。

梦想永远在路上，人类的征服野心永不泯灭。曾经抵达的那个遥远星球，不知在他们的心中，到底是异域，还是归宿？

第六节　营销中的水世界

“上善若水，水善利万物而不争”，从老子《道德经》中流出的一池静水进入现代营销世界，成为瓶装的商品，不争之水也被争出了千般滋味。

解密内容营销的王道，在水世界可以探索到宝。

一、公共情绪的逆向呼应

“丧茶”（见图6-66）是一家继上海网红饮品店“喜茶”火爆后，以叫板名义开设的四天快闪店。全店以黑色冷幽默为主题风格，服务员只能有哭丧的表情，并且到店的情侣有可能受到分手“诅咒”。

图6-66　“丧茶”文案

最有意思的是该店的饮品名称："前男友比你过得好果茶""前女友嫁了富二代果汁""买不起房玛奇朵"等。丧茶把减肥、找工作、出轨、失恋、买房等诸多生活中的糟心事统统变成产品的前缀，巧妙地将其转变为"情绪消费"。把情绪融入营销，虽然是"丧"的东西，却也着实火了一把（见图6–67）。

图6–67 "丧茶"饮品名称

在"正能量"与"小确幸"热潮退却后，自黑与负能量正以更迅猛之势在互联网喷涌而出，并形成无可阻挡的"丧文化"热潮。"丧茶"正是借了这波势头，展开了一场噱头十足的营销。

日本UCC咖啡在中国台湾推广一款无糖黑咖啡时，也发布了一系列反鸡汤腔调的平面文案（见图6–68），虽然是满满的负能量，却赢得了消费者的青睐。[①]

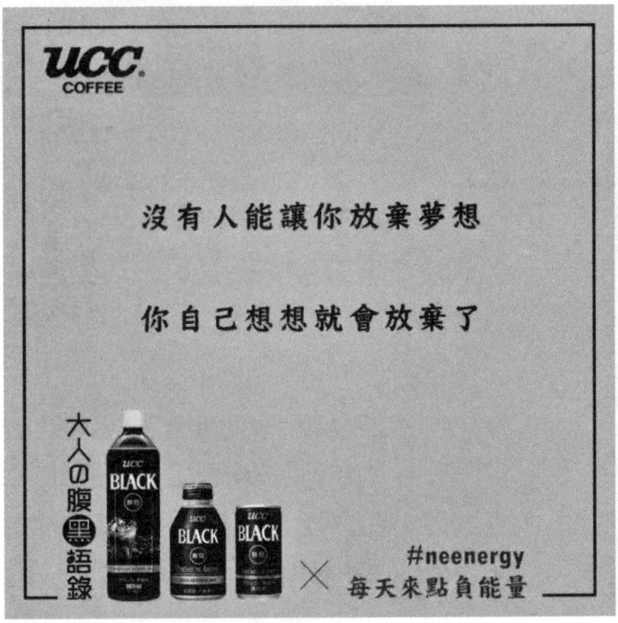

图6–68 日本UCC咖啡文案

从丧茶到UCC，它们仅仅是丧文化风潮中的浪花。就像营销战役一样，不仅需要创意和实力，还需要更多的勇气与运气，才能战胜诡异的市场。生命何尝不是这样，人生实苦，即使天天有鸡汤喝，我们也不会自然地就变得坚强！对厌恶之人，有权利不原谅；与过去，有不去和解的自由。所以，一部描述弱者和失败的小众影片《海边的曼彻斯特》（见图6–69）引起了远比大片更多的共鸣。是的，没有打翻鸡汤的革命冲动，我们只是想做回不欺骗自己的凡人。

① 清明时节雨纷纷，一口丧茶真销魂|反鸡汤营销为何火爆？[EB/OL].(2017–04–04)[2017–10–18] .http://www.sohu.com/a/131990766_570240.

图6-69　《海边的曼彻斯特》的点评截图

消受生命，仰仗两个字：忍和认。要么忍受，要么认命。统一茶里王推出的系列广告，针对生命的三个情感桥段推出三款不同口味的茶饮。“人生的每一种不甘都将回甘”，没有假惺惺的励志和甜腻腻的温馨，以“不甘”与“回甘”四个字写尽人生的百般滋味，复杂又微妙的情绪得到渲染，又得以宣泄（见图6-70）。

图6-70　统一茶里王文案

二、品牌地理的跨界创意

每一个品牌都是一个产品，但不是所有的产品都是品牌。作为快消品的一种，瓶装水与瓶装饮料的不同之处在于，瓶装水无法以口味的不同来实现差异化定位。于是在某种程度上，瓶装水的营销文案直接决定了它的销量，因此瓶装水属于文案驱动型产品。

从最初以“农夫山泉，有点甜”的个性文案与其他瓶装水打响竞争战役之后，农夫山泉从未停止营销文案的创新策略。

为了配合“来自长白山的天然好水”的概念文案，农夫山泉用5年的时间与顶尖创意团队合作，着力打造高端系列瓶装水的创意包装。为了让玻璃瓶装产品有更浓郁的自然人文气质，农夫山泉共邀请了5家国际顶尖设计公司进行设计，历经58稿后才最终选定包装设计。而瓶身设计中东北虎、中华秋沙鸭、红松等图案（见图6-71），让产品展现出了浓浓的生态和人文气息，让产品回归自然。向自然生态致敬，是本次产品在生产设计中所传达出的人文理念。

图 6-71　农夫山泉的瓶身图案

同时，农夫山泉又邀请英国知名插画设计师布莱特·赖德（Brett Ryder）绘制了一系列童话风格的包装。这次农夫山泉的新设计主要针对年轻的消费群体。童话式的插画和传统的包装对比起来，显然可爱有趣多了（见图6-72）。布莱特这次可谓做足了功课，做出创意的同时并没有忘记对传统中国图腾加以巧妙运用。①

---

① 农夫山泉又要弄啥子？玩出新境界了都！[EB/OL].(2016-01-27)[2017-06-05].http://www.wxzhi.com/archives/683/d3ic2oq6zjskuwtn/.

图6-72　农夫山泉童话式插画包装

农夫山泉不仅利用本土地理资源做好创意营销，还探索与尝试横向的文化地理跨界营销。“公元1267年，蒸青绿茶东渡日本；贞观十五年，红茶经茶马古道传往西域；17世纪，中国乌龙风行英伦。传统的中国茶，神奇的东方树叶。”以茶文化全球传播的大视野，闯入王老吉、统一等知名品牌经营多年的茶饮料领域，农夫山泉打破国人普遍接受的“茶饮料是甜的”印象，以0卡路里的“东方树叶”茶饮料杀入市场。农夫山泉的创新意识使得产品不只精致，还有情怀；使得产品不只健康，还有理念。扎根本土实际，更能接壤国际潮流。

来自法国阿尔卑斯山脚下美丽水镇的矿泉水品牌——依云（Evian）（见图6-73）无疑是高端水的代表，集各种传说于一身，高大上的产品包装也常常是同行商家竞相模仿的对象。

图6-73　依云矿泉水

孩子的笑最具感染力，依云将其“Live young”（活出年轻）的概念一直贯穿于文案之中，借由孩童纯真的笑脸来打动观众，同时也暗示依云有让人轻松、有活力地跃动起来的魔力。大人身体与孩童身体的创意拼接，不用任何语言便表达出“Live young”的产品理念。

除此之外，依云每年还会拍摄一部萌娃云集的宣传短片（见图6-74），倡导人们要保持一颗年轻的心，就像阿尔卑斯山的依云泉水一样晶莹剔透无污染。这与品牌理念高度统一，加之“高端”的定位，强化了消费者对依云高端水品牌的认同。当水被赋予高端生活品质的象征意义和更加丰富的自然含义后，其产品的附带价值早已超过了一瓶饮用水的价值。

图6-74　依云宣传短片截图

三、人本至上的体验营销

星巴克创始人霍华德·舒尔茨（见图6-75）说：“我们并非做咖啡生意，我们做的是人的生意。”有着“第三空间”之称的星巴克以情感来连接顾客，这是星巴克价值观的真正体现。但是这一理念又如此微妙，微妙到了许多商人都无法复制。[①]有一篇文章生动复现了星巴克咖啡大师引导星粉们通过“闻香”进行情感互动的场景。

① 产品+意义=品牌：看星巴克是如何讲品牌故事的[EB/OL].(2014-05-07)[2017-10-18]. http://sz.winshang.com/news-243091.html.

图6-75　星巴克与霍华德·舒尔茨

“举起杯子，凑近鼻子，深吸一口气，这是品尝咖啡的第一步，叫作‘闻香’。”一个系着星巴克绿色围裙的阳光大男孩站在顾客中间，举着咖啡杯做示范，一股淡淡的烟熏味即刻泛起，充溢鼻腔。

“我们的舌头只能分辨五味，但是鼻子却能分辨数千种味道，所以闻香是了解咖啡特性的重要步骤。想象一下，它和哪种味道相似?”

“接下来，我们来啜饮。注意，不是喝，而是重重地把咖啡吸进嘴里。”大男孩夸张地表演了一次“啜”，顾客笑成一片。他认真起来：“这是品咖啡的标准动作，能让咖啡均匀地散布在舌面。”狠狠地“啜”了一口，咖啡直冲后舌，顷刻间浓郁的香气占满口腔。

“第三步是感觉。舌尖、舌的两侧是否感受到了?舌尖掌管甜味，舌侧掌管酸味、咸味;舌后根掌管苦味。”经他一点拨，品尝者隐隐觉得，嘴里烟熏味中更带着烧烤的甜香，还有些微酸，一会儿之后，香味由浓而淡，与味蕾融为一体。这时，一份巧克力蛋糕被端到众人面前，“这款意大利深度烘焙咖啡配合着巧克力蛋糕一起品尝，味道是最佳的，可以收拢咖啡的余香，当然最后一步是分享感受”。轻咬一口蛋糕，果然相得益彰。[①]

母亲节、情人节，在特殊的时间节点，此类“闻香识心意”营销活动（见图6-76）在星巴克门店所在的城市不时地上演。在奇妙的感受中，人们发现品评咖啡还有那么多学问，顾客与星巴克之间，意义便不止于咖啡了。

图6-76 “闻香识心意”营销活动

当下，理性诉求越来越难以满足消费者变化的喜好。研究证实，快消品的消费决策，60%以上是建立在个人偏爱之上的。这也告诉文案人，在定位精准、把控好理性功能的前提下，注重感性诉求，才是制胜法宝。

以每个人生命中都或曾经历过的事件或者接触过的事物作为创意的切入点，用自己的情怀触动受众的情怀，从而在情感上博得对方的信赖和共鸣，让商品的存在变成一种无法割舍的陪伴。以下为村上春树为札幌啤酒所作的电视广告文案《跑步》（见图6-77）。

第一话

“疼痛无法避免，磨难却可以选择”，记得曾经有这样一句话。

每当我长跑的时候，脑海里就反复出现这句话。

痛苦是理所当然的。

但是，以何种方式承受痛苦，却是自己可以选择的。

Suffering is......optional.

是气馁，还是坚持，也是由自己选择。

所谓的痛苦，就是我们手中还握有选择的权利。

第二话

对于像你我这样的普通跑步者来说，在比赛中胜也好、败也好，都不是重点。

① 产品+意义=品牌：看星巴克是如何讲品牌故事的[EB/OL].(2014-05-07)[2017-10-18]. http://sz.winshang.com/news-243091.html.

能不能完成自己制定的目标，比什么都来得重要。

判断全凭你自身。

为了只有自己能够认同的，

为了无法向他人说明的，

为了只有经过长时间才能显现的，

我们埋头奔跑，或是像这样写成小说。

第三话

终于抵达终点的马拉松村。

在烈日下跑完了42公里的成就感，完全没有。

脑中有的只是“啊，终于不用再跑了”，仅此而已。

在村里的咖啡店歇口气，满足地喝下冰啤酒。

图6-77 《跑步》文案

啤酒当然美味。

但是，远不及我在奔跑时想象中的那么好喝。

头脑发昏的人所抱有的幻想般的美好，在现实世界中是不存在的。

第四话

跑步时脑中浮现的思绪，就像天空中的云。

各种形状、各种大小的云。时而飘来，时而散去。

但是天空始终是那样的天空。而云只是过客。

它们经过，然后消失。

在暑天思考炎热，在冬天思考寒冷。

在诸事不顺的日子里，就比平常更长久一些，更艰苦一些，多跑上一圈。

在这之后，留下来的，只有天空而已。

这则兜售札幌啤酒的电视广告文案由日本著名畅销书作家村上春树执笔。

1982年的秋天，村上决定以写小说为生。写作之余，为了保持身体健康，他开始跑步，每天凌晨4点钟起床，写作4小时，跑10公里。此后的30年里，他一直坚持跑步，甚至参加马拉松、铁人三项等比赛，2009年出版的随笔集更是被命名为《当我谈跑步时我谈些什么》。一边奔跑，一边写作，“跑马小说家”的名声渐起，村上对生命的感悟也在奔跑中丰富起来。

村上春树用自己最平凡而独特的人生体验为啤酒创作文案。人生隐藏在这四则文案之中，可是关啤酒什么事？除了一句“在村里的咖啡店歇口气，满足地喝下冰啤酒”，别的大抵无关，但日本人跑步的时候，大概都有那么几个时刻会想起村上春树推介的札幌啤酒……

第七节　营销中的技术力

“我难以想象，世界上竟然有那么多的营销人员会对拥有500万用户的媒体置之不理。你年轻的孩子和他的朋友对新平台疯狂，并不代表这个平台就仅仅属于他们，和你及你的品牌无关。”[①]“新媒体营销鼻祖”加里·维纳查克所感叹的营销人员恰恰是当下新旧媒体过渡时期的彷徨者。

在一个由技术创意控制营销游戏的新平台上，现代彷徨者的彷徨来自对数字时代的无知，乃至因此产生的技术恐惧。大数据代替样本研究，文案体例从F4嬗变为H5，[②]再加上营销者角色变化——从主导一切的王者到数字生活空间的服务者——这导致了众多营销者的深层心理调适正处于乱码阶段。

最不怕乱码的是用编码写作的互联网技术咖。在技术理想主义的大旗下，他们成为互联网时代最隐秘的，却又是最关键的角色。毫不夸张地说，是他们建造了信息开放的数字生活空间，并发明了这个空间的独特语言。从PC端到手机端，计算机语言的精妙创意只在少数人的手中。少数中的极少数又被称为极客。

谁是操纵数字大时代的极客？谁是用编码创作技术创意文案的人？英雄排序，王者荣耀一定属于他们两位：杰出的编程员比尔·盖茨，他发明的Windows操作系统至今仍然统治着世界上绝大多数的电脑桌面；乔布斯虽然不是编程高手，但是他对极致工艺细节的控制和追求，成就了无与伦比的苹果技术美学（见图6–78）。

还有，世界上最庞大的社交网络Facebook的缔造者——马克·扎克伯格。

---

① 维纳查克.新媒体营销圣经：引诱，引诱，引诱，出击！[M].张树燕，译.北京：北京联合出版公司，2016.23.

② F4特指文案体例中常用的四个表现元素：文字、图片、视频、音频；H5是HTML5的缩写，是第5代标准计算机语言，在这里特指融媒体移动智能端新型文案体例，一个基于浏览器的协作标准，可以让各种不同的素材（文、图、视、音）在浏览器中流畅运行所形成的文案新生态。

图6-78 乔布斯与比尔·盖茨

一、极客文案

图6-79 扎克伯格夫妇致女儿的信

“不过，比起畅想你的成长，我们这一次更想聊聊你的童年。世界当然会很严肃，但这就是我们为什么认为你应该用更多的时间在童年好好享受户外玩耍。”伴随两个女儿相继诞生，扎克伯格夫妇在Facebook上撰写的“致女儿的信”成为社交空间的爆款文案（见图6-79）。平实温馨的笔触稀释了小扎的极客气质，一位掌门人的责任和父亲的担当呼之欲出，成为Facebook和他本人最好的公关营销。

文案中的独特内容是对女儿“好好享受户外”的嘱咐，作为在线王国的领袖，扎克伯格并没有让自己的生活哲学被纯粹的技术理想湮没。正如他曾经的少年时代，喜爱编写程序，又醉心于音乐与古典文学，同时也不放弃运动的快乐。当他进入哈佛，心理学和IT两个专业知识的交叉滋养，使得他掌握了编程的内在逻辑精髓，就好像文案人已经积淀了大创意素材，语法库与模式只是扎克伯格进行技术创意的工具而已。

人文、技术、想象力、创造力，当一切准备就绪，Facebook的文案主题语呼之即出：

革命，信息流，极简主义。一个透明度高的世界，其组织会更好，也会更公平。

2010年，年仅26岁的马克·扎克伯格成为《时代》周刊杂志年度人物（见图6–80）。“他完成了一项此前人类从未尝试过的任务：将全球5亿多人口联系在一起，并建立起社交关系。”这是一个“时代”写给扎克伯格的形象营销文案。

图6–80　《时代》周刊封面上的扎克伯格

二、创客文案

“我们需要会写文案的Art（美术指导），需要会画画的Account（客户管理人员），需要工程师出身的创意人，需要会管理客户和生意的Planner（策划人、管理者）……原本的那些专业行业技能没有变，但却需要以全新的方式组合到新的人才身上。这样的人，在以前属于少数不务正业的‘奇葩’，今天却是可遇不可求的宝贝。”[①]奥美公关北京分公司副总裁宋磊的话勾勒出了微时代的创客（Maker）形象。

是的，数字时代呼唤的是极客的平民化身——创客的大量出现。

所谓创客，是狂热的创新者，是努力将创意转换为现实的人群。相对传统意义中的技术极客，他们是具有复合创造力的人，即创作与制作的跨界人才。“我发现数字时代的真正创新都是来自那些能够将人文和科学联系在一起的人。”沃尔特·艾萨克森以其

① 丁俊杰，陈刚.广告的超越：中国4A十年蓝皮书[M].北京：中信出版社，2016:192.

新作《创新者：一群技术狂人和鬼才程序员如何改变世界》向我们展现了两百年的数字时代，从一个个伟大创新者的全息视角，生动解读了“诗意与科学”的双重主题（见图6–81）。

图6–81　沃尔特·艾萨克森与其著作《创新者：一群技术狂人和鬼才程序员如何改变世界》封面

个体创意与协同创意联袂在艾萨克森的笔下翻腾，他带领我们进入的是一个人文与科学交融的超能空间，创客们的颠覆与驱动是他们的创意大动作，悄无声息，却又惊天动地。大戏上演两百年，依然噱头十足，一个由技术与艺术共同驱动的数字创意时代正“卷起千堆雪”。

“互联网为沟通可能性提供了巨大价值，但是这些可能性同时给文案撰写者带来了挑战，他们需要掌握HTML、发布工具和五花八门的网页元素。文案创作者在写作时往往要统筹考虑到网页端与移动端的呈现，技术与内容需要彼此适应，以做到最后产生1+1>2的效果。”雅虎编辑团队在《更具笔格——网络文案权威指南》中阐述了线上文案创作者必备的复合本领。技术与创意从未像今天这样亲密。GIF动图、H5、LBS定位技术、VR、AR……这些看上去专业且复杂的技术名词，不断为文案的创意提供令人惊奇的新表现形式，使营销内容在互联网时代更具质感、体验感和互动感。

在数字营销盛行的时代，由技术更新带来的全新营销方式成为新的趋势。技术创意已然成为内容价值不可分割的一部分。重新认识技术创意，重新评估程序员的创意价值，是资深互联网人方军在其著作《创意，未来的工作方式》中呼吁的。“程序员可能是最易被忽视但最重要的创意工作者原型。”他将“程序员”和“创作者、管理者、创业者”一起列为创意工作者的原型。“现在和很远的未来，我们都处在信息时代和计算机时代，我们身边的无数东西本质上都是计算机。它们都被代码——程序员的创造物——驱动。就成果的创意性与影响力而言，程序员是最有创意的群体之一。”①

数字时代的文案语言不仅是文字和符号语言，更有编程语言。只有驾驭人文与技术两大领域的语言，才会成就完美等级的创意传播。

彷徨和恐惧，无法解决网络时代的新问题。最好的方式是开启新一轮的学习，将技术编程的学习当作一种新而酷的时尚来追求。

扎克伯格的姐姐，曾任Facebook营销总监的兰迪·扎克伯格在其著作《社交的本质》一书中呼吁：科技就是新的流行文化，极客就是新的摇滚明星，科技界应当拥有长期的流行文化现象。谈到如何让女性对学习编程产生兴趣时，她反对重返学校进行集中学习，认为最好的方式就是让编程在流行文化和媒体宣传中变成一件很酷的事。技术对生活的影响力应该被进一步推介和宣传，使技术学习热成为时尚潮流，也使微时代的每个人都能享受技术带来的无限酷炫魅力。

以技术语言驱动创意，将极客当作信仰，强化自身的创客特质，方能在数字创意空间自由呼吸与行走。

实践与练习

1.分析、比较传统文案与社交文案的异同点。

2.以“文案班”为主题，制作班级公共形象推介海报。

3.以“CUC文案工作坊”微信公众号为创意平台，完成H5营销文案作业。

① 方军.创意，未来的工作方式[M].北京：中信出版集团，2016:11–12.

附录 文案系统与实践平台

一、实践平台 · 文案工作坊

（一）电视栏目：CUCTV《文案工作坊 · 坊间话题》

中国传媒大学电视台研发部“文案工作坊”

文以载情，以真诚笔触触及心灵。在这里，我们关注时事热点，更关注大学生的生活。我们在一次次的面对面访谈中，更加了解彼此的内心，更是实现了心与心的对话。在这里，我们一起畅所欲言。让你心中的想法尽情挥洒，逃离地球；让你尘封的思绪全部绽放，看山川初曙、透纸黎光。

案旁伏首，精心策划。你关注的，正是我们想要说的。一字一字地推广节目，做出来的是我们的愿望，传递给你的是满满的心意。

工于至诚，完美协同。我们把台词一遍遍诉说，致力于在轻快的节奏中寻找共同话题，没有不必要的拘谨，只有轻松的氛围。一次次的打板，一次又一次的镜头切换，拉近、放大、再取景，音频声道的跳动与我们心跳的频率相通。

作以致远，彼此成就。你也想成为综艺节目制作团队的一员吗？像烟火一样绚烂的后期效果，是我们用双手赋予节目的另一个生命。跟随我们，让你的想法，在这里实现！

坊间回忆，闪耀中传。在这里，你能收获更多美好的回忆。从最初接触器材的生涩，再到后来越发熟练的操作，在这里，在师哥师姐的帮助下，我们一起慢慢成长，再疾速向前驰去。

春天的花是冬天的梦，在这里，藏下你心中的媒体创意的种子，最后于春日，抓住机会喷薄而出。

在文案中颠覆一切，享受创意之妙趣
从文案到视频，不仅仅是一场文字游戏……

文案工作坊·坊间话题：网络综艺群口秀

坊间小话题，文案大创意
这里是文案工作坊坊间话题
交互有料信息，分享有趣观点
——让我们一起
将无聊虐成话题
将游戏打成有戏

（二）微信公号：CUC 文案工作坊

二、文案写作的三阶段实践

第一阶段——概念文案实践学习

为学生制作和提供文案学习专业书单，引导学生完成阅读与写作实践作业。在完成阅读实践的基础上，分组进行小型头脑风暴；融合集体创意与个体创意，完成概念文案的写作与制作。

第二阶段——操作文案实践学习

以概念文案为创意核心，前期引领学生进入实践场景训练，参与演播室技术课程的学习，同时深入社会机构进行调研；中期，组织学生在融媒体复合环境中整合影像文字、声音等素材，经由负责小组技术创意同学的协助，驱动操作文案作业完成从空间到笔间的创意轮回；后期进入再度创作的剪辑阶段，协调学生科学分工合作，实现操作文案从技术层面到艺术层面的完美创意。

WE ARE YOUNG
CUCTV

第三阶段——营销文案实践学习

引导学生将创意作品变成创意产品，在校园实体平台与网络虚拟平台同步进行作品的推广与宣介；通过点评创意作品，与学生一起寻找和发掘扩大作品影响力的热点与爆点，并通过视频文案、海报文案、H5文案的制作，在大小圈层步步为营，推进营销文案的预热发布与发酵，以正向的力量增加点击量，使学生的创意作品成为更具社会价值的优质产品。

主要参考文献

◇著作

佛罗里达.创意阶层的崛起[M].司徒爱勤，译.北京：中信出版集团，2010.

贺寿昌.创意学概论[M].上海：上海人民出版社，2006.

JOHNSON C. 短！微讯息时代写作的艺术[M].赵燕飞，译.北京：人民邮电出版社，2012.

许道军，葛红兵.创意写作：基础理论与训练[M].桂林：广西师范大学出版社，2013.

卡梅伦.创意，是一笔灵魂交易[M].庄云路，译.北京：中国人民大学出版社，2012.

沃尔克.创意写作教学：实用方法50例[M].吕永林，杨松涛，译.北京：中国人民大学出版社，2014.

坎贝尔.千面英雄[M].黄钰苹，译.杭州：浙江人民出版社，2016.

扬 Z W.创意的生成[M].祝士伟，译.北京：中国人民大学出版社，2014.

沃尔夫.创意写作大师课[M]. 史凤晓，刁克利，译.北京：中国人民大学出版社，2013.

沃尔特.剧本：影视写作的艺术、技巧和商业运作[M].杨劲桦，译.桂林：广西师范大学出版社，2013.

路易斯，皮茨.蔚蓝诡计：乔治·路易斯大创意[M].何辉，译.北京：华文出版社，2010.

克朗普顿.全球一流文案：32位世界顶尖广告人的创意之道[M].邹熙，译.北京：中信出版社，2014.

约翰逊.创作大师：从乔叟、丢勒到毕加索和迪士尼[M].蔡承志，译.北京：中信出版社，2015.

BARR C，Yahoo!高级编辑团队.更具笔格：网络文案权威指南[M].何立，秦蓉，等译.北京：电子工业出版社，2015.

陈刚，沈虹，马澈，孙美玲.创意传播管理：数字时代的营销革命[M].北京：机械工业出版社，2014.

陈刚.当代中国广告史[M].北京：北京大学出版社，2010.

郭镇之.中外广播电视史[M].上海：复旦大学出版社，2008.

孙玉胜.十年：从改变电视的语态开始[M].北京：生活·读书·新知三联书店，2003.

艾萨克森.史蒂夫·乔布斯传[M].管延圻，魏群，等译.北京：中信出版社，2011.

艾萨克森.创新者：一群技术狂人和鬼才程序员如何改变世界[M].北京：中信出版集团，2017.

霍普金斯.科学的广告[M].李宙，章雅倩，译.长春：北方妇女儿童出版社，2016.

奥格威.奥格威谈广告[M].曾晶，译.北京：机械工业出版社，2016.

奥格威.一个广告人的自白[M].林桦，译.北京：中信出版社，2010.

希思 Q，希思 D.让创意更有黏性[M].姜奕辉，译.北京：中信出版社，2016.

钟大年，王晓红，周逵.中国网络视频年度案例研究[M].北京：中国传媒大学出版社，2015.

下牧建春.一个微电影的诞生[M].上海：上海人民美术出版社，2014.

徐舫州.电视解说词写作[M].北京：北京师范大学出版社，2002.

刘纯羽.微电影剧作教程[M].北京：北京联合出版公司，2014.

盖廷斯.牛文案是怎样炼成的[M].陈志娟，译.北京：中国传媒大学出版社，2011.

沃泰姆，芬威克.奥美的数字营销观点——新媒体与数字营销指南[M].台湾奥美互动营销公司，译.北京：中信出版社，2009.

维纳查克.新媒体营销圣经：引诱，引诱，引诱，出击！[M].张树燕，译.北京：北京联合出版公司，2016.

南顿，迪克斯.故事营销有多重要[M].闾佳，邓瑞华，译.北京：中国人民大学出版社，2016.

克雷默，考尔.哈佛非虚构写作课：怎样讲好一个故事[M].王宇光，等译.北京：中国文史出版社，2015.

苏立文.文案发烧[M].赵萌萌，译.北京：中国人民大学出版社，2013.

舍基.人人时代：无组织的组织力量[M].胡泳，沈满琳，译.杭州：浙江人民出版社，2015.

徐帆，徐舫州.电视策划与写作十讲[M].杭州：浙江大学出版社，2009.

张洁，梁碧波.点燃理想的日子：我与《东方时空》二十年[M].北京：生活·读书·新知三联书店，2013.

瑟夫.我与兰登书屋[M].彭伦，译.北京：人民文学出版社，2007.

伯杰.疯传：让你的产品、思想、行为像病毒一样入侵[M].刘生敏，廖建桥，译.北京：电子工业出版社，2014.

杰斐逊，坦顿.内容营销[M].祖静，屈云波，译.北京：企业管理出版社，2014.

丁俊杰，陈刚.广告的超越：中国4A十年蓝皮书[M].北京：中信出版集团，2016.

宋秩洺，庄淑芬，等.奥美的观点[M].北京：中国经济出版社，1997.

方军.创意，未来的工作方式[M].北京：中信出版集团，2016.

郭玉良.CIS品牌策划与设计[M].北京：中国电力出版社，2015.

吴声.超级IP：互联网新物种方法论[M].北京：中信出版集团，2016.

埃尔伯斯.爆款：如何打造超级IP[M].杨雨，译.北京：中信出版集团，2016.

里夫金，萨瑟兰.品牌命名：世界知名品牌背后的故事[M].林海，译.企业管理出版社，2011.

华杉，华楠.超级符号就是超级创意[M].南京：江苏凤凰文艺出版社，2016.

王栋.对话美国顶尖杂志总编[M].北京：作家出版社，2008.

许舜英.大量流出[M].桂林：广西师范大学出版社，2014.

奥兰丝汀.百变小红帽：一则童话三百年的演变[M].杨淑智，译.北京：生活·读书·新知三联书店，2006.

葛拉西安.智慧书[M].秦传安，译.卜桦，插图.北京：北京图书馆出版社，2007.

德波顿.旅行的艺术[M].南治国，彭俊豪，何世原，译.上海：上海译文出版社，2012.

布朗.达·芬奇密码：插图珍藏版[M].朱振武，吴晟，周元晓，译.上海：上海文艺出版社，2014.

朱冰.极端制作[M].北京：作家出版社，2006.

◇网络、微信公众号

知乎

知著网

微信公众号 传媒与广告

微信公众号 中国广告杂志

微信公众号 金牌制作人

微信公众号 原麦山丘不藏私

微信公众号 奥美中国

微信公众号 单向空间

微信公众号 小小包麻麻

后 记

从讲义到教材，《创意文案》的诞生既缓慢又迅疾。

本课程讲义的起笔之时，尚是微博元年2010年，彼时的网络媒体风声渐起，从手机、PC到IPAD，大小终端次第亮相。内容创新在技术创意的驱动下，给予研究者和创作者巨大的新奇，同时又带来些许的不适，有意思的是，不适的感觉来不及消磨，新变化又来了。4G技术和智能手机的普及运用，将自媒体的"微"力充分释放——微信、微视频、微电影……，2016年则被称为网络视频的爆发年。这个令人目不暇接的变化过程，也是《创意文案》从讲义、报告到教材不断进阶的阶段，当我经历痛苦的撰写与修改时，一个令我更为焦虑的问题出现在面前：一切都在变化，一切变化愈加莫测，究竟何时落笔，才是最好的时机？！

恰似一则文案所述：唯一不变的是变化。终于，这个问题不再继续困扰我，2017年的秋季的某个清晨，我收拢资料，戛然收笔。

如同时代的嬗变与媒体的蝶变，直到此刻，基于实践平台的这门课程内容依然处于变之节奏中。以跨界和动态的视角去完成它，去完善它，作为老师，是与学生一起探索创意的乐趣，成就创意冲动的美妙过程，更重要的是，以创意文案的名义，与这个有趣又有料的魔幻时代同行，在协同创意中去实现专业主义激情的共振与互动。

一路走来，感谢所有参与创意文案课程的文案班同学，从创意花火的碰撞到纷繁资料的整合，他们给予了莫大的帮助：作为助理编辑，鲁瑶、李瑞、李亚茹、戴立为、王雨晴、王盈盈、梅元成等同学参与了教材的资料搜索与阶段性梳理工作；2016年夏季文案班和2017年夏季文案班的同学通过《案例报告》的方式参与了《创意文案》的案例提供与点评。

在此，特别对以上诸位同学的辛勤付出表示感谢。

最后表达的，是一份最深的感恩。感恩中国传媒大学实践实验教学中心，这个平台为创意文案课程提供了独一无二的创意时空，因为，它带给老师和学生的是艺术创意与技术创意的双重启蒙。

本书中搜集的有关图片，均为使读者更好地理解教学内容，由于条件所限，未能直接与相关作者取得联系。如有作者在书中发现自己的作品，请与笔者联系（2568205874@qq.com）。

朱 冰

2018早春于定福庄